AF409609

AGENDA CTD | CIENCIA, TECNOLOGÍA Y DESARROLLO
DIRECTOR: HERNÁN THOMAS

TECNOLOGÍAS PARA INCLUIR

AGENDA CTD | CIENCIA, TECNOLOGÍA Y DESARROLLO
DIRECTOR: HERNÁN THOMAS

TECNOLOGÍAS PARA INCLUIR

OCHO ANÁLISIS SOCIO-TÉCNICOS ORIENTADOS AL DISEÑO ESTRATÉGICO DE ARTEFACTOS Y NORMATIVAS

Hernán Thomas

Guillermo Santos

(coordinadores)

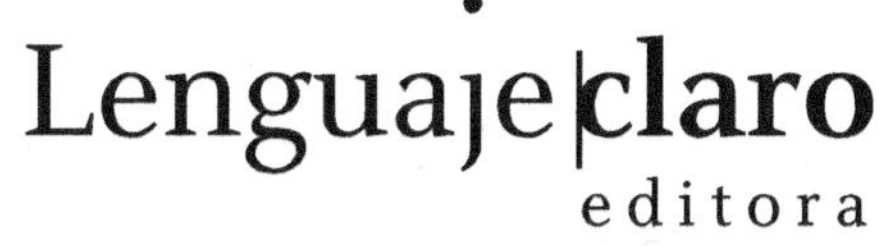

Tecnologías para incluir. Ocho análisis socio-técnicos orientados al diseño estratégico de artefactos y normativas
Primera edición, marzo de 2016

Lenguaje claro Editora
Portugal 2951, (B1606EFA) Carapachay,
provincia de Buenos Aires, Argentina
www.lenguajeclaro.com
info@lenguajeclaro.com

Edición: Gabriela Laster
Puesta en página: Diana González
Diseño de tapa: Miur

Thomas, Hernán
  Tecnologías para incluir / Hernán Thomas y Guillermo Martín Santos.
- 1a ed. - Carapachay : Lenguaje Claro Editora, 2016.
  320 p. ; 23x15 cm.

  ISBN 978-987-3764-02-8

  1. Tecnología. I. Santos, Guillermo Martín II. Título
  CDD 302.2

Se terminó de imprimir en el mes de marzo de 2016 en La Imprenta Ya, Alférez Hipólito Bouchard 4381 Munro, (B1605BND), provincia de Buenos Aires, Argentina.

ÍNDICE

Los autores

Hernán Thomas

Director del Instituto de Estudios sobre la Ciencia y la Tecnología (UNQ) e investigador principal del CONICET. Doctor en Política Científica y Tecnológica (UNICAMP) y licenciado en Historia (Universidad Nacional de Luján, UNLu). Es profesor titular regular en la UNQ, profesor adjunto regular en la UNLu y profesor visitante en diversas universidades latinoamericanas. *thomas@unq.edu.ar*

Guillermo Santos

Investigador del Área de Estudios Sociales de la Tecnología y la Innovación del Instituto de Estudios sobre la Ciencia y la Tecnología (UNQ). Profesor de Historia (ISP "Dr. Joaquín V. González"), licenciado en Sociología (UBA) y magíster en Ciencias Sociales con mención en Historia Social (UNLu). Es coordinador académico en la Especialización en Gestión de la Tecnología y la Innovación (UNSAM) y docente de grado y posgrado en la UNQ, UNLu y en el Profesorado de Educación Tecnológica (IES N° 2 "Mariano Acosta"). *guimarsan@gmail.com*

Lucas Becerra

Investigador del Área de Estudios Sociales de la Tecnología y la Innovación del Instituto de Estudios sobre la Ciencia y la Tecnología (UNQ). Licenciado en Economía (UBA) y magíster en Estudios Internacionales (UTDT). Actualmente es estudiante del Doctorado en Ciencias Sociales en la UBA con beca de formación otorgada por el CONICET. Es profesor adjunto en la UNQ y miembro del Consejo de Dirección de la *Revista Redes. Revista de Estudios Sociales de la Ciencia y la Tecnología. becerra@becarios.unq.edu.ar*

Gabriela Bortz

Investigadora del Área de Estudios Sociales de la Tecnología y la Innovación del Instituto de Estudios sobre la Ciencia y la Tecnología (UNQ), becaria del CONICET para Temas Estratégicos y docente (UNQ). Licenciada en Ciencia Política (UBA), con estudios de maestría en Ciencia, Tecnología y Sociedad (UNQ) y doctoranda en Ciencias Sociales (UBA). *gabybortz@gmail.com*

Susana Silvia Brieva

Docente investigadora en el Departamento de Ciencias Sociales de la Facultad de Ciencias Agrarias (UNMdP). Es doctora en Ciencias Sociales (FLACSO-Argentina). *susanabrieva@yahoo.com.ar*

Rocío Ceverio

Docente investigadora en Comercialización y Políticas Agrícolas en el Departamento de Ciencias Sociales de la Facultad de Ciencias Agrarias (UNMdP) y doctoranda de la UNQ. *rceverio@gmail.com*

Renato Dagnino

Investigador y docente del Departamento de Política Científica y Tecnológica de la Universidad Estadual de Campinas (UNICAMP-Brasil). Doctor en Economía por la UNICAMP, realizó estudios de posdoctorado de Política Científica y Tecnológica en la Science Policy Research Unit de la University of Sussex. Es Coordinador del Programa de Gestión Estratégica Pública de la UNICAMP. *rdagnino@ige.unicamp.br*

Mariano Fressoli

Investigador asistente del CONICET e investigador del Centro de Investigaciones para la Transformación (CENIT). Doctor en Ciencias

Sociales (UBA), magíster en Estudios Culturales (GC, Universidad de Londres) y sociólogo (UBA). Fundador del Centro STEPS América Latina y *visiting fellow* en el Science Policy Research Unit (SPRU). *mfressoli@fund-cenit.org.ar*

Santiago Garrido

Investigador del Área de Estudios sobre la Tecnología y la Innovación del Instituto de Estudios sobre la Ciencia y la Tecnología (UNQ), investigador asistente del CONICET. Doctor en Ciencias Sociales (UNQ), magíster en Ciencias Sociales con mención en Historia Social (UNLu) y docente de grado y posgrado en la UNQ. *santiago.garrido@unq.edu.ar*

Paula Juarez

Investigadora del Área de Estudios sobre la Tecnología y la Innovación del Instituto de Estudios sobre la Ciencia y la Tecnología (UNQ). Doctoranda UBA-CONICET. Es coordinadora de la Red de Tecnologías para la Inclusión Social Argentina. *juarez.paulama@gmail.com*

Alberto Lalouf

Investigador del Área de Estudios sobre la Tecnología y la Innovación del Instituto de Estudios sobre la Ciencia y la Tecnología (UNQ). Magíster en Ciencia, Tecnología y Sociedad (UNQ) y docente de grado y posgrado en la UNQ. *alalouf@unq.edu.ar*

Facundo Picabea

Investigador del Área de Estudios Sociales de la Tecnología y la Innovación del Instituto de Estudios sobre la Ciencia y la Tecnología (UNQ), investigador asistente del CONICET. Doctor en Ciencias Sociales (UBA), magíster en Economía Política con Mención en Economía Argentina (FLACSO) y profesor en Historia (UNLu). Es docente de grado y posgrado en la UNQ, UNLU y UNTREF. Es miembro de numerosos programas de investigación sobre tecnologías para la inclusión social en la Argentina, América Latina y la Comunidad Europea, en los que coordina el área de Hábitat. *fpicabea@conicet.gov.ar*

Adrian Smith

Investigador del Science Policy Research Unit (SPRU), Universidad de Sussex y profesor titular de Tecnología y Sociedad en dicha universidad. Doctor en Estudios de Políticas de Ciencia y Tecnología (Universidad de Sussex), magíster en Tecnología Ambiental (Imperial College, Londres) y graduado en Ingeniería Mecánica (Universidad de Bristol). *a.g.smith@sussex.ac.uk*

Ariel Vercelli

Investigador asistente del CONICET y del Área de Estudios Sociales de la Tecnología y la Innovación del Instituto de Estudios sobre la Ciencia y la Tecnología (UNQ). Es doctor en Ciencias Sociales y Humanas de la UNQ y magíster en Ciencia Política y Sociología de FLACSO Argentina. Ha realizado un posgrado en Informatización Nacional, KADO-NIA, Corea del Sur y un posgrado en Derecho de Internet en Harvard Law School, Cambridge. *www.arielvercelli.org*

HERNÁN THOMAS Y GUILLERMO SANTOS

Introducción | Tecnologías para incluir: marco analítico-conceptual

Las tecnologías son políticas

Todas las tecnologías son políticas. Porque, contra lo que normalmente se afirma desde el sentido común, ninguna tecnología es neutral. Algunas participan activamente en dinámicas de concentración de poder, de apropiación de la riqueza, de sustento material de órdenes sociales verticales, de generación de riesgos y daños ambientales, de exclusión. Otras, en cambio, favorecen la democratización del poder, la distribución equitativa de la riqueza, el acceso comunitario a bienes y servicios, la apertura de los procesos decisorios, la minimización de los riesgos ambientales y la preservación del hábitat... la generación de dinámicas de desarrollo inclusivo sustentable.

Tecnologías para incluir propone el relevamiento y análisis de políticas públicas y estrategias institucionales de investigación y desarrollo, así como de experiencias de diseño, producción e implementación de tecnologías para la resolución de problemas sociales y ambientales.

Ante la insuficiencia de los abordajes teóricos-metodológicos disponibles –normalmente deterministas y lineales– aplicados en los estudios que vinculan las tecnologías con el problema de desarrollo inclusivo sustentable, en los análisis incluidos en este libro se operacionaliza un enfoque socio-técnico que integra dimensiones tecnocognitivas, científicas, económicas, organizacionales, sociales, culturales, políticas e ideológicas.

Reconociendo la importancia estratégica de entender la escala y el alcance de los procesos de cambio tecnológico como recurso clave para concebir, planificar e implementar procesos de inclusión y desarrollo socioeconómico, este libro se orienta a relevar y analizar las políticas públicas y las estrategias institucionales focalizadas en el diseño, producción e implementación de tecnologías para la inclusión social y el desarrollo sustentable, así como también a la generación de nuevas capacidades institucionales, la formación de recursos humanos y la concepción de nuevos instrumentos de política y gestión de tecnologías para la inclusión social y el desarrollo sustentable.

En otros términos, este libro intenta mostrar cómo la existencia de múltiples opciones tecnológicas constituye, en la práctica, diferentes opciones para construir vías de desarrollo social y económico.

Las herramientas teóricas desplegadas en este libro por los autores provienen de diferentes enfoques disciplinarios (sociología de la tecnología, análisis de política, economía del cambio tecnológico, economía social y solidaria, sociología del conocimiento científico), operacionalizados a partir de su complementación y revisión crítica.

La adopción de un abordaje socio-técnico permite generar una arquitectura conceptual modular y flexible, pasible de incorporar diferentes conceptualizaciones complementarias (tanto desde una perspectiva socioeconómica como sociocultural o sociopolítica). La triangulación de conceptos generados en diferentes matrices disciplinarias permite profundizar también en el carácter sociohistóricamente situado de los procesos de construcción de funcionamiento/no funcionamiento de los artefactos y sistemas en alianzas socio-técnicas, así como dar cuenta de las dinámicas concretas de exclusión, marginalidad y pobreza estructural. Asimismo, resulta particularmente pertinente para la comprensión de un objeto de análisis que integra la dimensión política con la tecnológica.

¿Qué es "tecnología"?

Frente a las definiciones restringidas, cuyo paradigma es "ciencia aplicada más mercado", el concepto necesita ser profundamente revisado y ampliado.

Por un lado, porque hay "tecnologías", en plural, diversas tecnologías: de producto, de proceso y de organización. Sólo en años recientes se ha incorporado la organización entre las formas de tecnologías y aún no se ha determinado el alcance de estas tecnologías: ¿remiten exclusivamente a formas de organización de la producción y la distribución de bienes y servicios?, ¿se extienden a todas las formas de organización social (desde la producción hasta los juegos, desde la administración hasta las regulaciones)?, ¿alcanzan entonces a las formas de producción de conocimientos y las normativas políticas y las formas jurídicas?, ¿una ley o una política pueden ser consideradas artefactos tecnológicos?

Por otro lado, porque eso que llamamos "tecnologías" aparece en diferentes dimensiones: como conocimientos, como artefactos y como prácticas.

La dimensión artefactual es la más obvia pues normalmente responde a objetos materiales observables y tangibles (¡pero no siempre!: pensemos en el caso del software o en los sistemas de control social).

El único problema es que, de tan obvia, la dimensión artefactual tiende a desplazar de la atención a las otras dimensiones tecnológicas. Y, en particular, genera y justifica todo un territorio explicativo basado en la existencia de dos esferas independientes entre sí, una tecnológica y otra social. Y esta diferenciación es la base epistemológica de los abordajes deterministas (tecnológico y social).

La dimensión cognitiva es menos evidente. Actualmente, el sentido común tiende a considerar a la tecnología como una aplicación del conocimiento científico. Sin embargo, todas las tecnologías son combinaciones de una diversidad de conocimientos: conocimientos tecnológicos previamente disponibles, prácticos, consuetudinarios, ancestrales… y conocimientos científicos que han sido objeto de un tratamiento singular a fin de convertirlos en insumo para el diseño de artefactos y sistemas por parte de ingenieros y tecnólogos… En rigor, esos conocimientos científicos han sido transformados en nuevos conocimientos tecnológicos.

Desde esta perspectiva de análisis, los usuarios finales no utilizan nunca conocimientos científicos, sino artefactos tecnológicos en los que esos conocimientos, adecuados para su uso tecnoproductivo, son parametrizados, integrados e incorporados. Por derivación, la mayoría de los tecnólogos (ingenieros, técnicos, médicos, entre otros) no son científicos, sino operadores de conocimientos tecnológicos de distinto tipo, algunos de ellos basados en conocimientos científicos. Obviamente, desde el artefacto tecnológico "mesa" hasta un "organismo vegetal genéticamente modificado" hay diferentes grados de incorporación de conocimiento científico en los conocimientos tecnológicos utilizados para su desarrollo y producción. ¡Pero eso dista sustantivamente de validar la afirmación: "la tecnología es ciencia aplicada"!

¡Y la dimensión de las prácticas! En ella no se trata simplemente de las técnicas que utiliza un operario industrial en contextos productivos. Desde el piso de una fábrica hasta una cancha de tenis, desde la dirección de un vehículo hasta la reparación de calzados, desde la manipulación de teclados hasta el ejercicio de diseño de sistemas, todos los humanos desplegamos una extensísima serie de prácticas tecnológicas que condicionan nuestras capacidades laborales, nuestras formas de comunicación y desplazamientos, nuestras formas de diversión y de comprensión del mundo. Realizamos cotidianamente un fantástico despliegue de prácticas que hacen nuestras vidas posibles... o riesgosas. Y, como no nacemos con ellas, constituyen una parte sustantiva de nuestros aprendizajes, desde cómo extraer leche de un biberón hasta cómo diseñar un edificio. Hacer y aprender, aprender haciendo. Y, para colmo, gran parte de esas prácticas no están codificadas, constituyen una dimensión del conocimiento de la que aún comprendemos poco: el "conocimiento tácito".

Y, además, estas dimensiones se realizan, normalmente, de manera conjunta y entrelazada, sistémicamente vinculadas. Conocimientos que generan –y se incorporan en– artefactos que son utilizados y operados en –y gracias a– ciertas prácticas, que implican aprendizajes, que generan nuevos conocimientos y nuevos artefactos...

Ahora, si aceptamos que las tecnologías son mucho más que lo definido por el sentido común, la siguiente operación de buen sentido es ensayar una nueva definición de tecnologías que resuelva los problemas de las anteriores o que, al menos, lo intente.

Una posible definición de tecnologías es: conjunto de acciones (cognitivas, artefactuales y práxicas) realizadas conscientemente por los humanos para alterar o prolongar el estado de las cosas (naturales o sociales) con el objetivo de que desempeñen un uso o función (desde una rama convertida en "naturfacto" hasta un sistema productivo robotizado). Y estas acciones abarcan desde la transformación de la materia bruta en materia prima hasta la organización política de cualquier sociedad. Las tecnologías constituyen una dimensión de la actividad humana, de la condición humana.

De esta forma de entender las tecnologías se desprenden –al menos– tres derivaciones:

1. No hay nada en las tecnologías que sea "natural": una vez incorporado en un sistema tecnológico, todo elemento disponible en la naturaleza se transforma en un componente de ese sistema.
2. No hay nada de inhumano en las tecnologías: todas las tecnologías son sociales, todas las sociedades son tecnológicas.
3. Nos guste o no, somos seres socio-técnicos.

¿Por qué preocuparse tanto por las tecnologías?

Porque las tecnologías desempeñan un papel central en todos los procesos sociales. De la mañana a la noche, desde que nos despertamos en nuestras camas, nos dirigimos al baño y nos lavamos los dientes, subimos a nuestros medios de transporte o caminamos por nuestras veredas, trabajamos en nuestras fábricas, laboratorios u oficinas, nos alimentamos, nos comunicamos, somos observados y vigilados, acudimos a espectáculos, asistimos a programas en medios de comunicación, y volvemos a nuestras casas… todas esas acciones están vinculadas a tecnologías. ¡Prácticamente todas nuestras acciones están vinculadas a tecnologías! Y a tecnologías que se vinculan con otras tecnologías –de esas que denominamos "infraestructurales"– que hacen posible su funcionamiento (energía, telecomunicaciones, logística, finanzas, control social y seguridad, transportes, saneamiento…).

Todas y cada una de esas tecnologías:

- regulan espacios y conductas de los actores;
- condicionan estructuras de distribución social, costos de producción, acceso a bienes y servicios;
- generan (y a veces participan en la resolución de) problemas sociales y ambientales;
- participan activamente en las dinámicas de cambio social (económicas, políticas, ideológicas, culturales) inclusivo o excluyente.

O, en otros términos, las tecnologías ejercen agencia. Obviamente, no de manera autónoma, determinista tecnológica, sino integradas sistémicamente en dinámicas socio-técnicas. ¿Cómo no pensar en las tecnologías?

Las tecnologías no son neutrales

La neutralidad de las tecnologías sostenida por el sentido común tiende a ocultar o, al menos, a minimizar la agencia de los artefactos y sistemas. Desde esa perspectiva, las tecnologías no forman parte de las tramas de poder y acumulación, de dominio y control o, simétricamente, tampoco de emancipación y liberación. Ése es el nivel de agencia de los humanos, que instrumentalizan las tecnologías neutrales: la pólvora no es ni buena ni mala, todo depende de quién la utiliza… ¡como si fuera lo mismo diseñar una bomba que una carga de explosivos para construcción, una casa que un búnker, un automóvil que un tanque!

En términos estilizados, la tecnología (sus procesos y dinámicas) es conceptualizada por el sentido común como:

* una caja negra;
* políticamente y socialmente neutral;
* definida sobre una trayectoria lineal y evolutiva;
* concebida con base en "criterios de verdad", suficientemente justificados por el conocimiento científico (que también es considerado neutral, ¡claro!).

Si la tecnología es neutral: no responde a intereses o valores, no responde a situaciones sociopolíticas o socioeconómicas, no responde a cuestiones geoestratégicas o ideológicas, no hay problema con ella. Los cambios tecnológicos, naturalizados, simplemente ocurrirán, autopoiéticamente. Sólo es cuestión de adaptarse a ellos y aprovechar las oportunidades abiertas por los "cambios de paradigma tecnológico".

Este no es simplemente un problema de conceptualización. Esta caracterización básica –común a diferentes enfoques teóricos de crecimiento– se transforma en normativa, en planificación, en procesos de institucionalización, en políticas financieras y comerciales, de formación de recursos humanos, en estrategias tecnoproductivas, en agendas de investigación y desarrollo, en nuevos artefactos y sistemas, en política pública de ciencia y tecnología, en estrategias de desarrollo económico y social.

Pero si se acepta que toda tecnología ejerce agencia, y que esa agencia –lejos de ser universal– es siempre social, política y económicamente situada, entonces, es ineludible reconocer que las tecnologías (todas las tecnologías: de producto, de proceso y de organización):

* no son universales,
* ni autónomas,
* ni evolutivas,
* ni neutrales.

Por derivación, es necesario aceptar que todas las tecnologías tienen funcionamiento situado: en términos sociales, políticos y económicos. Que todas las tecnologías se vinculan no sólo en procesos homogéneamente tecnológicos –de unos artefactos con otros–, sino también en procesos heterogéneos, de artefactos y decisiones, conocimientos y valores, productos y acumulación, prácticas y controles, sistemas y poder. Y, por lo tanto, resulta ineludible comprender que, lejos de ser neutral, toda tecnología es política.

Como en cualquier territorio político, las tecnologías participan de alianzas y arreglos, de construcción de ventajas y desventajas, de procesos de distribución de poder y beneficios, de distinción de ganadores y perdedores, de configuración de incluidos y excluidos.

Analizar procesos socio-técnicos se constituye así en una forma de construcción de inteligibilidad, de explicación de por qué nuestras sociedades son como son. Y por qué no son de otra manera. O, en términos de Latour, de entender que "la tecnología es la sociedad hecha para que dure" (1998).

Ahora, esta no es una mera cuestión académica, un potencial aporte para las ciencias sociales. Es, de forma mucho más relevante, una base cognitiva, útil para convertir la comprensión de los procesos de cambio tecnológico y productivo, económico y político en insumos para el diseño de estrategias de desarrollo.

Procesos de co-construcción

Si las tecnologías son construcciones sociales tanto como las sociedades son construcciones tecnológicas, entonces las dinámicas de innovación y cambio tecnológico son procesos de co-construcción socio-técnica. Somos lo que nuestras tecnologías, creadas por nosotros, nos permiten ser.

Las alteraciones en alguno de los elementos heterogéneos constitutivos de un ensamble socio-técnico generan cambios tanto en el sentido y funcionamiento de una tecnología como en las relaciones sociales vinculadas.

Tanto la configuración material como el propio funcionamiento de un artefacto se construyen como derivación contingente de las disputas, presiones, resistencias, negociaciones, controversias y convergencias que van conformando el ensamble heterogéneo entre actores, conocimientos y artefactos materiales (Pinch y Bijker, 2008; Pinch y Oudshoorn, 2005; Vercelli y Thomas, 2007; Thomas y Fressoli, 2009).

Así, la resolución de las problemáticas de la pobreza, la exclusión y el subdesarrollo, en particular, no puede ser analizada sin tener en cuenta la dimensión tecnológica: producción de alimentos, vivienda, transporte, comunicaciones, energía, acceso a conocimientos y bienes culturales, ambiente, organización social.

Al mismo tiempo, los artefactos y sistemas funcionan condicionando formas de uso, pertinencia y necesidad de conocimientos, niveles de generación de rentas, formas de apropiación de beneficios, modelos de organización de la producción, procesos de territorialización y desterritorialización, regímenes económico-productivos, dispositivos de control social, posibilidades de ejercicio del poder, visiones acerca de lo que es posible o imposible. Aunque muchos textos de ciencias sociales lo ignoren, la sociedad es impensable en ausencia de la dimensión tecnológica.

No se trata de un simple juego binario de doble vía, de una dialéctica de la relación tecnología-sociedad: "el cambio social determina el cambio tecnológico o viceversa".

En un complejo interjuego de artefactos y actores, sistemas y organizaciones, conocimientos y normas, prácticas y roles, tecnología y sociedad –artefactos y actores– participan en múltiples y multiformes procesos de co-construcción de eso que denominamos "realidad".

Desde una escala individual hasta el nivel social más abarcativo, los bucles de estos interjuegos de co-construcción alcanzan cada rincón de la actividad humana: ecosistemas, ciudades, mercados locales, internacionales y globales, unidades geoestratégicas, canales de comunicación y lenguajes, espacios y conductas, nada escapa al alcance de esta matriz material de afirmaciones y sanciones, posibilidades e imposibilidades, libertades e inhibiciones.

La propia distinción taxativa entre una esfera tecnológica y una social –independientes entre sí– se evidencia completamente inadecuada. Ni las tecnologías determinan lo social, ni las sociedades construyen las tecnologías. Sólo un análisis socio-técnico revela efectiva competencia explicativa para comprender esta complejidad: ¿por qué hacemos las cosas de una manera y no de otra?, ¿por qué los sistemas funcionan o no?, ¿por qué algo parece posible o utópico?, ¿cómo funcionan diferentes modos de producción? Y aun, ¿por qué algunas sociedades acumulan y se desarrollan y otras no? O ¿por qué algunas personas acumulan bienes más allá de sus necesidades en tanto otras mueren en la indigencia? Son preguntas que remiten necesaria e ineludiblemente a niveles de respuesta socio-técnica, se explican mediante procesos de co-construcción entre tecnologías de producción, distribución y consumo; de producto, de proceso y de organización y actores e instituciones, productores y usuarios, legislaciones y regulaciones, políticas y estrategias.

Tecnología y desarrollo

Las dinámicas de desarrollo resultan incomprensibles fuera de estas matrices materiales, fuera de los ensambles socio-técnicos que les dan existencia, sentido y viabilidad: producción industrial, comercio internacional, especialización tecnoproductiva, consumo masivo, acumulación financiera, calidad de vida de la población, niveles de inclusión social.

Así también, la generación y resolución de las problemáticas de pobreza, exclusión social, riesgo ambiental y subdesarrollo no pueden ser analizadas sin tener en cuenta la ubicua dimensión tecnológica: producción de alimentos, vivienda, transporte, energía, acceso a conocimientos y bienes culturales, ambiente, organización social resultan ininteligibles en ausencia de las dinámicas socio-técnicas.

Y final –pero fundamentalmente–, la propia calidad de los regímenes y formas de convivencia participa, como causa y como efecto, de estas dinámicas socio-técnicas, de estos procesos de co-construcción. Porque la democracia misma es impensable en ausencia de procesos de inclusión social: participación efectiva en los procesos de toma de decisiones, distribución equitativa de bienes y servicios, derechos de acceso igualitario a esos mismos bienes y servicios, pluralidad de posiciones, diversidad cultural. El simple ejercicio de cualquier derecho social –comenzando por los derechos de acceso a bienes y servicios– se encuentra directamente vinculado a artefactos y sistemas. Y las formas en que esos derechos son conculcados también.

Lejos de un vínculo indirecto, la relación entre tecnología y democracia es cercana y evidente. Lewis Mumford denunció, ya a inicios de la década de 1960, que ciertas tecnologías favorecían la existencia de formas democráticas de convivencia, en tanto otras eran aliadas de regímenes autoritarios (1964).

Tecnología, desarrollo y democracia constituyen una tríada inseparable, pues se coconstruyen mutuamente. Y constituyen, al mismo tiempo, una perspectiva de análisis sociopolítico y socioeconómico de enorme poder explicativo: ¿cómo analizar la pobreza sin comprender los sistemas productivos?, ¿cómo hablar de participación sin entender los sistemas comunicacionales?, ¿cómo hablar de sostenibilidad sin incorporar el riesgo tecnológico y los modelos de acumulación?, ¿cómo construir estrategias de desarrollo e inclusión sin conocer la base material de las relaciones sociales?, ¿cómo concebir un futuro deseable para el país, la región y el planeta –y prevenir los no deseables– sin entender la relación entre tecnología, desarrollo y democracia?

Estudiar la tecnología para cambiar la sociedad

Por eso, este libro de apariencia académica y contenido político: porque tanto para entender por qué ocurre lo que ocurre como para concebir cambios sociales, es necesario revisar las tecnologías; o, mejor aún, es necesario comprender las dinámicas socio-técnicas.

Y, en términos prácticos, por dos motivos:

- Por un lado, porque, como reconoce el sentido común, las tecnologías participan activa y protagónicamente –y, si lo pensamos bien, esto no es ninguna novedad moderna, pues siempre lo han hecho– en los procesos de cambio de eso que llamamos vida, o bienestar. Porque hoy el desarrollo se explica en clave tecnológica, en términos de economía del conocimiento o del aprendizaje tecnológico.
- Por otro, porque gran parte de eso que llamamos problemas sociales y ambientales se relaciona causalmente con desarrollos tecnológicos. Tanto lo que posibilita la reproducción de los humanos en el planeta como aquello que la pone en riesgo se vinculan directamente con artefactos y sistemas, conocimientos y prácticas tecnológicas.

Una serie de conceptos analíticos estructura los ocho análisis contenidos en *Tecnologías para incluir:* tecnologías para la inclusión social, dinámicas y trayectorias tecnológicas, aprendizajes, funcionamiento, alianzas socio-técnicas y sistemas tecnológicos sociales.

A continuación se enuncian (a modo de marco analítico-conceptual) algunas precisiones sobre su definición, alcance y modo de operacionalización en análisis de base empírica de procesos de cambio socio-técnico.

Tecnologías para la inclusión social

De acuerdo con los desarrollos conceptuales realizados previamente (Thomas, 2012a; 2012b), definimos tecnologías para la inclusión social (en adelante TIS) como: formas de diseñar, desarrollar, implementar y gestionar tecnología (de producto, de proceso, de organización), orientadas a resolver problemas sociales y ambientales, mediante la generación de dinámicas sociales y económicas de inclusión social y desarrollo sustentable.

La resolución de las problemáticas de la pobreza, la exclusión y el subdesarrollo –en particular– no puede ser analizada sin tener en cuenta la dimensión tecnológica: producción de alimentos, vivienda, transporte, energía, acceso a conocimientos y bienes culturales, ambiente, organización social.

A diferencia de los enfoques de innovación orientados hacia la generación de condiciones de monopolio relativo de mercado y maximización de la renta, las TIS pueden caracterizarse como iniciativas de innovación inclusiva que promueven nuevas formas de construcción de conocimientos y estrategias de intervención (la concepción de las tecnologías como bienes públicos, la recuperación de conocimientos tradicionales, la participación de los usuarios en el diseño y gestión de las tecnologías, la ciudadanía socio-técnica [Thomas, 2012b]), destinadas a:

- igualar derechos,
- dignificar las condiciones de existencia humana,
- generar nuevos espacios de libertad y justicia,
- mejorar la calidad de vida,
- distribuir equitativamente la riqueza.

Dinámicas y trayectorias socio-técnicas

¿Cómo describir y analizar esos procesos de cambio socio-técnico? ¿Cómo contar esas historias en las que se entremezclan elementos heterogéneos en interjuegos explicativos: artefactos y actores, sistemas e instituciones, regulaciones y formas de organización?

Dos conceptos resultan particularmente útiles para realizar ese ejercicio: dinámicas y trayectorias socio-técnicas:

Las dinámicas socio-técnicas son conjuntos de patrones de interacción de tecnologías, instituciones, políticas, racionalidades y formas de constitución ideológica de los actores (Thomas, 1999, 2007; Thomas y otros, 2006; Maclaine Pont y Thomas, 2007; Thomas, Versino y Lalouf, 2007).

Se trata de un concepto sistémico sincrónico: permite insertar una forma determinada de cambio socio-técnico (una serie de artefactos, una trayectoria socio-técnica, una relación problema-solución...) en un mapa de interacciones simultáneas. Incluye un conjunto de relaciones tecnoeconómicas y sociopolíticas vinculadas al cambio tecnológico.

En el interior de una dinámica socio-técnica se despliega un conjunto de relaciones tecnoeconómicas y sociopolíticas vinculadas al cambio tecnológico, en el nivel de análisis de un "ensamble socio-técnico" (Bijker, 1995), un gran sistema tecnológico (Hughes, 1983), una red tecnoeconómica (Callon, 2008) o, aun, aunque en este caso sería necesario considerar diferencias conceptuales, un sistema nacional o local de innovación (Nelson, 1993; Lundvall, 1992).

Se trata de un concepto flexible y modular: en la práctica, es posible operacionalizarlo en diferentes escalas y niveles de alcance *(scope):* es posible mapear dinámicas socio-técnicas globales, regionales, nacionales, sectoriales, disciplinarias, entre otras alternativas de recorte analítico.

Estas dinámicas no son estables ni universales: estos patrones de interacciones cambian en el tiempo, en el mismo sentido en que se plantean cambios en modelos de acumulación, o se alteran las lógicas de sistemas sociopolíticos.

Las trayectorias socio-técnicas constituyen un concepto complementario al de dinámicas, la otra cara de la misma moneda.

Una trayectoria socio-técnica es un proceso de co-construcción desplegado a lo largo del tiempo de: productos, procesos productivos y organizacionales, e instituciones, relaciones usuario-productor, procesos de aprendizaje, relaciones problema-solución, procesos de construcción de "funcionamiento" o "no funcionamiento" de una tecnología, racionalidades, políticas y estrategias de un actor (firma, institución de investigación y desarrollo [I+D], universidades, etc.), o, asimismo, de un marco tecnológico (Bijker, 1995) determinado (por ejemplo: tecnología nuclear, siderurgia...) o una *sociotechnical constituency* (Molina, 1989).

A diferencia del carácter sincrónico de la "dinámica socio-técnica", "trayectoria socio-técnica" es un concepto de carácter diacrónico: tomando como punto de partida un elemento socio-técnico en particular, por ejemplo una tecnología (artefacto, proceso, organización), una firma, un grupo de I+D, permite ordenar relaciones causales entre elementos heterogéneos en secuencias temporales.

Este concepto también es de operacionalización flexible y modular: es posible tomar como unidad de análisis desde un elemento discreto (un artefacto singular –tecnológico, jurídico, político–, un sistema organizacional, una red, una empresa) hasta objetos complejos (sistemas tecnológicos, ciudades, gobiernos, sectores tecnoproductivos, países) y reconstruir su proceso de co-construcción socio-técnica en el tiempo y el espacio. Por eso, resulta particularmente apropiado para describir y analizar con mayor competencia explicativa procesos denominados –desde el sentido común de una perspectiva determinista tecnológica– como "difusión" y "transferencia".

Trayectorias y dinámicas son procesos autoorganizados. En algunos casos, direccionados parcialmente por la intención de una pluralidad de actores (gobiernos, empresas, instituciones, tecnólogos). A diferencia de los "grandes sistemas tecnológicos" de Hughes, no responden simplemente a la lógica de organización de un "constructor de sistemas", de alguien o algo con la capacidad de incorporar en el sistema elementos del entorno, ni se configuran y estabilizan simplemente por la agencia de un actante con capacidad de traducir los intereses de intermediarios. De hecho, una de las funciones centrales del análisis consiste, precisamente, en abrir la "caja negra" de esos procesos de autoorganización.

La reconstrucción analítica de dinámicas y trayectorias socio-técnicas locales permite superar las limitaciones de enfoques que relacionan, de forma descriptiva –normalmente deductiva y estática–, los "fenómenos" con sus "entornos" (como es usual en numerosas formas de análisis deterministas sociales de la tecnología); y evitar, al mismo tiempo, la realización de "saltos micro-macro" en el análisis (como suele ocurrir al aplicar conceptualizaciones evolucionistas o neoschumpeterianas). La operatoria, en este sentido, consiste en indagar de qué manera cada objeto analizado se integra en su dinámica y trayectoria socio-técnica correspondiente.

Las dinámicas y trayectorias socio-técnicas no son entidades de existencia real. No son percepciones en el plano del actor, sino constructos desarrollados por el analista. Metáforas útiles para reconstruir procesos articulando causalmente formas de interacción complejas entre elementos heterogéneos.

Dado que tanto las dinámicas como las trayectorias socio-técnicas pueden responder, así, a diferentes criterios de recorte topológico (fronteras nacionales, territorio de "difusión" de una tecnología, región socioeconómica), el alcance de estos conceptos no es definible a priori, sino en cada ejercicio analítico, de acuerdo con los criterios teórico-metodológicos de cada analista. Trayectorias y sistemas pueden alcanzar –como las redes tecnoeconómicas callonianas– la extensión diacrónica y sincrónica que determine la evolución del propio ejercicio analítico.

Obviamente, trayectorias y dinámicas socio-técnicas pueden constituir en sí unidades de análisis. El "relleno" teórico-conceptual de estos constructos analíticos depende de la intención de cada analista. Dada su operacionalidad flexible y modular, facilitan la construcción e integración de diversos marcos teóricos superando la rigidez de abordajes monodisciplinares o sirviendo de estructuras de soporte para operaciones de triangulación de conceptos. Esta característica permite la compatibilidad de estos conceptos con diferentes abordajes teóricos: sistemas tecnológicos, actor-red, constructivista, neoschumpeteriano, por ejemplo.

Aprendizajes

En la base de las trayectorias de desarrollo de las sociedades es posible encontrar un elemento en común: la acumulación de múltiples capacidades generadas y socializadas mediante procesos de aprendizaje.

¿Cómo se desarrollan las sociedades?, ¿cómo generan y acumulan conocimientos?

Desde la concepción neoschumpeteriana, el cambio tecnológico implica importantes procesos de aprendizaje de tipo acumulativo: el "aprendizaje por la práctica" *(learning by doing)* –por ejemplo, aumentar la eficacia de los factores de producción– (Arrow, 1962), el "aprendizaje por el uso" *(learning by using)* –por ejemplo, resolver los cuellos de botella aumentando la productividad– (Rosenberg, 1982), y las operaciones de aprender aprendiendo *(learning by learning)* (procesos en los que el aprendizaje previo facilita el futuro).

El "aprendizaje por interacción" *(learning by interacting)* –asociando usuarios y productores en dinámicas colaborativas interactorales que suponen innovaciones en producto, proceso u organización– (Lundvall, 1985; 1988; 1992) resulta de particular interés para los análisis de este libro.

El papel del usuario como fuente de innovaciones fue originariamente explorado por Eric von Hippel (1976; 1979), quien generó una teorización acerca del "usuario activo" en los procesos de cambio tecnológico. Al desplegarse, en años subsiguientes, los estudios sobre el carácter sistémico y multidireccional de la innovación, este relacionamiento recibió mayor atención. Esta conceptualización converge con la relevancia otorgada a los procesos de aprendizaje en la dinámica innovativa. De esta convergencia deriva el concepto "aprendizaje por interacción".

> La innovación exitosa es en gran medida dependiente de cercanos y persistentes contactos usuario-productor. Lo que para el punto de vista del usuario es simple *learning by doing* puede ser para el punto de vista del productor *learning by using* de sus productos, lo que le permitirá fabricarlos mejor [...]. Así, la innovación del usuario y el productor de un producto dado es dependiente del *learning by interacting* entre partes ligadas entre sí por flujos de bienes y servicios (Andersen y Lundvall, 1988: 12).

Las relaciones "usuario-productor" no se generan, según el planteo de Lundvall, en cualquier lugar o circunstancia de intercambio de bienes de uso. Los procesos de aprendizaje por interacción son dependientes de tiempo y espacio o, en otros términos, son sociohistóricamente situados. Los canales de comunicación resultan normalmente reforzados en el tiempo, pero sólo bajo ciertas condiciones. Se necesitan códigos comunes de conducta, confianza mutua entre las partes, etc. Pueden desarrollarse informalmente entre agentes independientes o a través de la integración vertical de corporaciones.

Otro medio de facilitar la generación de procesos de aprendizaje por interacción es el accionar del Estado-nación. En el nivel nacional, es posible encontrar mecanismos políticos más efectivos de regulación, un mercado de trabajo relativamente cerrado y un mercado de capitales potencialmente cerrado. Las relaciones usuario-productor son facilitadas por lenguaje, cultura, estandarización nacional y un extenso conjunto de organizaciones formales e informales (Andersen y Lundvall, 1988).

Pero Lundvall hace una advertencia sobre la incidencia negativa de una pura racionalidad instrumental –maximizadora de beneficios económicos– sobre las dinámicas de aprendizaje interactivo en sociedades capitalistas: "el aprendizaje interactivo es seriamente afectado si las partes actúan sólo desde una perspectiva de cálculo y maximización" (Lundvall, 1992: 47; también OCDE, 1992: 77).

Evolucionistas y neoschumpeterianos consideran que las instituciones de investigación y desarrollo y las empresas productivas representan la base institucional de esos procesos de aprendizaje. El carácter acumulativo del proceso de cambio tecnológico e innovación (asociado a los procesos de aprendizaje) implica una ventaja para aquellas instituciones en las que se haya realizado esta acumulación. Las empresas, instituciones y países que hayan tenido la ocasión de adquirir las calificaciones requeridas y de crear la base necesaria para el aprendizaje acumulativo –postulan, con base empírica– tendrán mayor capacidad para adaptarse en períodos de transición. Si bien el cambio tecnológico puede tornar obsoletos los equipos y ciertas calificaciones técnicas precisas, no tiene poder para destruir las instituciones o empresas, ni tampoco los conocimientos que se han acumulado en ellas.

¡Pero, cuidado, estos procesos no son irreversibles! La acumulación generada puede ser destruida:

A partir de recortes presupuestarios radicales, malas gestiones o fusiones y adquisiciones realizadas sin tener en cuenta el apren-

> dizaje acumulado en el seno de las organizaciones y firmas en cuestión, las bases sobre las cuales ha tenido lugar el aprendizaje tecnológico pueden ser destruidas (OCDE, 1992: 39).

Las distintas nociones de aprendizaje pueden ser aplicadas en análisis de diferentes escalas: actores singulares, instituciones, naciones, regiones. Entender el desarrollo socioinstitucional como un proceso de acumulación de capacidades tecnológicas (de producto, de proceso, de organización) es una pieza fundamental del andamiaje teórico del análisis de dinámicas y trayectorias socio-técnicas localizadas: ¿existen estas acumulaciones?, ¿cómo se generaron?, ¿dónde se depositaron esos acervos?, ¿cómo pueden periodizarse esos procesos de acumulación?, ¿qué actores intervinieron?

Las diferentes conceptualizaciones de aprendizaje –y la centralidad de estas operaciones para la comprensión del cambio tecnológico– ya han demostrado su potencial explicativo y su aplicabilidad a diferentes contextos locales. Sin embargo, son aún muy escasas las aplicaciones en análisis sobre dinámicas de desarrollo inclusivo sustentable.

Bengt-Åke Lundvall ha desarrollado recientemente dos nociones: "economía del aprendizaje" *(learning economy)* y "sociedad del aprendizaje" *(learning society)* (2000) que focalizan la cuestión del aprendizaje en términos de desarrollo económico y social asignándole relevancia estratégica. Para Lundvall, los procesos de desarrollo sostenido descansan en la conformación y consolidación de la "economía del aprendizaje", a partir de la cual se entiende que el éxito de los individuos, las empresas, las regiones y los países reflejan, principalmente, su capacidad de aprender.

Si esto vale para explicar dinámicas de crecimiento de empresas orientadas a la obtención y apropiación privada del lucro, tiene aún mayor capacidad explicativa y normativa a la hora de diseñar estrategias de desarrollo inclusivo sustentable.

Por un lado, porque la adopción del concepto de "sociedad del aprendizaje" permite superar las restricciones lineales, deterministas tecnológicas y estáticas de dos conceptos hoy usuales en la planificación de modelos de desarrollo: "sociedad de la información" y "sociedad del conocimiento", ambos basados en la idea de facilitar el acceso a un *stock* preexistente omitiendo la forma en que se producen, se distribuyen y circulan datos y saberes.

Por otro, y fundamentalmente, porque el concepto permite comprender los diferentes comportamientos y trayectorias que es posible desplegar en términos de modelos socio-cognitivos. Porque las dinámicas de aprendizaje interactivo se dificultan en presencia de sistemas regulatorios orientados al crecimiento basado en la simple proliferación y reproducción de empresas maximizadoras de beneficios, y dominados por el principio de apropiación privada de los conocimientos, inhibiendo procesos colectivos de aprendizaje, o se viabilizan cuando los conocimientos son de carácter público y libre circulación (como se puede observar en las figuras 1 y 2).

Figura 1. Modelo interactivo socio-cognitivo centralizado en la empresa maximizadora de beneficios

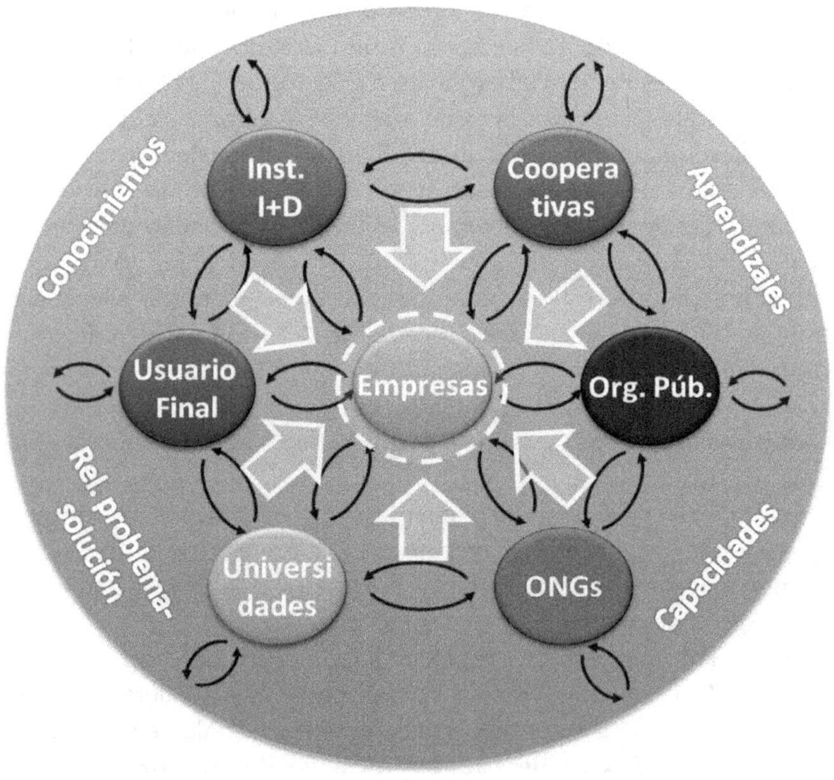

Fuente: Thomas, Becerra y Picabea, 2014.

Figura 2. Modelo interactivo socio-cognitivo colaborativo

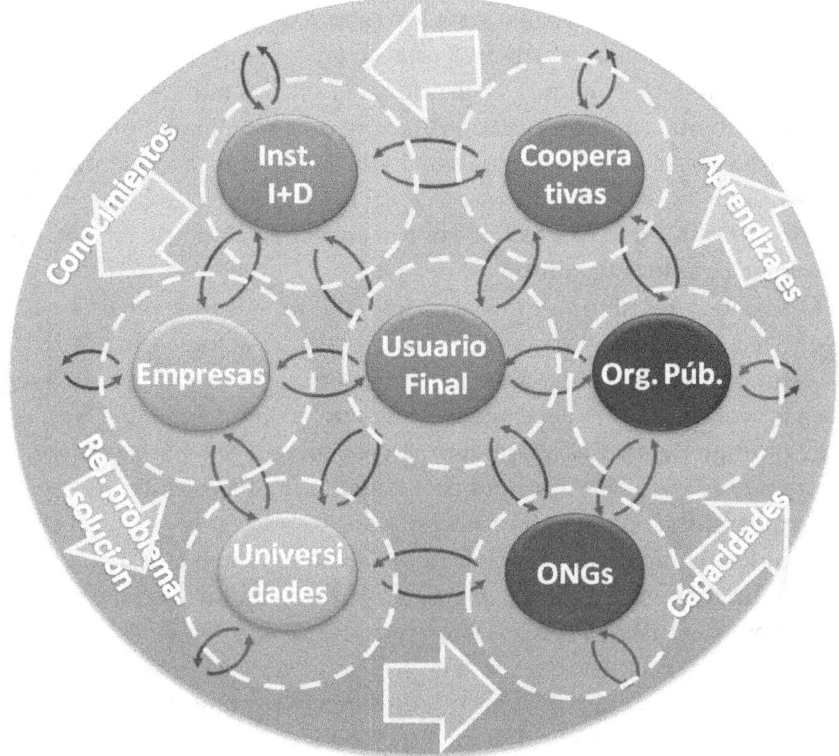

Fuente: Thomas, Becerra y Picabea, 2014.

Estas dinámicas socio-cognitivas diferenciales se develan como un aspecto central a la hora de concebir estrategias de desarrollo inclusivo sustentable. La adopción de modelos socio-cognitivos interactivos basados en el despliegue de redes colaborativas viabiliza dinámicas de cooperación entre actores heterogéneos y facilita procesos de desarrollo inclusivo sustentable.

Funcionamiento/no funcionamiento

En el campo de las tecnologías, una dimensión analítica resulta absolutamente ineludible y necesaria para comprender la orientación y alcance de las trayectorias de cambio socio-técnico y su relación con las dinámicas de desarrollo: la noción de "funcionamiento". Los actores sociales (desde los tecnólogos hasta los usuarios finales) no se preguntan si una tecnología es verdadera o falsa; en el campo de las tecnologías, la pregunta pertinente es: ¿funciona o no funciona?

Contra lo que supone el sentido común, una tecnología no "funciona" porque "está técnicamente bien hecha". El "funcionamiento" de los artefactos no es algo "intrínseco a las características del artefacto" (Bijker, 1995: 14), sino que es una contingencia que se construye social, tecnológica, política y culturalmente.

O, en otros términos, el "funcionamiento" o "no funcionamiento" de una tecnología es una relación interactiva entre actores y artefactos: es resultado de un proceso de construcción socio-técnica en el que intervienen elementos heterogéneos: sistemas, conocimientos, regulaciones, materiales, financiamiento, prestaciones, etc. Así, lejos de un absoluto universal, el funcionamiento constituye una cuestión relativa: ¿para quién funciona y para quién no?

El funcionamiento de un artefacto no es un fenómeno estático, ocurrido en un momento único. Se produce como resultado de una secuencia: supone complejos procesos sucesivos de adecuación de soluciones tecnológicas a articulaciones socio-técnicas concretas y particulares, históricamente situadas. ¿Cuándo y en qué circunstancias funciona y cuándo deja de funcionar? ¿Dónde funciona y dónde no?

No se trata de una cuestión objetiva: "el funcionamiento está en los artefactos", ni subjetiva: "el funcionamiento es una construcción social". Por esto, es necesario complementar el desarrollo teórico de Bijker dado que, desde un abordaje restringido a considerar la flexibilidad interpretativa de diferentes grupos sociales relevantes, cabe la posibilidad de restringir el alcance de los procesos de construcción de funcionamiento a procesos sociosemióticos de asignación de sentido (en un movimiento reduccionista determinista social).

Los artefactos, sus características y condiciones físicas son tan relevantes como la subjetividad de los actores implicados. Simplemente porque no es posible asignar cualquier sentido a cualquier artefacto o sistema. Esto permite, en consecuencia, recuperar la simetría analítica y superar, al menos parcialmente, la denunciada incompatibilidad entre la teoría actor-red (ANT) y el constructivismo social de la tecnología (SCOT).

El "funcionamiento" o "no funcionamiento" de un artefacto es resultado de un proceso de co-construcción socio-técnica en el que intervienen, normalmente de forma autoorganizada, elementos heterogéneos: condiciones materiales, sistemas, conocimientos, regulaciones, financiamiento, prestaciones, etc. Así, el "funcionamiento" o "no funcionamiento" de los artefactos debe ser analizado simétricamente (Thomas y Kreimer, 2002a; 2002b; Kreimer y Thomas, 2003; Thomas, Fressoli y Aguiar, 2006).

El "funcionamiento" de una máquina no debe ser considerado como el *explanans* (lo que explica: un artefacto es adoptado porque funciona), sino como el *explanandum* (lo que hay que explicar: ¿por qué se considera que un artefacto funciona?). El "funcionamiento" de un artefacto socio-técnico es un proceso de construcción continua, que se despliega desde el mismo inicio de su concepción y diseño. Aun después de cierto grado de "estabilización", se continúan realizando ajustes y modificaciones que construyen nuevas y diversas formas de "funcionamiento".

De este modo, es posible abrir nuevos análisis en los que se vinculan y diferencian momentos de "clausura retórica o funcional" y "estabilización" de las tecnologías con procesos de construcción de "funcionamiento".

Ahora, en los procesos de cambio socio-técnico en un contexto capitalista es posible identificar un criterio básico para construir el funcionamiento de una tecnología: la obtención de lucro. En palabras de Marx:

> La producción de plusvalía, la obtención de lucro; tal es la ley absoluta de este sistema de producción. La fuerza de trabajo sólo encuentra salida en el mercado cuando sirve para hacer que los medios de producción funcionen como capitales; es decir, cuando reproduce su propio valor como nuevo capital y suministra, con el trabajo no retribuido, una fuente de capital adicional (1982: 40).

En términos de procesos de co-construcción, este criterio no sólo abarca artefactos y sistemas (medios de producción considerados en cuanto capital), sino también capacidades productivas y trabajadores (considerados en función de su capacidad de generar plusvalía).

Y, por lo tanto, simétricamente, es imprescindible analizar los procesos de construcción de funcionamiento/no funcionamiento de las tecnologías para incluir, orientadas por criterios no capitalistas a resolver problemas sociales y ambientales. De eso trata gran parte del contenido de este libro.

Alianzas socio-técnicas

¿Cómo se explica, entonces, el funcionamiento de las tecnologías? Ésta es una pregunta clave. Todo sistema tecnológico se afirma interactuando solidariamente con otros sistemas, desplegando ventajas de inclusión en los marcos tecnológicos, economías de escala, compatibilidad y retroalimentación. Todo sistema socio-técnico incorpora incrementalmente productores y usuarios, financiadores y soportes políticos, infraestructuras y redes de proveedores... Y todo este proceso va construyendo el funcionamiento de estos sistemas, su necesidad y su irreversibilidad... Toda una alianza se va desplegando, coaligando, coordinando, consolidando, para que esa tecnología funcione. Y, al mismo tiempo, esa alianza va construyendo el no funcionamiento de la alianza que sustentaba el funcionamiento de tecnologías rivales. Eso que los deterministas tecnológicos denominan –cuando ocurre a gran escala– un "cambio de paradigma" o una "revolución tecnológica" se comprende mucho mejor en términos de alianzas socio-técnicas.

Si el funcionamiento es un proceso de construcción socio-técnica relativo, obviamente la respuesta no está ni simplemente en los artefactos ni en los actores sociales, sino en las relaciones interactivas entre artefactos y sistemas y actores e instituciones.

El concepto "alianza socio-técnica" fue concebido para dar cuenta de esas relaciones explicativas.

Una alianza socio-técnica es una reconstrucción analítica de una coalición de elementos heterogéneos implicados en el proceso de construcción de funcionamiento/no funcionamiento de una tecnología.

Es un movimiento de alineamiento y coordinación de: artefactos, ideologías, regulaciones, conocimientos, instituciones, actores sociales, recursos económicos, condiciones ambientales, materiales, etc., que viabilizan o impiden la estabilización de la adecuación socio-técnica de una tecnología y su funcionamiento (Maclaine Pont y Thomas, 2007; Thomas, Fressoli y Becerra, 2012).

En la figura 3 se presenta la alianza socio-técnica de un caso específico, lo que tal vez permita comprender mejor el contenido y configuración de una alianza, y la multiplicidad y heterogeneidad de los elementos que la constituyen:

Figura 3. La alianza socio-técnica del Yogurito (2010 al presente)

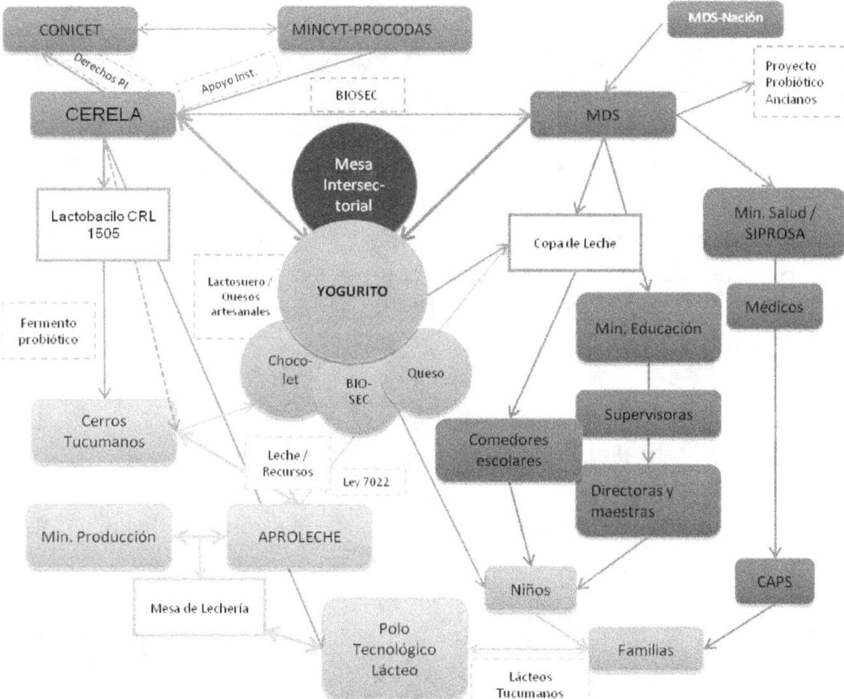

Fuente: adaptado de Bortz y Thomas, 2015.

Las alianzas socio-técnicas son coaliciones autoorganizadas, aunque en algunos casos es posible registrar acciones de planificación parcial (en el mismo sentido que, por ejemplo, una coalición política). Por ejemplo, una gran empresa monopólica transnacional puede tener poder suficiente como para construir el funcionamiento de sus sistemas tecnológicos inhibiendo (destruyendo una alianza local rival) o subordinando (incorporando los elementos de la alianza local a su propia alianza) los desarrollos artefactuales de emprendimientos locales de menor escala.

De allí la relevancia del concepto para la concepción e implementación de estrategias de desarrollo basadas en TIS: ¿qué alianzas socio-técnicas es necesario incorporar en el diseño de estrategias de desarrollo inclusivo sustentable?, ¿qué aspectos de las alianzas son gobernables por los propios actores sociales?, ¿qué alianzas es necesario desarrollar para revertir procesos de exclusión?, o, aún más concretamente, ¿qué escala y alcance es preciso alcanzar para lograr desplazar a alianzas que construyen el funcionamiento de bienes rivales y tecnologías excluyentes?

Así, las "alianzas socio-técnicas" no se restringen al papel de categorías analíticas, útiles para la comprensión del presente o el pasado de los procesos de cambio socio-técnico y construcción de funcionamiento/no funcionamiento de las tecnologías. Al mismo tiempo, revelan su capacidad de operar como insumos para el diseño estratégico de sistemas tecnológicos sociales y dinámicas de desarrollo inclusivo sustentable.[1]

Sistemas tecnológicos sociales

De los desarrollos conceptuales anteriores se desprenden algunas definiciones claras:

- es inadecuado concebir procesos de desarrollo inclusivo sustentable en ausencia de la dimensión tecnológica;
- es reduccionista creer que artefactos o sistemas tecnológicos unitarios aislados (al estilo de tecnologías apropiadas, intermedias, *grassroots* o *social innovations*) consiguen generar dinámicas de desarrollo inclusivo sustentable;

---

[1] En tanto las alianzas socio-técnicas incorporan las capacidades descriptivas de mapeamiento de relaciones, al estilo de las redes tecnoeconómicas de Michel Callon, suponen al menos dos ventajas analíticas: a) incorporan la dimensión ideológica como elemento constitutivo de la alianza, y b) focalizan las dinámicas de cambio tecnológico sobre la cuestión del poder (micropolítico y semiótico).

- es ingenuo pensar que tecnologías para la inclusión no integradas en alianzas socio-técnicas pueden desplazar a alianzas socio-técnicas excluyentes.

Los "sistemas tecnológicos sociales" constituyen una respuesta, en el plano teórico-conceptual, a estas restricciones.

Los sistemas tecnológicos sociales son ensambles socio-técnicos heterogéneos (de actores y artefactos, de comunidades y sistemas tecnológicos) orientados a la generación de dinámicas de inclusión social y económica, democratización y desarrollo sustentable para el conjunto de la sociedad.

Los sistemas tecnológicos sociales se focalizan en el diseño, producción, distribución y uso de tecnologías de producto, procesos productivos y organización orientadas no por la obtención de lucro o de una ventaja militar o geoestratégica (como otros sistemas tecnológicos), sino por relaciones problema-solución inclusivas. Lejos de restringirse a una dimensión artefactual simple, comprenden toda la matriz material de afirmaciones y sanciones de una sociedad: sistemas normativos y regulatorios, sistemas impositivos, servicios públicos, infraestructura, bienes de uso, insumos y productos finales... la base material para la generación de nuevas alianzas socio-técnicas inclusivas.

Los sistemas tecnológicos sociales constituyen el aspecto estratégicamente planificable de esas nuevas alianzas socio-técnicas a partir de los siguientes principios constructivos:

- socialización de los bienes y servicios;
- democratización del control y las decisiones;
- empoderamiento de las comunidades.

Estos principios no remiten solamente a la caracterización de los resultados finales a alcanzar, sino al formato y alcance del propio proceso de identificación de problemas, el diseño e implementación de soluciones socio-técnicas, su producción y evaluación.

El diseño estratégico de los sistemas tecnológicos sociales no refiere simplemente a los grupos sociales identificados como excluidos, sino a la gestación de dinámicas de inclusión de todos en procesos de resignificación de tecnologías y construcción de funcionamiento/no funcionamiento, por lo que deben incorporar en su configuración tanto aspectos tecnológicos como políticos y culturales:

- cambios en las correlaciones de fuerzas;
- acciones focalizadas:
  o resolución de problemas,
  o construcción de funcionamiento y no funcionamiento;
- cambios de trayectorias y dinámicas socio-técnicas;
- estrategias de realineamiento y coordinación;
- generación de nuevas matrices materiales de afirmaciones y sanciones.

Al abordar las relaciones problema-solución en términos socio-técnicos como un complejo proceso de co-construcción, se configura, en la práctica, una visión sistémica, en la que difícilmente exista una solución puntual para un problema puntual. Por el contrario, esta visión sistémica posibilita la aparición de una nueva forma de concebir soluciones socio-técnicas (combinando, por ejemplo, la resolución de un déficit de energía y un riesgo ambiental con la gestación de una cadena de frío, vinculada a su vez a un sistema de conservación de alimentos y la potencial comercialización del excedente).

Y, por derivación, un cambio en la visión estratégica que implique tanto gestar nuevas formas de concebir soluciones socio-técnicas como diseñar dinámicas de inclusión en procesos de resignificación de tecnologías y construcción de funcionamiento/no funcionamiento de artefactos y sistemas tecnológicos.

Dado que la actual dotación tecnológica del país y la región es de carácter predominantemente excluyente, el desarrollo de sistemas tecnológicos sociales implica, necesariamente, la gestación de dinámicas locales de innovación, la apertura de nuevas líneas de productos, de nuevas empresas productivas, de nuevas formas de organización de la producción y de nuevas oportunidades de acumulación (tanto a nivel local como interregional e internacional), así como la generación de nuevos sectores económicos, redes de usuarios intermedios y proveedores. Y, ¡claro!, de nuevas oportunidades de desarrollo.

Los sistemas tecnológicos sociales suponen así diversas vías de generación y dinamización de sistemas productivos locales: nuevos productos y procesos, ampliaciones de escala, diversificación de la producción, complementación en redes tecnoproductivas, integración de la producción (en diferentes escalas y territorios: local, regional, provincial, nacional).

El diseño estratégico de sistemas tecnológicos sociales permitiría dar soporte material a procesos de cambio social, relaciones económicas solidarias, ampliación del carácter público y de libre disponibilidad de bienes y servicios, abaratamiento de costos, control de riesgos ambientales y disminución de riesgos tecnológicos, al tiempo que sancionaría relativamente (cuanto menos por su presencia como alternativa tecnoproductiva) procesos de discriminación y desintegración, acumulación asimétrica y generación de desigualdad, producciones ambientalmente no sustentables.

En otros términos, la generación de nuevos sistemas tecnológicos sociales permitiría promover ciclos de desarrollo inclusivo sustentable, precisamente donde las relaciones capitalistas de mercado impiden la gestación de procesos de integración y consolidan dinámicas de exclusión social. Porque, por su carácter "misión orientado" (de reconfiguración de estructuras de costos, racionalización de la producción, promoción de usos solidarios, distribución del control social de los sistemas productivos, resolución sistémica de problemas tecnoproductivos), los sistemas tecnológicos sociales pueden desempeñar un papel anticíclico en economías signadas por la crisis.

Y, obviamente, sistemas tecnológicos sociales orientados por criterios de inclusión social, dinámicas socio-cognitivas colaborativas y funcionamiento en red posibilitarían la construcción de sistemas socioeconómicos más justos en términos de distribución de los beneficios, y más participativos en términos de toma de decisiones colectivas. Lejos de una mera reproducción ampliada, la proliferación y articulación de sistemas tecnológicos sociales permitiría dar sustentabilidad material a nuevos órdenes socioeconómicos y socioambientales.

Los contenidos del libro

Cada capítulo de *Tecnologías para incluir. Ocho análisis socio-técnicos orientados al diseño estratégico de artefactos y normativas* se plantea la tarea de analizar críticamente capacidades socioinstitucionales y tecnoproductivas de diversas experiencias desarrolladas en áreas claves para el desarrollo inclusivo sustentable: alimentos, vivienda, energía, salud, etc. La heterogeneidad de las experiencias analizadas en el marco de estos sectores permite describir la construcción viable de diferentes escenarios de desarrollo sustentable.

Los ocho análisis incluidos en este libro muestran primero un relevamiento (mapa) del sector específico y luego realizan una sistematización de los datos obtenidos y un análisis de casos relevantes. En cada capítulo se propone, finalmente, una serie de recomendaciones útiles para el diseño de instrumentos de política y gestión (a nivel nacional, provincial, municipal, local) para el desarrollo inclusivo sustentable, como así también para el diseño de instrumentos institucionales de planificación estratégica y gestión de tecnologías.

En el primer capítulo del libro, Mariano Fressoli, Adrian Smith, Hernán Thomas y Gabriela Bortz sostienen que los procesos de industrialización y desarrollo tecnológico suelen estar acompañados de contracorrientes de innovación, que surgen como reacción y cuestionamiento a las trayectorias de innovación dominantes. Estas contracorrientes, que los autores identifican como movimientos de innovación de base (*grassroots*), tienen como característica principal la utilización del conocimiento y el cambio tecnológico como herramientas relevantes para la inclusión y el desarrollo sustentable.

En este sentido, los autores se proponen explorar el modo en el cual los movimientos de innovación de base se constituyen como importantes experiencias de prospectiva tecnológica y cambio social. Para ello, analizan tres experiencias diferentes, pero que en su conjunto permiten disponer de recursos teóricos y empíricos útiles para debatir acerca de cómo construir futuros sustentables a través de la implementación de movimientos de innovación de base y de cuáles son las potencialidades y beneficios que estas contracorrientes aportan a los procesos de innovación, no sólo en la intervención y cuestionamientos de prácticas y tecnologías existentes, sino además en el planteo de nuevos problemas a las comunidades de científicos y tecnólogos.

En el segundo capítulo, Rocío Ceverio y Susana Brieva sostienen que, luego de la crisis socioeconómica del año 2001, se implementó en la Argentina un conjunto de programas públicos orientados a promover la agricultura familiar urbana y periurbana de alimentos agroecológicos para garantizar la soberanía alimentaria a sectores vulnerables de la población. En su diseño, los instrumentos de intervención priorizaron el desarrollo de canales cortos de comercialización orientados a facilitar el acceso a los mercados y generar ingresos a través de la integración solidaria de etapas entre la producción y el consumo.

A partir del análisis de las acciones llevadas a cabo en la ciudad de Mar del Plata desde el año 2003, las autoras muestran cómo la conformación de sistemas de producción, distribución y consumo de productos de la agricultura familiar requiere la ampliación y estabilización de alianzas socio-técnicas que integren a diversos sectores de la población.

Dado que estas alianzas pueden ser hasta cierto punto planificadas a partir de un conjunto de reflexiones en el plano analítico, socioeconómico y sociopolítico, se muestra en este capítulo cómo operan las medidas de política en el nivel local. Se identifican, asimismo, algunos aspectos todavía precariamente contemplados en el diseño e implementación de los instrumentos de intervención y se sugiere finalmente una serie de elementos para tener en cuenta para la generación de procesos de co-construcción de políticas en términos de sistemas tecnológicos sociales.

En el capítulo 3, Santiago Garrido y Alberto Lalouf analizan diferentes políticas y proyectos de investigación en el campo de las energías renovables en la Argentina. Presentan, en primer lugar, un resumen de las principales capacidades, experiencias, políticas y proyectos desarrollados en la Argentina en el campo de las energías renovables y realizan luego un estudio de caso sobre un proyecto de adopción de dispositivos solares en la provincia de Mendoza.

Los autores abordan el desafío que implica superar las visiones ofertistas de transferencia-difusión, que continúan permeando las estrategias de investigación y de intervención en territorio. El relevamiento muestra que hay una considerable acumulación de capacidades científico-tecnológicas en casi todas las regiones del país, pero que ese conocimiento sigue circulando exclusivamente en el ámbito académico. La falta de aprovechamiento de estas capacidades disponibles demuestra que la teoría del derrame o la de la tracción por la demanda no son modelos adecuados para planificar el desarrollo.

En el capítulo 4, Paula Juarez analiza los cambios producidos durante los años recientes en la orientación de la política agraria nacional, en particular aquellas iniciativas orientadas a la agricultura familiar. El trabajo muestra que, en la resolución del problema alimentario, el conocimiento científico y tecnológico jugó un rol clave para impulsar cambios en el modelo tecnoproductivo y socioeconómico. El artículo mapea, en primer lugar, el conjunto de políticas públicas orientadas a mejorar los procesos productivos y la alimentación de grupos sociales vulnerables (empresas recuperadas, cooperativas, agricultores familiares, huerteros, etc.). Luego analiza desde un enfoque socio-técnico el Programa Nacional ProHuerta. Este programa es la principal política alimentaria basada en el uso de tecnologías "apropiadas" que ha tenido el Estado argentino en los últimos veinte años, y es considerado un "éxito" por las diferentes gestiones gubernamentales, e inclusive a nivel internacional. El estudio de sus instrumentos de gestión permite observar cómo opera en la política la relación tecnología-inclusión social (formas de concebir la tecnología, la toma de decisiones, el rol asignado a los usuarios, etc.) y sus implicancias en las dinámicas socioeconómicas de desarrollo local. Finalmente, con base en esta revisión crítica, realiza recomendaciones de política pública para tomadores de decisión y *policy makers*.

En el capítulo 5, Facundo Picabea y Mariano Fressoli abordan la problemática habitacional en el país. Muestran que la política de viviendas sociales ha seguido un estilo tecnoproductivo centralizado y uniforme de abastecimiento de viviendas llave en mano a partir del financiamiento público y el otorgamiento a través de planes nacionales, provinciales y municipales. Este estilo lineal favoreció la construcción de una "caja negra" en torno al sistema de diseño, construcción y financiamiento de las soluciones habitacionales, que terminó imponiendo procesos y productos con muy baja participación de los usuarios.

En primer lugar, presentan el mapa argentino de las instituciones y experiencias de tecnologías para la inclusión social en el área de vivienda en la Argentina. Luego realizan un pormenorizado análisis de una propuesta alternativa de construcción de viviendas sociales en la ciudad de Villa Paranacito de la provincia de Entre Ríos, llevada adelante por el Centro Experimental para la Vivienda Económica (CEVE).

El trabajo muestra la existencia de un dilema no resuelto entre los límites de la política de gran escala del modelo de intervención del Estado (tercerizado a través de empresas constructoras) y las soluciones democráticas y heterogéneas de los institutos de I+D locales.

En el capítulo 6, Guillermo Santos y Lucas Becerra analizan el funcionamiento de la producción pública de medicamentos como una tecnología compleja de inclusión social. Los autores presentan un mapa de las capacidades socioinstitucionales y tecnológicas para producir y distribuir medicamentos desde las distintas esferas públicas (nacional, provincial, municipal y universitaria) y analizan luego la coalición de elementos heterogéneos implicados en el proceso de construcción del funcionamiento de la producción pública como un sistema socio-técnico de inclusión social a partir del estudio de tres casos relevantes.

A diferencia de un análisis tradicional, que involucraría observar solamente las líneas de producción, la matriz de costo y los canales de comercialización de sus productos con la finalidad de medir eficacia y eficiencia, los autores muestran que el funcionamiento/no funcionamiento depende de un conjunto heterogéneo de actores institucionales que se vinculan en forma autogenerada a los fines de configurar alianzas a favor y en contra de ciertas tecnologías. Por último, se sostiene en este capítulo que la política pública no constituye sólo el ejercicio de una voluntad política vertical y centralizada, sino más bien es el resultado del alineamiento y coordinación de un conjunto heterogéneo de elementos que se vinculan horizontalmente y que permiten que esa política se consolide o desestabilice.

En el capítulo 7, Ariel Vercelli aborda un tema poco frecuente en los estudios sobre tecnologías para la inclusión social: las formas de creación, producción, distribución, comercialización y regulación del valor intelectual a través del desarrollo de las tecnologías digitales y la expansión de Internet.

La regulación autoral es, sin dudas, uno de los derechos intelectuales que más se han resignificado en los últimos años. De ser considerada una disciplina jurídica menor, secundaria, hoy se erige como una pieza clave en la regulación de las sociedades a escala global. En la era digital, la copia es ubicua, pervasiva, cotidiana, silenciosa, vital. Se ha vuelto una parte sustancial de la cultura contemporánea. Ariel Vercelli intenta responder a la pregunta: ¿cómo se relacionan las capacidades distribuidas de copia, la libre disponibilidad de la cultura común y las democracias en la era digital? Este trabajo se propone analizar y construir el derecho de copia como un derecho humano a disponer de las riquezas comunes y la herencia de la humanidad.

El octavo y último capítulo de este libro constituye una reflexión crítica sobre las tecnologías capitalistas y las tecnologías sociales. Renato Dagnino sostiene que la definición tradicional de tecnología social vigente hoy en Brasil refleja una correlación de fuerzas existente en el conjunto ideológicamente heterogéneo de actores involucrados en la temática, que incluye desde aquellos que la entienden como un elemento más en el concierto de las propuestas de responsabilidad social empresarial hasta aquellos que trabajan en pro de la construcción de una sociedad socialista. Esta ambigüedad y heterogeneidad, sostiene Dagnino, explica por qué la tecnología social viene siendo tan ampliamente difundida en Brasil, a pesar de que no se asiente en un concepto adecuado para abordar su objetivo. Es decir, el del desarrollo de tecnologías alternativas a la tecnología convencional, producida por y para la empresa privada. Renato Dagnino analiza y compara la tecnología convencional y la tecnología social y muestra la importancia clave que esta última tiene para el desarrollo de políticas públicas socialmente más inclusivas y sustentables.

Insumos estratégicos

La realización de *Tecnologías para incluir. Ocho análisis socio-técnicos orientados al diseño estratégico de artefactos y normativas* es el resultado del esfuerzo de un conjunto de investigadores de la región preocupados por generar respuestas que superen –tanto en el plano analítico-conceptual como en el político-estratégico– las restricciones de los abordajes y las planificaciones deterministas lineales y, en particular, por proponer respuestas a los principales problemas de "crecimiento desigual y excluyente" de la región.

Lejos de una serie de ensayos, de la publicación de propuestas normativas realizadas "a mano alzada" o críticas genéricas realizadas desde el sentido común, los ocho trabajos incluidos en el libro responden a análisis de base empírica: estudios de caso correspondientes a diversas y acuciantes problemáticas regionales, análisis crítico de las estrategias implementadas, aprendizajes realizados sobre las iniciativas concretas desplegadas localmente, generación de hechos estilizados, lecciones para futuras iniciativas, tanto en el plano del diseño de artefactos y sistemas tecnológicos como en el de planificación y gestión de políticas públicas y estrategias institucionales.

Tecnologías para incluir espera constituir un insumo para la producción de nuevas y mejores estrategias de desarrollo inclusivo sustentable, concebidas no como parches asistencialistas a los problemas de exclusión derivados de la implementación de modelos de crecimiento asimétrico e inequitativo, sino como la construcción de un futuro viable de justicia, democracia e igualdad para todos los habitantes del país y la región.

Referencias bibliográficas

Andersen, E. y Lundvall, B-Å., 1988, "Small National Systems of Innovation Facing Technological Revolutions: An Analytical Framework", en Freeman, Ch. y Lundvall, B-Å. (eds.), *Small Countries Facing Technological Revolution*, pp. 9-36, Londres: Pinter.

Arrow, K., 1962, "The Economic Implications of Learning by Doing", en *Review of Economic Studies*, vol. XXIX, n° 80, pp. 155-173.

Bijker, W., 1995, *Of Bicycles, Bakelites, and Bulbs. Toward a Theory of Sociotechnical Change*, Cambridge: The MIT Press.

Bortz, G. y Thomas, H., 2015, "Biotechnologies for Inclusive Development: Scaling-up, Knowledge Intensity and Empowerment (The Case of the Probiotic Yoghurt 'Yogurito' in Argentina)", en *Innovation & Development*, en prensa.

Callon, M., 2008, "La dinámica de las redes tecno-económicas", en Thomas, H. y Buch, A. (comps.), *Actos, actores y artefactos. Sociología de la tecnología*, pp. 147-184, Bernal: UNQ.

Hughes, T. P., 1983, *Networks of Power, Electrification in Western Society, 1880-1930*, Baltimore: Johns Hopkins University Press.

Kreimer, P. y Thomas, H., 2003, "La construction de l'utilité sociale des connaissances scientifiques et technologiques dans les pays périphériques", en Mignot, J-P. y Poncet, Ch. (dirs.), *L'industrialisation des connaissances dans les sciences du vivant*, pp. 29-72, París: L'Harmattan.

Latour, B., 1998, "La tecnología es la sociedad hecha para que dure", en Domènech, M. y Tirado, F. J. (comps.), *Sociología simétrica. Ensayos sobre ciencia, tecnología y sociedad*, pp. 109-142, Barcelona: Gedisa.

Lundvall, B-Å., 1985, *Product Innovation and User-Producer Interaction*, Aalborg: Aalborg University Press.

————, 1988, "Innovation as an Interactive Process: From User-Producer Interaction to the National System of Innovation", en Dosi, G. y otros (eds.), *Technical Change and Economic Theory*, pp. 349-369, Londres: Pinter.

————, 1992, *National Systems of Innovation: Towards a Theory of Innovation and Interactive Learning*, Londres-Nueva York: Pinter.

————, 2000, "The Learning Economy: Some Implications for The Knowledge Base of Health and Education Systems", en OCDE, *Knowledge Management in the Learning Society*, pp. 125-141, París: OCDE.

Maclaine Pont, P. y Thomas, H., 2007, "How the Vineyard Came to Matter: Grape Quality, the Meaning of Grapevines and Technological Change in Mendoza's Wine Production", en *Universum*, año 22, n° 1, pp. 218-234.

Marx, K., 1982, *El capital. Crítica de la economía política*, México: Fondo de Cultura Económica.

Molina, A., 1989, *The Transputer Constituency. Building up UK / European Capabilities in Information Technology*, Edimburgo: Edinburgh University.

Mumford, L., 1964, "Authoritarian and Democratic Technics", en *Technology and Culture*, vol. 5, n° 1, pp. 1-8.

Nelson, R., 1993, "A Retrospective", en Nelson, R. (ed.), *National Innovation System. A Comparative Analysis*, pp. 505-524, Nueva York: Oxford University Press.

OCDE (Organización para la Cooperación y el Desarrollo Económicos), 1992, *Technology and the Economy*, París: OCDE.

Pinch, T. y Bijker, W., 2008, "La construcción social de hechos y artefactos: o acerca de cómo la sociología de la ciencia y la tecnología pueden beneficiarse mutuamente", en Thomas, H. y Buch, A. (comps.), *Actos, actores y artefactos. Sociología de la tecnología*, pp. 19-62, Bernal: UNQ.

Pinch, T. y Oudshoorn, N., 2005, *How Users Matter the Co-Construction of Users and Technology*, Cambridge: The MIT Press.

Rosenberg, N., 1982, *Inside the Black Box: Technology and Economics*, Cambridge: Cambridge University Press.

Thomas, H., 1999, *Dinâmicas de inovação na Argentina (1970-1995). Abertura comercial, crise sistêmica e rearticulação*, Tesis Doctoral en Política Científica y Tecnológica, Campinas: UNICAMP.

———, 2007, "Dinámicas de innovación y cambio tecnológico en el MERCOSUR. Procesos socio-técnicos de construcción de condición periférica", presentado en el XXVI Congreso de la Asociación Latinoamericana de Sociología, Guadalajara, 13 al 18 de agosto.

———, 2012a, "Sistemas tecnológicos sociales y ciudadanía socio-técnica. Innovación, desarrollo, democracia", en Tula Molina, F. y Giuliano, G. (eds.), *Culturas científicas y alternativas tecnológicas*, pp. 65-86, Buenos Aires: MINCyT.

———, 2012b, "Tecnologías para la inclusión social en América Latina: de las tecnologías apropiadas a los sistemas tecnológicos sociales. Problemas conceptuales y soluciones estratégicas", en Thomas, H. (org.); Santos, G. y Fressoli, M. (eds.), *Tecnología, desarrollo y democracia. Nueve estudios sobre dinámicas socio-técnicas de exclusión/inclusión social*, pp. 25-78, Buenos Aires: MINCyT.

Thomas, H., Becerra, L. y Picabea, F., 2014, "Colaboración, producción e innovación: una propuesta analítica y normativa para el desarrollo inclusivo", en *Astrolabio. Nueva Época*, n° 12, pp. 4-42.

Thomas, H. y Fressoli, M., 2009, "En búsqueda de una metodología para investigar tecnologías sociales", en Dagnino, R. (org.), *Tecnología social. Ferramenta para construir outra sociedade*, pp. 113-137, Campinas: Kaco.

Thomas, H., Fressoli, M. y Aguiar, D., 2006, "Procesos de construcción de 'funhormocionamiento' de organismos animales genéticamente modificados: El caso de la vaca transgénica clonada (Argentina 1996-2006)", en *Convergencia*, año 13, n° 42, pp. 154-180.

Thomas, H., Fressoli, M. y Becerra, L., 2012, "Science and Technology Policy and Social Ex/Inclusion. Analysing Opportunities and Constraints in Brazil and Argentina", en *Science and Public Policy*, vol. 39, n° 5, pp. 579-591.

Thomas, H. y Kreimer, P., 2002a, "La apropiabilidad social del conocimiento científico y tecnológico. Una propuesta de abordaje teórico-metodológico", en Dagnino, R. y Thomas, H. (orgs.), *Panorama dos estudos de Ciência, Tecnologia e Sociedade na América Latina*, pp. 273-291, San Pablo: Cabral-FINEP.

————, 2002b, "What is AKNA? Social Utility of Scientific and Technological Knowledge: Challenges for Latin American Countries", presentado en la 4th Triple Helix Conference, The Copenhagen Business School-Lund University-Chalmers University of Technology, Copenhague, 6 al 9 de noviembre.

Thomas, H. y otros, 2006, "Socio-Technical Analysis of Slave Workforce-Based Production Systems (Africa-America, between the XVI and XIX Centuries). A Theoretical-Methodological Proposal", presentado en el 4S Annual Meeting, Society for Social Studies of Science, Vancouver, 2 al 4 de noviembre.

Thomas, H., Versino, M. y Lalouf, A., 2007, "Trayectoria socio-técnica y estilos de innovación en países subdesarrollados: resignificación de tecnologías en una empresa nuclear y espacial argentina", en Dutrénit, G., Jasso, J. y Villavicencio, D. (eds.), *Globalización, acumulación de capacidades e innovación: los desafíos para las empresas, localidades y países*, pp. 384-414, México: Fondo de Cultura Económica-OEI.

Vercelli, A. y Thomas, H., 2007, "La co-construcción de tecnologías y regulaciones: análisis socio-técnico de un artefacto anti-copia de Sony-BMG", en *Espacios*, vol. 28, n° 3, pp. 5-30.

Von Hippel, E., 1976, "The Dominant Role of Users in the Scientific Instruments Innovation Process", en *Research Policy*, vol. 5, n° 3, pp. 212-239.

————, 1979, *Appropriability of Innovation Benefit as a Predictor of the Functional Locus of Innovation*, Cambridge: The MIT Press.

MARIANO FRESSOLI, ADRIAN SMITH,
HERNÁN THOMAS Y GABRIELA BORTZ

1 | De las tecnologías apropiadas a las tecnologías sociales: algunos dilemas persistentes de los movimientos de innovación de base en la construcción de futuros socialmente justos

Introducción

> Las políticas para la ciencia y la tecnología deben ser siempre
> una mezcla de realismo e idealismo. (Freeman, 1991)

Los procesos de industrialización y desarrollo tecnológico se han visto continuamente acompañados por contracorrientes de innovación que surgieron como reacción y cuestionamiento a las trayectorias dominantes a partir de la experimentación con formas de innovación alternativa, socialmente inclusiva y explícitamente diferente. Ya sea en sectores basados en recursos naturales, o en manufactura y servicios, ya sea en entornos rurales o zonas urbanas y periurbanas: voces y movimientos disidentes convocan periódicamente a una visión y prácticas de la innovación y el cambio tecnológico muy distintas, en comparación con los sistemas de innovación convencionales. Las políticas dirigidas a atender estos últimos se focalizan (casi exclusivamente) en la obtención de renta por parte de empresas en mercados convencionales (globalizados) a través del desarrollo de nuevos productos y procesos en colaboración con institutos científicos y tecnológicos e inversores institucionales. La eventual estandarización de estos productos y procesos les permite una amplia difusión a partir de la adaptación a distintos contextos.

A diferencia de lo que proponen los enfoques convencionales, las iniciativas de base tienden a surgir en ámbitos de la sociedad civil y la economía social e involucran la participación de individuos y grupos comprometidos, que experimentan con innovaciones sociales y desarrollan nuevas tecnologías y nuevos conocimientos. El contraste entre los diferentes entornos, orígenes y propósitos sugiere que las teorías y las políticas desarrolladas a partir del estudio de los espacios de innovación predominantes no necesariamente son adecuadas para abordar las formas de innovaciones de base. A diferencia de los primeros, los movimientos de innovación de base no sólo pretenden mejorar las cuestiones organizativas y económicas abordadas típicamente por muchos de los estudios convencionales sobre innovación, sino que también promueven agendas y propuestas normativas que movilicen procesos de carácter claramente político.

La historia oculta de estas alternativas es tan antigua como la propia industrialización. Sin embargo, en este trabajo nos enfocaremos en los últimos 40 años considerando las experiencias en tecnologías apropiadas y alternativas y en las iniciativas más recientes de tecnologías sociales. Como podremos ver, las visiones y estrategias, artefactos y prácticas, y las redes y contextos de cada una de estas corrientes son diferentes. Por ejemplo, el desarrollo de técnicas de construcción de viviendas localmente adecuadas para los pobres en zonas rurales de la Argentina es muy diferente a la creación de una comunidad cooperativa de energía sostenible en una ciudad del Reino Unido. Pero estas experiencias tienen tanto en común, especialmente en relación con las motivaciones y dilemas que implican desafiar las vías de desarrollo dominante, que las hemos agrupado aquí bajo la etiqueta de "movimientos de innovación de base".[1]

A menudo, la innovación de base surge como reacción a las injusticias sociales y problemas ambientales presentes en los modelos y patrones convencionales de industrialización. No es una coincidencia, por ejemplo, que el resurgimiento del poder económico de Brasil y la India en los últimos años se haya visto acompañado de nuevos llamados para la promoción de patrones de innovación y desarrollo adecuados para aquellos que han quedado excluidos en dichos países (Dagnino, 2009; Abrol, 2005; Gupta y otros, 2003). Asimismo, algunos

---

[1] En este texto llamamos "movimientos de innovación de base" a los movimientos sociales que utilizan el conocimiento y el cambio tecnológico como una herramienta para la inclusión social y el desarrollo sostenible. Por lo tanto, este concepto tiende a incluir varios movimientos de base comunitaria y no se limita a la definición de Gupta y otros (2003) de la "innovación de base" (*grassroots innovation*).

segmentos de las sociedades más ricas, al enfrentar el legado ambiental de su propia industrialización, están recurriendo a las innovaciones alternativas en busca de soluciones radicales para la construcción de modelos más sostenibles de producción y consumo (Seyfang y Smith, 2007).

Nuestro propósito en este trabajo[2] es explorar el modo en el cual estos contramovimientos pueden ser pensados como importantes experiencias de prospectiva tecnológica y cambio social (a pesar de que éstos no necesariamente se consideren a sí mismos en estos términos). Arie Rip alguna vez afirmó que las controversias científicas y tecnológicas constituyen formas informales de evaluación constructiva de la tecnología y sugirió de qué manera el aprendizaje social podría mejorarse si las controversias fueran vistas y abordadas bajo esa luz por los *policy makers* (ver también Woodhouse y otros, 2002; Rip, 1986). Del mismo modo, se argumenta que los intentos de los movimientos de innovación de base deberían ser tomados seriamente como espacios de prospectiva tecnológica y cambio social. Se sugiere que considerarlos como espacios potencialmente ricos para el aprendizaje social no necesariamente supera los dilemas que enfrenta la innovación para la inclusión social y el futuro sostenible, pero que podría ayudar a transformarlos en espacios más relevantes y atractivos en términos de apoyo social y político.

En el núcleo de estas alternativas descansan visiones muy distintas de las funciones que desempeñan las tecnologías en los procesos de cambio social y en los procesos por los cuales los *practitioners* o funcionarios públicos tratan de realizar estas visiones. De este modo, los movimientos de innovación de base amplían y pluralizan el espacio para reflexionar y debatir sobre nuevos futuros socio-técnicos. Al mismo tiempo, los movimientos de base se encuentran en gran desventaja con respecto al poder de los sistemas de innovación convencionales. La débil posición de los movimientos de innovación de base en relación con las instituciones científico-tecnológicas existentes, la infraestructura y las economías políticas, implica que enfrentan una

[2] Este trabajo ha sido desarrollado con el apoyo del International Development Research Centre (IDRC), FONCyT, subsidio PICT, 2008-2115, IESCT-UNQ y CONICET. Mariano Fressoli agradece el financiamiento del ESRC-SSRC Collaborative Visiting Fellowships 2010 para realizar parte de la investigación presentada.

serie de dilemas en relación con sus metas de desarrollo socialmente justo y ambientalmente sustentable. Nuestro argumento en este trabajo es que estas experiencias pueden ser concebidas como "espacios experimentales" para explorar las dificultades y posibilidades actuales para futuros tecnológicos socialmente justos y ambientalmente sustentables.

Desde esta concepción, estas iniciativas no deben pensarse como planes o mapas, ni siquiera como modelos adaptables a otros lugares y épocas (aunque ésta sea la forma en que a menudo han sido consideradas en el pasado). El solo hecho de que es poco probable que estas alternativas puedan prosperar sin cambios estructurales sustantivos en la sociedad y la economía las vuelve significativas desde el punto de vista del futuro socio-técnico. Estos espacios "experimentales" indican cuán desafiante es movilizar formas de cambio tecnológico socialmente justo y ambientalmente sustentable. En este punto, los analistas pueden aprender mucho de los activistas, no sólo sobre los obstáculos estructurales que enfrentan a la hora de impulsar nuevas formas de innovación para la inclusión social y futuros sostenibles, sino también como fuente para la adopción de soluciones más pragmáticas. Muchas de las innovaciones sustentables en materia de vivienda, energía, movilidad y otros dominios que actualmente se encaminan hacia los mercados masivos tienen sus raíces en actividades de innovación de base. Estas apropiaciones, que se adaptan a contextos (injustos) en lugar de transformarlos, plantean dilemas para los activistas de base originales y para la ética de aprender de los militantes e innovadores sociales. Por ejemplo, pequeños generadores de biogás, originalmente desarrollados con un ocasional apoyo intensivo en especie de los pobladores pobres de la India, han mutado en productos vendidos a agricultores más ricos (Romijn y otros, 2010).

En este trabajo analizamos estas cuestiones a través de la comparación de las experiencias de dos movimientos históricos y uno contemporáneo de innovación de base. Estos estudios de casos son: el movimiento de tecnología apropiada para los países en desarrollo (desde mediados de 1960 hasta finales de la década de 1980), el movimiento de tecnología alternativa en algunos países desarrollados (desde la década de 1970 hasta principios de 1980, aproximadamente) y el movimiento de tecnología social en América del Sur (emergido a comienzos del 2000). Un análisis comparativo de los casos, que sea sensible al contexto social e histórico, revela algunos de los dilemas fundamentales y persistentes que enfrenta la innovación para la inclusión social y futuros sustentables, aunque éstos se manifiesten en formas particulares dependiendo del contexto. Estos dilemas persistentes son los siguientes:

- ir más allá de respuestas únicas y universales para el problema de la pobreza: cómo construir sistemas socio-técnicos para la inclusión social;
- movilizar la innovación para la inclusión social y futuros sostenibles en contextos difíciles o desfavorables, con recursos limitados y vincularlos con las agendas dominantes de ciencia y tecnología;
- exigir movilizaciones más poderosas para el cambio estructural más allá de la capacidad de agencia de los movimientos de innovación de base.

Para analizar estos dilemas, en la siguiente sección pasaremos revista a cuatro marcos que ayudan a comprender diferentes modos de movimientos de innovación de base. Las secciones siguientes describen las características de las tecnologías apropiadas, las tecnologías alternativas y las tecnologías sociales centrándose en sus visiones, artefactos y tipos de redes. El sexto apartado resume brevemente las similitudes y diferencias entre los movimientos señalando qué tipo de dilemas tienen en común. Finalmente, en la última sección sintetizaremos nuestros argumentos y conclusiones. Se propone que la innovación para la inclusión social debe ser tomada seriamente, no como un patrón o mapa para el futuro, sino más bien como un recurso para debatir futuros sostenibles y ayudar a construir movimientos para un cambio estructural más amplio.

Innovar para alternativas socialmente justas

Las experiencias de los movimientos de tecnologías apropiadas y alternativas pueden clasificarse en tres "marcos" que prevalecen. A éstos añadiremos un cuarto marco, más en consonancia con los propósitos de este trabajo, que es relevante para la comprensión del movimiento de tecnología social.

Marco I. Posibilidades visionarias
Estos movimientos anticipan sistemas de innovación y formas de economías solidarias que, si bien a veces son deficientes en algunos aspectos, constituyen espacios socialmente más justos y ambientalmente sostenibles. Estas iniciativas y las redes más amplias que las acompañan constituyen una fuerza democrática vital para abordar los desafíos que presenta el desarrollo sostenible. Los movimientos de innovación de base significan una vanguardia para las nuevas economías y sociedades sustentables por venir (Dagnino, 2009; Seyfang, 2009; Abrol, 2005; Hess, 2007). Como movimientos ejemplares, proporcionan recursos materiales y discursivos y lecciones acerca de cómo realizar la reestructuración de las instituciones y de la economía política en general.

Marco II. Utopismo defectuoso
Enfrentados a las estructuras económicas y sociales dominantes, los esfuerzos de los innovadores de base son a menudo criticados por ser excesivamente optimistas y no asistir a las causas profundas de los problemas que buscan resolver (Dickson, 1974; Rybczynski, 1980). Si bien las redes de apoyo y programas alternativos tienden a compartir conocimientos *(know-how)*, información y publicidad, rara vez se aúnan en programas políticos de movilización y reforma institucional. De este modo, la influencia a gran escala se torna imposible y las innovaciones de base quedan condenadas a permanecer como los laboratorios de I+D para la utopía. Otros, por el contrario, interpretan las diversas alternativas que representan las innovaciones de base como una fuente de inspiración crucial para la crítica a los regímenes de producción y consumo (Waks, 1993; Darnovsky, 1991). Según esta postura, al tratar de hacer las cosas de manera diferente, los innovadores de base logran materializar y visibilizar las injusticias institucionales, políticas y económicas de los regímenes convencionales.

Marco III. Estrategias de resistencia
Las innovaciones de base son paliativos temporales, ya sea en la ausencia de artefactos más desarrolladas y comercializables para la sustentabilidad o, a veces, porque son las soluciones desarrolladas por las personas excluidas de la actividad económica dominante y para ellas. Una vez que se logran desarrollar soluciones comercializables, o una vez que los participantes han adquirido las habilidades y capacidades para

unirse a la actividad principal, la innovación de base es abandonada. En estos casos, las innovaciones de base funcionan como escalones de ascenso entre una economía social y los regímenes convencionales de producción y consumo (Gupta y otros, 2003; Kaplinsky, 1990).

Marco IV. Diversificando el aprendizaje social
Este último marco es menos evaluativo que los otros tres y considera que los movimientos de base contribuyen con ideas diversas a un conjunto más amplio de debates y conocimientos, incluyendo aquellas que emanan de las reformas en los regímenes convencionales de producción y consumo (por ejemplo, empresas comerciales, universidades, institutos de investigación, asociaciones sectoriales). Las innovaciones de base amplían la pluralidad de ideas para el cambio tecnológico sostenible y socialmente inclusivo. De este modo, se busca considerar si estos procesos podrían constituir alternativas para un desarrollo sostenible más radical, o simplemente facilitarán la captura y mercantilización de estos proyectos por los actores convencionales de mercado.

El desarrollo del marco IV requiere mirar más allá de los proyectos específicos de innovación de base. El objetivo se vuelve a considerar si las redes de proyectos locales, las ideas difusas y los movimientos de innovación de base funcionan y cómo, y si estos procesos podrían constituir alternativas para el desarrollo sostenible y la inclusión social. Esta perspectiva también se interesa en si el desarrollo de estos espacios experimentales puede contribuir a la reaplicación, el escalamiento *(scaling-up)* y la traducción de las innovaciones de base hacia otras configuraciones. Esto no sólo incluye actividades de asistencia técnica (capacitación, financiación, colaboración y asesoramiento sobre modelos de negocio), sino también funciones de promoción y militancia *(advocacy)* que buscan volver más favorables los contextos de las innovaciones de base desarrollando economías sociales, vinculando conocimientos locales con conocimientos de base científica y tecnológica, introduciendo nuevas formas de democracia socio-técnica, abriendo instituciones políticas para la innovación y vinculando movimientos sociales.

Sin embargo, esta perspectiva también implica mirar los dilemas, estrategias y factibilidades de tratar de escalar las innovaciones de base y de traducirlas para competir en condiciones de mercado más convencionales. Los intentos de transformar los espacios de desarrollo de la ciencia, la tecnología y la producción de conocimiento conllevan potenciales beneficios tanto como riesgos a medida que los activistas se involucran y participan en la agenda de las instituciones de investigación y desarrollo (I+D) dominantes. Este proceso incluye mirar tanto las lecciones internas (pros y contras de la innovación, cómo mejorar su diseño, organización y acceso a recursos) así como también las lecciones externas (los impedimentos institucionales y estructurales para el uso masivo de la innovación y el cambio tecnológico, y qué cambios profundos son necesarios para una innovación socialmente justa).

Se requiere, entonces, una reflexión e investigación más profunda para explorar de qué maneras la justicia social puede ser "desplegada" a través de los diferentes marcos de innovación de base identificados arriba. Mientras que las lecciones de la historia resultan instructivas, éstas necesitan ser puestas en diálogo con estudios de movimientos de innovación de base más contemporáneos. Para ello, analizaremos a continuación tres estudios de caso.

El movimiento de tecnología apropiada

El movimiento de tecnología apropiada se remonta a los debates sobre los países en vías de desarrollo y la asistencia para el desarrollo en la década de 1960, y se mantiene identificable como un movimiento ampliamente coherente hasta comienzos de los años ochenta. Los activistas de la tecnología apropiada buscaron redefinir la tecnología como un instrumento para el desarrollo. Los actores e instituciones que participaron de este movimiento eran bastante heterogéneos y muchos de ellos provenían de las (entonces) comunidades emergentes y de nuevas carreras profesionales dedicadas al desarrollo, desde activistas locales, fundaciones, extensionistas, instituciones educativas, *policy-makers*, ingenieros y, en mucha menor medida, empresas. Cada uno aportó diferentes perspectivas a las metas básicas de la tecnología apropiada, que incluían una variedad de definiciones y términos focales –que contenían tecnologías intermedias, tecnologías alternativas, tecnologías radicales, tecnologías populares, tecnologías comunitarias, tecnologías blandas, etc.-- y una pluralidad de aproximaciones a su operacionalización. El concepto paraguas "tecnología apropiada" fue ampliamente aceptado dentro del movimiento y es posible identificar un conjunto de características comunes para estas tecnologías para el desarrollo:

- bajo costo de capital;
- utilización de materiales locales;
- creación de empleo utilizando capacidades y trabajo locales;
- pequeña escala, como para ser accesible para grupos pequeños;
- podían ser entendidas, controladas y mantenidas por los miembros de la comunidad, en general sin un alto nivel de educación occidental;
- suponían algunas formas de uso colectivo y colaboración;
- evitaban patentes y derechos de propiedad, etc. (ver Darrow y Pam, 1978).

El principio básico era ayudar a la gente a mejorar la situación en la que se encontraba inmersa a través de la provisión de tecnologías adecuadas a esos contextos e incluyendo cierta mejoría en las circunstancias económicas y sociales de los usuarios. La tecnología apropiada constituyó una reacción contra lo que se percibía como estrategias fallidas de desarrollo industrial para los países pobres. En particular, se cuestionaba cómo las tecnologías eran importadas y aplicadas en contextos en los cuales eran incompatibles y terminaban siendo abandonadas por falta de insumos, mantenimiento, infraestructura y/o capacidades locales. El movimiento de tecnología apropiada citaba repetidamente casos de tecnologías a gran escala, onerosas y, en última instancia, fútiles, que no lograron inducir procesos de desarrollo, tal como habían anticipado las teorías y modelos de los planificadores.

En la actualidad, inclusive los defensores de las estrategias de industrialización han comenzado a identificar como esencial la construcción de capacidades locales (Bell y Pavitt, 1993; Cimoli y otros, 2009). Sin embargo, no nos preocupan aquí los méritos que tienen las diferentes aristas de los debates sobre el desarrollo, sino más bien señalar cómo y por qué los activistas de las tecnologías apropiadas buscaban un tipo diferente de innovación tecnológica.

Una inspiración para los activistas del movimiento de las tecnologías apropiadas fue el economista Fritz Schumacher. Una de las principales preocupaciones de Schumacher era evitar una economía de dos sectores. De acuerdo con este autor, los intentos dentro de las economías en desarrollo de alcanzar a las economías desarrolladas a través de saltos tecnológicos *(catch up)* generaba el riesgo de crear más pobreza y desempleo. Según Schumacher, en lugar de buscar adquirir alta tecnología que ahorrara puestos de trabajo, los países pobres debían tomar un camino consistente en la selección de tecnologías intermedias que liberaran a las personas de la pobreza y la labor rutinaria proveyendo trabajo significativo (1973).

Visiones y estrategias

Las tecnologías apropiadas apuntan a especificar una vía para mejorar las condiciones de producción existentes con tecnologías tradicionales sin caer en el problema alta tecnología-alto capital-alto desempleo. Las tecnologías intermedias también deben "adecuarse mucho más suavemente en un ambiente relativamente poco sofisticado" (Schumacher, 1973).

Los defensores de las tecnologías apropiadas buscaban alcanzar un mejoramiento progresivo de las condiciones sociales y la satisfacción de necesidades básicas mediante formas intermedias de industrialización. En particular, apuntaron a pequeñas comunidades rurales puesto que en éstas se encontraban fuentes significativas de desigualdad (McRobie, 1981, p. 33). Pero también porque se asumía que los espacios rurales presentaban situaciones en las cuales los enfoques de tecnologías apropiadas eran más susceptibles de ser adoptados en comparación con las complejas situaciones de desarrollo en contextos urbanos. Así, la introducción de tecnologías apropiadas buscaba crear nuevos puestos de trabajo y nuevos espacios de producción y consumo en comunidades pobres en países en desarrollo manteniendo el crecimiento a nivel regional y buscando alcanzar una dinámica autosustentable.

La cuestión central en la definición de las tecnologías apropiadas era su consideración en relación con la tasa de ingresos local. Esto significaba facilitar la elección de artefactos que incrementaran el empleo y la productividad, mientras permanecían asequibles para los ingresos de los beneficiarios (Kaplinsky, 1990). De este modo, mientras la tecnología apropiada implicaba reconocer relaciones específicas entre el costo del capital y el costo del trabajo, era (en principio) posible implementar diferentes soluciones de acuerdo con diferentes situaciones sociales y tecnológicas. En este sentido, las tecnologías intermedias eran concebidas como pequeñas tecnologías que usarían y fomentarían el desarrollo de conocimiento local y que, al mismo tiempo, se mantendrían lo suficientemente simples como para adaptarse a las restricciones locales.

Al cuestionar la estrategia dominante de desarrollo y las formas de ayuda (tecnológica) al Tercer Mundo, el movimiento de tecnologías apropiadas trató de ir más allá de la consideración común de la tecnología como una variable neutral (Illich, 1973). El punto más importante aquí era que la elección de tecnologías era vista como un instrumento político de desarrollo. De ahí que los cuestionamientos sobre la escala del diseño, el uso de recursos y capacidades comenzaron a ser considerados en relación con los problemas que buscaban abordar en ciertas circunstancias políticas y económicas. Sin embargo, a pesar de este "relativismo" tecnológico incipiente, la tecnología apropiada permaneció enfocada en la resolución de necesidades básicas en entornos rurales. Esta estrategia incidió en el modo en que los activistas concibieron las relaciones problema-solución y en el tipo de artefactos que desarrollaron.

Artefactos

Puesto que las tecnologías apropiadas requerían adecuación a situaciones sociales específicas, la cuestión clave en el diseño era la relación con capacidades locales y demandas económicas. De esta manera, el problema de la escala era crucial para la comprensión de qué tipo de artefactos podrían servir a necesidades y contextos particulares. Según Willoughby (1990), había tres estrategias principales para desarrollar tecnologías apropiadas.

a) mejoramiento de tecnologías tradicionales: introducir pequeños cambios como, por ejemplo, la mecanización de fábricas locales de ladrillos o azulejos para mejorar la productividad sin reemplazar las capacidades tradicionales existentes ni transformar el sistema de producción;

b) reducción de la escala y renuncia a la alta tecnología: reducir la inversión de capital y simplificar máquinas y sistemas de apoyo para alcanzar la demanda local (ver también Kaplinsky, 2011) y, finalmente,

c) diseño de nuevas tecnologías apropiadas a las circunstancias específicas desde el principio.

Ejemplos típicos de tecnologías intermedias eran las pequeñas fábricas de ladrillos y azulejos, pequeños colectores de agua y unidades de almacenamiento, pequeños instrumentos para agricultura, molinos de viento, generadores de energía microhidro y de gasificación por biomasa, bombas de agua y otros artefactos movidos a energía manual, tecnologías de procesamiento y almacenamiento de alimentos, viviendas solares, lámparas solares, servicios sanitarios a pequeña escala y tratamientos de atención sanitaria.

Redes

El Intermediate Technology Development Group (Grupo de Desarrollo de Tecnologías Intermedias, ITDG), fundado por Schumacher y algunos colegas en 1966 en Inglaterra, fue una institución pionera en la promoción de tecnologías eficientes y trabajo-intensivas basadas en una estrategia diferente hacia el desarrollo. El ITDG actuó como un centro internacional para otras instituciones preocupadas por problemas similares y probablemente fue visto como un modelo para otras organizaciones similares alrededor del mundo. Entre las principales tareas desempeñadas por el ITDG se encontraban el relevamiento de tecnologías existentes, la coordinación de instituciones de I+D en numerosas asociaciones, consultoría y oferta de asesoramiento a comunidades y otras instituciones alrededor del mundo, y el activismo para el desarrollo de tecnologías apropiadas (Willoughby, 1990).

Luego de la publicación de *Lo pequeño es hermoso* ("Small is beautiful") en 1973, y jaloneados por otras cuestiones, como la primera crisis del petróleo, el creciente desempleo y la conciencia progresiva de los problemas ambientales durante los setenta, los centros de tecnologías apropiadas comenzaron a multiplicarse y alcanzaron cierto *momentum*. Los activistas, que originalmente se consideraban como militantes en contra del *establishment* del desarrollo, comenzaron a recibir reconocimiento oficial y apoyo. Los países donantes, como Estados Unidos, Reino Unido, Países Bajos y Alemania, adoptaron programas de tecnologías apropiadas que apoyaban iniciativas y difundían información sobre este movimiento.

Un relevamiento realizado por el Centro de Desarrollo de la Organización para la Cooperación y el Desarrollo Económicos (OCDE) en 1979 encontró que 388 organizaciones de 79 países eran activas en tecnologías apropiadas (Jéquier, 1980). Pocos años más tarde, un estudio de seguimiento realizado en 1984 identificó alrededor de mil organizaciones en 90 países (Jéquier y Blanc, 1984). Just Faaland, presidente del Centro de Desarrollo, describió cómo las tecnologías apropiadas "no eran más la preservación de pequeños grupos marginales, sino que se habían convertido en una preocupación mayor de las instituciones de política científica y tecnológica nacionales, de la investigación gubernamental y de las empresas industriales privadas" (prefacio a Jéquier y Blanc, 1984). En algunos países, como Nepal, Papúa Nueva Guinea, Botsuana, India, Pakistán y Colombia, los centros de tecnología apropiada recibieron apoyo del Estado (Whitecombe y Carr, 1982). Finalmente, instituciones internacionales, como el Banco Interamericano de Desarrollo, el Banco Mundial, el Programa Ambiental de las Naciones Unidas, la Organización Internacional del Trabajo, la Organización de Alimentación y Agricultura, la Organización Mundial de la Salud, la OCDE y la Organización de las Naciones Unidas para el Desarrollo Industrial (ONUDI), también establecieron departamentos de tecnologías apropiadas. Durante este período, parecía que "el mundo de la tecnología apropiada", como fue reportado por la OCDE en 1983, había adquirido estatus de política pública y apoyo para una red global de instituciones que practicaban innovación para la inclusión social (Jéquier, 1982).

Y sin embargo, a pesar de esta construcción de interés y *momentum*, éste fue precisamente el punto en el cual el movimiento de tecnologías apropiadas entró en decadencia. Los programas de financiación fueron gradualmente finalizados, los centros cerrados, y la atención oficial sobre el desarrollo se desplazó hacia otros asuntos a lo largo de la década de 1980. Unos pocos grupos persistieron, entre los que se incluye Acción Práctica, un descendiente reconocido del ITDG. Paradójicamente, algunos de los principios subyacentes al contexto que sustentaban las tecnologías apropiadas se han vuelto, hoy en día, centrales para la ayuda y la promoción del desarrollo. Pero, a pesar de haber contribuido a la crítica de los modelos desarrollistas, y de haber participado en las revisiones de la práctica del desarrollo, las tecnologías apropiadas como objeto específico de preocupación y estrategia dejaron en cierto punto de generar expectativas.

No obstante, la declinación de la tecnología apropiada no se debió en su totalidad a la exitosa difusión hacia las prácticas de desarrollo cotidianas. El principal problema fue que los innovadores se encontraban casi exclusivamente orientados hacia soluciones de problemas puntuales (es decir, tecnologías) cuyos supuestos sobre "lo apropiado" podían rápidamente convertirse en restricciones para el posible desarrollo ulterior (por ejemplo: supuestos de pequeña escala, baja inversión de capital, diseño sencillo, etc.). Como consecuencia, los activistas de la tecnología apropiada tuvieron dificultades tanto para impulsar dinámicas de innovación local más allá de la solución de las necesidades básicas y la resolución de problemas de producción específicos como para estimular una estrategia de desarrollo a largo plazo de las capacidades sociales y tecnológicas a nivel local.

Tampoco está claro en qué medida las instituciones de la tecnología apropiada coincidían con la creciente visión sobre la necesidad de ampliar la participación en el diseño e implementación de iniciativas de desarrollo, incluidas las tecnologías. Mientras los principios de la tecnología apropiada sugerían cierta apertura hacia la participación del usuario, en la práctica, los artefactos a veces eran desarrollados en primera instancia por ingenieros bien intencionados que hacían todo tipo de suposiciones respecto de lo que los usuarios necesitaban. Como tal, mientras que la tecnología apropiada ciertamente buscaba una distribución socialmente más justa de los resultados de la innovación (en el sentido de que los activistas definieron sus esfuerzos innovativos como orientados hacia los pobres), era debatible hasta qué punto resultaba procedimentalmente justa la participación de los pobres en el proceso de innovación.

Finalmente, los procesos de innovación en tecnologías apropiadas probaron ser fuertemente dependientes de la financiación estatal y de donaciones. Quedó en evidencia la extrema dificultad para desarrollar espacios de producción, distribución y consumo de las propias tecnologías. Aun cuando aquéllas (efectivamente tecnologías de bienes de capital) ayudaban a los usuarios a participar mejor en el autoabastecimiento o venta de bienes procesados en mercados locales, la demanda efectiva de las tecnologías era baja. Para agravar este problema, las iniciativas de tecnología apropiada tendieron a no aprovechar las capacidades emprendedoras a nivel local, ya sea latentes o existentes, ni a promover la construcción de nuevas capacidades. De esta manera, cuando las políticas de desarrollo oficial dentro de las instituciones internacionales se desplazaron cada vez más hacia enfoques de mercado, las tecnologías apropiadas basadas en ayuda y caridad, motivadas por reclamos morales más que por su potencial rentable, fueron dejadas de lado. Como reflexiona Kaplinsky:

> Sobre el final de los '70 [...] las preocupaciones por la elección tecnológica y la generación de tecnología fueron silenciadas en la medida en que los países de bajos ingresos lidiaron con agendas de ajuste estructural e integración en la economía globalizada, a menudo buscando replicar la exitosa experiencia de las economías recientemente industrializadas de Asia Oriental (2010, p. 4).

A pesar de la declinación del movimiento de la tecnología apropiada, tecnologías de menor escala y localmente sensibles continuaron siendo desarrolladas en el territorio, aunque ya sin el rótulo y la autoidentificación precedentes. De hecho, algunos visualizan con interés el desarrollo de los mercados "base de la pirámide" (*bottom of the pyramid*) y de las "innovaciones bajo radar" (*under the radar innovation*) en las economías emergentes como las herederas de la tecnología apropiada (Kaplinsky, 2010; Polak, 2010).

Aun así, Kaplinsky (2011), en el pasado analista de tecnología apropiada, anticipa que la nueva dinámica se desarrolla actualmente de manera diferente. Los productos tecnológicos para los consumidores más pobres surgirán ahora de un modo que "posibilita la maximización de la inversión con fines de lucro por sobre el patrocinio de las ONG y agencias de ayuda humanitaria" (p. 9). Pero, contrariamente a la visión de Prahalad y otros promotores de la "base de la pirámide", estos nuevos mercados todavía no se hallan maduros para las corporaciones transnacionales del norte. Citando los aportes disruptivos sobre innovación de Chirstensen, Kaplinsky anticipa que a estas firmas les resultará difícil escuchar y responder a las demandas de los clientes más pobres en nuevos mercados emergentes. Además, es poco probable que los productores sensibles a la lógica de marcas comerciales de los mercados del norte arriesguen su reputación haciendo productos de baja calidad y ambientalmente pobres en el sur. "Siguiendo esta lógica, sin embargo, es posible notar que las corporaciones trasnacionales con base en el sur se encuentren en mejores condiciones para atender las necesidades de los productores de economías de bajos ingresos y de los consumidores de bajos ingresos" (p. 10). No serán, entonces, los productores más pequeños e informales, amados por los activistas de tecnologías apropiadas, los que responderán a las nuevas demandas del mercado en países de bajos ingresos. Si bien el énfasis se encuentra ahora en tecnologías accesibles, no queda claro cómo estos productos orientados al mercado enfrentarán las cuestiones de construcción participativa y de construcción de capacidades antes mencionadas.

El movimiento de tecnología alternativa

El movimiento de tecnologías alternativas fue contemporáneo al movimiento de tecnologías apropiadas y compartía algunos de sus principios básicos, cuyo origen común se encuentra en la reacción a la problematización de las formas dominantes de industrialización. De hecho, los dos movimientos se solaparon en cierta medida. No obstante, la diferencia clave residía en que la tecnología alternativa tenía sus raíces y se focalizaba en países industrializados. Sus militantes buscaban cambios radicales en la sustentabilidad y soluciones a los problemas ambientales de los países desarrollados, y percibían que las tecnologías alternativas jugaban un rol importante en la construcción de sociedades ecológicas postindustriales (Hollick, 1982).

El movimiento de tecnología alternativa combinaba la crítica a los procesos de degradación ambiental con el idealismo de la nueva izquierda y la contracultura (Veldman, 1994). Los activistas estaban interesados en tecnologías que sirvieran a una sociedad radicalmente distinta al capitalismo industrializado (Dickson, 1974). Demandaban una transformación de los sistemas tecnológicos (y la sociedad) en formas de uso que fueran más amigables y que no implicaran la amenaza de una catástrofe ecológica. De esta manera, visualizaban en la tecnología alternativa formas de producción y de vida menos alienantes y destructoras de las costumbres cotidianas que la producción y el consumo masivos ofrecidos por las grandes corporaciones. La tecnología alternativa era utópica en el sentido de que la expansión de los espacios experimentales que los militantes pretendían crear "serían virtualmente imposibles dentro de la estructura social existente" (Dickson, 1974, p. 99).

Hoy, además de uno o dos centros de demostraciones temáticos (por ejemplo, el Centro para Tecnología Alternativa en Gales), la etiqueta "tecnología alternativa" es raramente utilizada. Sin embargo, los espacios e ideas de las tecnologías alternativas continúan siendo (re)creados a nivel de la innovación de base. Por debajo de la lenta evolución de las políticas gubernamentales y corporativas para el desarrollo de tecnologías sostenibles, las redes de innovadores de base continúan creando alternativas a la corriente dominante. Existen, por ejemplo, espacios experimentales en proyectos comunitarios de planes alimentarios, vivienda ecológica y energía. A pesar de ello, no todos los participantes han oído acerca de la tecnología alternativa y, sin embargo, de forma muy particular, estos innovadores de base en la actualidad persiguen un enfoque similar en diferentes contextos. En la explicación del movimiento de tecnología alternativa en este trabajo, delinearemos su historia en el Reino Unido.

Visión y estrategias

Los activistas de la tecnología alternativa estaban preocupados por el desarrollo de sistemas tecnológicos en la medida que éstos facilitarían sociedades más ecológicas. Se anticipaba que estas sociedades estarían basadas en comunidades descentralizadas y relativamente autosuficientes. En estas sociedades utópicas, la práctica de la democracia participativa se encontraría ampliamente extendida, se buscaría la gestión de economías en estado de equilibrio y los bienes y servicios serían provistos a través de producción local usando pocos insumos y recursos renovables en ciclos relativamente cerrados (*Ecologist*, 1972; Hollick, 1982).

> Los instrumentos y máquinas requeridos para mantener esta alternativa representarán necesariamente un conjunto de valores sociales y culturales distintos de los que tenemos en el presente. Estos instrumentos y máquinas, junto con las técnicas por medio de las cuales son empleados, forman lo que generalmente se conoce con el término de "tecnología alternativa" (Dickson, 1974, p. 96).

El objetivo práctico para los activistas era facilitar desarrollos que implicaran un cambio hacia "sendas energéticas blandas" (usando diversos recursos renovables locales) por sobre las "sendas energéticas duras" (energía nuclear y combustibles fósiles centralizados)

(Lovins, 1976). Las características amigables de la tecnologías alternativas fueron definidas en contraposición a la percepción de la brutalidad tecnológica de la sociedad industrial: ecológicamente afines, no dañinas para el medio ambiente; eficientes en el uso de recursos, mas no intensivas en materiales; duraderas, no desechables; participativas, no tecnocráticas; con provisión basada en las necesidades y no en el beneficio; con ciclos de producción cíclica y no serial; etc. (Clarke, 1973).

No todos en el movimiento consideraron estas especificaciones como practicables o deseables (Harper, 1976; Willoughby, 1990). Algunos defensores más críticos argumentaban que los planes y patrones de innovación estaban equivocados. Por ejemplo, las bombas de viento implicaban escasa mejoría si se utilizaban en la prolífica sobreexplotación de los recursos hídricos de acuíferos limitados. La descentralización sin límites podría ser tan inapropiada como el crecimiento desmedido. La fundición de minerales en metales y la producción de artículos tales como bombillas, tornillos, lentes, cemento, y otros ejemplos similares, simplemente podrían llevarse a cabo mejor utilizando técnicas de producción en masa (Harper, 1976). Centrarse en cuestiones como la pequeña escala y la baja complejidad "tiende a sesgar el resultado de la investigación por adelantado" (Winner, 1979, p. 83). El objetivo común del movimiento era transformar el uso de tecnología en una forma fuerte de sustentabilidad.

En este punto de desarrollo del movimiento, los principios alternativos de selección tecnológica, y el afianzamiento de la adecuación para determinadas circunstancias sociales y ambientales, se convirtieron en el objetivo de la tecnología alternativa (Willoughby, 1990). De hecho, son estos principios críticos, más que los artefactos *per se*, los que todavía hoy despiertan cierta resonancia. Seguimos lidiando con los principios de equilibrio económico y ecológico, y con la búsqueda de formas de producción socialmente responsable; siguen surgiendo preguntas sobre los conocimientos acumulados como, por ejemplo, sobre los problemas de las "economías de escala" y las estrechas concepciones de "eficiencia económica". Bajo esta luz, la tecnología alternativa ha contribuido con "el despertar de una conciencia generalizada de que la tecnología es una fuerza controlable para el mejoramiento humano, en lugar de una fuerza devastadora autónoma" (Hollick, 1982, p. 226; ver también Winner, 1979).

Un debate posterior dentro del movimiento trataba sobre los propósitos de los espacios experimentales de tecnología alternativa en relación con el cambio social. Algunos activistas previeron la difusión de la tecnología alternativa, pero reconocieron que esto no sería posible sin una transformación radical de la sociedad. Otros se interesaron principalmente en desarrollar tecnologías ecológicamente armoniosas que facilitarían abandonar el sistema y elaborar un escape hacia la vida en comunidades relativamente autosuficientes (usualmente en locaciones rurales). El espacio idílico creado por estos últimos podría ser considerado (o no) como un faro a seguir por otros

Los activistas persiguieron un enfoque de doble vía. Por un lado, se dedicaron a la creación de tecnologías alternativas. Ofrecían ejemplos prácticos de sostenibilidad que podría ser difundida en forma amplia y efectiva *bajo las condiciones adecuadas*. Para ello, era importante presionar políticamente *(lobby)* para generar esas condiciones. En este punto, se buscó también la creación de redes con movimientos más amplios (ver más abajo).

Artefactos
Dentro del locus de las tecnologías alternativas existió cierto acuerdo entre las posiciones que buscaban realizar la revolución social y aquellas que proponían volver a vivir en comunidades rurales. Mientras que para el primer grupo los espacios experimentales prefiguraban los sistemas tecnológicos necesarios para la construcción de la sociedad progresista sustentable del futuro, para el segundo grupo las tecnologías alternativas proporcionaban herramientas para escaparse de la sociedad actual. Entre ambas tendencias surgió una corriente de iniciativas prácticas. Innovadores de base experimentaron con técnicas de agricultura orgánica, sistemas de calefacción solar, energía eólica, sistemas de reciclaje, vivienda de bajo impacto ambiental, etc. Independientemente de las diferencias filosóficas, un objetivo unificador era la creación de prácticas tecnológicas alternativas.

A menudo, los activistas experimentaban con tecnologías relativamente sencillas o ya existentes. Los innovadores de base exploraban cómo vivir con tecnologías alternativas tratando de mejorar su performance, evaluando sus limitaciones y aprendiendo por el uso *(learning by using)*.

> a partir del momento en que comienzan a considerar la tecnología como no neutral, buscan conscientemente diseñar su estilo de vida, y la tecnología que va con él, como un todo integrado [...] [sus] ideales están firmemente colocados en las prácticas tecnológicas que, en muchos casos, ya han sido desarrolladas con éxito, aunque gradualmente y de forma fragmentada (Dickson, 1974, p. 100).

Algunos emprendedores comenzaron a vender sus diseños de forma comercial (por ejemplo, la firma Conservation Tools and Technology). Sin embargo, teniendo en cuenta las raíces radicales de otros activistas, muchos se incomodaban con las posibilidades de adaptación comercial o la creación de nuevos mercados. La industria energética danesa se transformó en el ejemplo icónico de la traducción exitosa de un sistema tecnológico iniciado por innovadores de base simpatizantes con los ideales de la tecnología alternativa. El diseño inicial de la turbina estaba basado en un prototipo utilizado en la década de 1940, pero fue adaptado y desarrollado por un conjunto de granjeros, talleres locales de ingeniería, militantes de las energías renovables y cooperativas de construcción de turbinas (Garud y Karnøe, 2003). No obstante, el desarrollo de este sector pronto evolucionó hacia formas industriales más convencionales (de hecho, se basa en ellas) y sus orígenes militantes fueron en gran medida olvidados.

El boom de la calefacción solar en Austria en la década de 1990 es otro ejemplo exitoso que parece enmarcarse en la tradición de la tecnología alternativa. Más de 100.000 hogares austríacos producen agua caliente a partir de la energía solar y existe una larga cadena de "clubes solares" del tipo hágalo usted mismo. El movimiento fue inspirado inicialmente por motivos similares a la tecnología alternativa (es decir, una expresión práctica de un vivir más ecológico). El involucramiento de usuarios en el testeo de los diferentes diseños disponibles y el desarrollo de actividades informativas similares a los tempranos días de turbinas eólicas en Dinamarca son algunas de las causas atribuidas a la difusión exitosa de la tecnología de calefacción solar. Sin embargo, otro factor importante (y obvio) para el éxito fue que este modo de difusión ayudó a mejorar el desempeño de la tecnología para los usuarios y lo volvió mucho más económico para ellos (Ornetzeder, 2001). Así, mientras las ideas y motivaciones que originaron estos casos permiten la comparación con la tecnología alternativa, los factores que determinaron una difusión tecnológica más amplia fueron menos idealistas y más convencionales (aunque hayan sido logrados de una manera socialmente innovadora, por ejemplo, en el caso de las cooperativas eólicas y los clubes solares).

Redes

Las redes de tecnología alternativa compartieron su experiencia en el desarrollo de un amplio rango de tecnologías "humanamente centradas" (Boyle y Harper, 1976). La educación práctica fue mezclada con la generación de conciencia política en publicaciones tales como la revista *Undercurrents*, la cual comenzó en Reino Unido en 1972, y *The Whole Earth Catalogue*, publicada en Estados Unidos. Los encuentros anuales de tecnología alternativa eran organizados alrededor de festivales. La Network for Alternative Technology and Technology Assessment (Red de Tecnología Alternativa y Evaluación Tecnológica, NATTA), creada en 1979 en Reino Unido, continúa produciendo regularmente boletines informativos hasta el día de hoy.

A partir del reconocimiento de que las condiciones para la expansión de la innovación, el cambio tecnológico y la utilización de tecnologías alternativas no eran centrales en aquella época, algunos actores dentro del movimiento buscaron construir redes con otros que compartieran objetivos más amplios y persiguieran estrategias para cambiar las condiciones sociales de forma generalizada. Aquí el movimiento ambientalista jugó un papel importante. Grupos como Friends of the Earth [3] (Amigos de la Tierra) y la Socialist Environmental Resources Association (Asociación Socialista de Recursos Ambientales)[4] estaban propugnando políticas afines a las tecnologías alternativas como soluciones para las industrias ambientalmente destructivas que tanto criticaban. Otras alianzas políticas fueron menos exitosas. Algunos activistas se unieron a los sindicalistas en su campaña para evitar el desempleo industrial mediante el cambio a una producción socialmente útil de una variedad de tecnología alternativa –como el Plan Lucas en 1975-1976 (Wainwright y Elliott, 1982)–. Las iniciativas sindicales

---

[3] Amory Lovins, promotor de "energías blandas" de alto perfil, trabajó en la campaña de energía de Friends of the Earth en los años 70.

[4] Que luego se afilió al Partido Laborista.

recibieron una cobertura positiva en algunos círculos activistas, pero los intentos de construir puentes (por ejemplo, la Conferencia en Industria, la Comunidad y la Tecnología Alternativa llevada a cabo en noviembre de 1975) se vieron enredados en disputas políticas.[5] Los activistas que proponían volver a vivir en comunidades rurales veían la transformación de las tecnologías alternativas hacia formas de producción masiva asociada al sindicalismo como principios de vida contradictorios; mientras tanto, los sindicalistas se vieron frustrados por la escasa provisión de soluciones prácticas concretas por parte de los activistas "soñadores".[6]

Las iniciativas del gobierno local para el desarrollo económico alternativo a comienzos de la década de 1980 constituyeron una oportunidad para algunos del movimiento. Las redes tecnológicas de la Greater London Enterprise Board (Gran Cámara Empresaria de Londres, GLEB) incluían entre sus miembros a la NATTA y otros activistas, así como también a líderes sindicales interesados en la tecnología alternativa. Las redes intentaron utilizar tecnología alternativa en planes de desarrollo económico (Mole y Elliott, 1987). Sin embargo, ni las iniciativas de los gobiernos locales ni las de los sindicatos verdes sobrevivieron los gobiernos de derecha de Thatcher en los años ochenta.[7] Las tecnologías alternativas desarrolladas en las redes de la GLEB tuvieron dificultades ya que, además del clima político hostil, no existía un mercado claro para las necesidades sociales que pretendía servir (Mole y Elliott, 1987).

En general, durante la década de 1980, el movimiento de la tecnología alternativa se encontró fuera de sintonía con la dirección política y cultural que el país estaba tomando hacia el fundamentalismo del libre mercado, el individualismo y el consumo conspicuo. Algunas iniciativas, sin embargo, lograron sobrevivir a la hostilidad política y la indiferencia comercial,[8] y en la actualidad, en un clima político menos adverso, están resurgiendo las iniciativas de base.

---

[5] *Undercurrents*, n° 14, p. 12.

[6] *New Scientist*, 20 de noviembre de 1975, p. 472.

[7] El gobierno conservador introdujo legislación que restringía la actividad de los sindicatos, el gasto de los gobiernos locales fue puesto bajo el estricto control del gobierno central y el GLEB desapareció con la abolición del Greater London Council en 1986.

[8] Los grupos comunitarios que realizan acciones de aislamiento en hogares, por ejemplo, se han convertido en centros de difusión regional, tales como el Centro para la Energía Sostenible mencionado anteriormente.

El movimiento de tecnología social

El movimiento de tecnología social se originó en Brasil y ahora se está expandiendo rápidamente hacia otros países de América Latina. En algunos casos, la tecnología social ha provisto una etiqueta y una comunidad más amplia para proyectos que ya se encontraban en marcha. Mientras, en otros casos, el interés en las tecnologías sociales ha generado nuevos programas e iniciativas. El propósito de esta sección es introducir el movimiento de tecnologías sociales de forma similar a los casos históricos presentados anteriormente, pero prestando especial atención a las lecciones extraídas de las historias relatadas en la sección precedente. Estos aprendizajes nos permitirán evaluar la extensión con la cual el movimiento de tecnología social provee enseñanzas valiosas y experiencias sobre el involucramiento de las bases en el desarrollo de una innovación, procesos de cambio tecnológico y resultados socialmente más justos.

Las tecnologías apropiadas tienen una larga tradición en América Latina. Por ejemplo, Whitecombe y Carr señalaron la extensión del movimiento a comienzos de los ochenta y sugirieron algunas características locales originales:

> El sistema de creación de redes [de tecnología apropiada] en América Latina parece estar muy desarrollado; también tiene el mérito de ser concebido y controlado autóctonamente. En sí, merece mayor investigación para determinar su potencial de replicación en otros lugares (1982, p. 29).

Algunas organizaciones, como el Centro de la Vivienda Económica (CEVE), una institución pública de I+D especializada en hábitat social en la Argentina, ya tienen más de 40 años de trayectoria; otras, como CEUTA (Centro Uruguayo de Tecnologías Apropiadas) en Uruguay, fueron creadas a mediados de la década de 1980, durante la época de declinación de las tecnologías apropiadas alrededor del mundo. En los años ochenta, muchas de estas instituciones debieron luchar para sobrevivir y tuvieron que modificar sus objetivos y metodologías. Sólo algunos centros apropiados sobrevivieron en América Latina (incluyendo el CEVE en la Argentina, el CEUTA en Uruguay y Acción Práctica en Perú).

Durante los últimos diez años, la cuestión de la tecnología y el desarrollo ha recibido renovada atención en instituciones públicas, laboratorios de I+D y ONG. Como otros movimientos sociales y manifestaciones públicas en la región, algunas ideas dentro del enjambre que componen las tecnologías sociales comenzaron como una reacción a las políticas económicas neoliberales de los noventa. En los primeros años del siglo XXI, el surgimiento de gobiernos populistas en la región promovió el debate alrededor de nuevas políticas sociales para el desarrollo. En este contexto, las tecnologías sociales reunieron nuevas fuerzas y mayor visibilidad. Esto también abrió la posibilidad de recibir financiación y apoyo del Estado.

Como parte de una revisión de enfoques y conceptualizaciones pasados, algunos actores en Brasil decidieron nombrar este movimiento "tecnologías sociales". Es importante notar que no todos los actores que se encuentran trabajando en este campo aprueban esta nueva definición: mientras que algunos actores están comprometidos con visiones previas, especialmente aquellos ligados a prácticas de tecnologías apropiadas, otros quieren discutir qué es lo que realmente significan las tecnologías sociales y cómo esto puede cambiar su propio modo de aproximarse a los problemas, construir soluciones tecnológicas y movilizar a la comunidad. Así, en la actualidad existe un considerable debate en la Argentina y Brasil acerca de qué conceptos y metodologías son más adecuados para la región. En este contexto, es más seguro decir que las tecnologías sociales, la extensión de sus acciones, artefactos y visiones se encuentran aún abiertas al debate entre una pluralidad de actores e instituciones a escala regional.

De este modo, parece existir una recreación del interés en el problema de la tecnología, la política y el desarrollo social en América Latina, impulsado por actores heterogéneos, como movimientos sociales, ONG y laboratorios públicos de I+D, entre otros. Pero ¿cuáles son las similitudes y diferencias entre las tecnologías sociales y las tecnologías apropiadas? ¿Cómo se relacionan las tecnologías sociales con las visiones y los problemas enfrentados por las tecnologías intermedias y las tecnologías alternativas?

La Red de Tecnologías Sociales en Brasil

Sin duda, uno de los hechos más importantes en relación con el movimiento de la tecnología social ha sido la creación de la Red de

Tecnologías Sociales (RTS) en Brasil, que llegó a reunir más de 800 instituciones.[9]

La Red de Tecnologías Sociales fue oficialmente lanzada en 2005, a pesar de que los debates y discusiones que llevaron a su creación comenzaron en 2001, cuando la Fundación del Banco de Brasil estableció el Premio de Tecnología Social y una base de datos de experiencias. El tiempo (cuatro años) que llevó a numerosos actores en Brasil discutir y negociar qué clase de enfoque y organización era mejor para concebir políticas para tecnología e inclusión social constituye en sí un hallazgo importante para comprender la naturaleza de esta red. Desde 2005, la Red de Tecnologías Sociales creció continuamente, incorporando nuevas instituciones y expandiendo su modo idiosincrático de reaplicar tecnologías y formar nuevas alianzas con la comunidad. Entre 2005 y 2010 la RTS ayudó a gestionar aproximadamente 170 millones de dólares (RTS, 2010) en áreas como agroecología, reciclado de materiales, saneamiento de aguas y apoyo para nuevos emprendedores sociales.

Visiones y estrategias

El concepto de tecnología social desarrollado por la RTS en Brasil fue el resultado de un largo debate entre numerosas organizaciones civiles. Su definición afirma que: "Tecnología Social comprende productos, técnicas y/o metodologías replicables desarrolladas en interacción con la comunidad y que deben representar soluciones efectivas en términos de transformación social" (RTS, 2011).

El aspecto más importante de esta visión es el rol de la comunidad durante el desarrollo de las tecnologías para enfrentar problemas sociales. Así, el proceso social se hallaba en el corazón del modo de desarrollar y aplicar tecnologías. Esta visión intentaba evitar la fijación previa de los primeros enfoques de las tecnologías apropiadas por encontrar el artefacto "correcto" como solución olvidando el proceso de construcción y adecuación social en el camino. En un terreno pragmático, la RTS desarrolló bases de datos y estudios de caso de artefactos de tecnología social, formados en parte para demostrar la extensión de la actividad a los patrocinadores y partidarios potenciales. Estos

---

[9] Una versión más extensa de este trabajo discute la extensión de este movimiento en la Argentina y sus problemas con las definiciones, visiones y redes. Debido a restricciones de espacio, hemos decidido focalizar sólo en la RTS en Brasil.

hitos fueron reminiscencias de los antiguos manuales de tecnología apropiada. Pero el propósito real detrás de las tecnologías sociales era fomentar la innovación local, el cambio tecnológico y los procesos de empoderamiento de proyecto a proyecto y de comunidad a comunidad. No es extraño notar que esta visión particular fuera propuesta por un conjunto de actores heterogéneos que suelen no ser centrales dentro de la comunidad de ciencia y tecnología en Brasil (Fonseca y Serafim, 2010).[10]

La meta de la tecnología social era empoderar a las personas y sembrar una transformación social más amplia a través de las capacidades adquiridas durante un proyecto particular, y luego trasladar la iniciativa a proyectos subsiguientes en la localidad. Las asociaciones que resultaban del proceso no se formaban sólo para asegurarse soluciones inmediatas localmente adecuadas. Adicionalmente, se promovían los aprendizajes acerca de cómo trabajar con vecinos, investigadores de universidades, organizaciones de la sociedad civil, patrocinadores, proveedores de tecnología, políticos, y así sucesivamente. Asimismo, pretendía mejorar la habilidad de la comunidad para organizarse y resolver problemas, desarrollar y explotar oportunidades económicas y crear la capacidad de movilizar recursos de otros. Así, se consideraban las capacidades de innovación de base en asociación con capacidades políticas y económicas cuya potencialidad se incrementaba a través de la sucesión de los proyectos y el fortalecimiento de las redes. En consecuencia, cada proyecto necesitaba un proceso de cambio socio-técnico creativo para adaptarse a los contextos locales y así construir capacidades de innovación. El concepto de reaplicación de tecnologías era central para esta visión del proceso de cambio tecnológico. La noción de reaplicación estaba orientada a promover ciertas tecnologías y artefactos a gran escala. Según Fonseca (2009), la reaplicación de tecnologías implicaba: a) reproducción adecuada al espacio local, b) apropiación por la población local, y c) evaluación de resultados para nuevas reaplicaciones.

Para seleccionar qué tecnologías eran mejores para ser reaplicadas, la RTS establecía ciertos criterios que incluían: una preevaluación de las tecnologías, el chequeo de la disponibilidad de una organización

---

[10] La excepción obvia es el Ministerio de Ciencia y Tecnología, pero el apoyo otorgado por esta institución ha sido marginal.

social en la comunidad que pueda implementarlas y el posible acceso a incentivos locales (es decir, financiamiento local para I+D, esquemas de procuración pública, etc.) para promover su desarrollo (Fonseca, 2009). En consecuencia, la evaluación de qué tecnologías eran adecuadas para la reaplicación no comenzaba considerando artefactos nuevos o complejos. En cambio, se necesitaba obtener cierto potencial para promover el desarrollo sustentable y la posibilidad de ser incluidos en espacios más amplios de producción y desarrollo.

En este sentido, la reaplicación no significaba simplemente la transferencia de conocimiento y materiales, sino que implicaba un intento de cogestionar en conjunto la inclusión y promoción del conocimiento local. Los diseños y artefactos como, por ejemplo, sistemas de recolección de agua de lluvia o una granja ecológica, seguían ciertos patrones, aunque no estaban atados a ellos y podían ser modificados y mejorados por los actores locales.

Sin embargo, esta descripción pierde el punto establecido en los párrafos anteriores en relación con que la tecnología social deliberadamente requiere esfuerzo innovativo local, puesto que a través de éste se construía solidaridad y las comunidades eran empoderadas. En sí, el movimiento de tecnología social aspiraba a ser catalizador de desarrollo social en un sentido más amplio y movilizador que algunos enfoques de desarrollo de proyectos basados en aprendizajes. Este enfoque también explicaba las simpatías compartidas entre el movimiento de tecnologías sociales y la economía solidaria en Brasil (ver Singer y Portella Kruppa, 2004; Alves da Silva y Sardá de Faria, 2010). Sin embargo, los actuales intentos de vincular las tecnologías sociales tanto a una visión más amplia de economía alternativa como a una nueva política de ciencia, tecnología e innovación se encuentran en estado embrionario. El movimiento todavía enfrenta claros problemas para definir acciones y estrategias que puedan ir más allá del impulso de la participación local y la resolución de problemas específicos ligados a la pobreza. Por el otro lado, la preferencia por soluciones tecnológicas simples y *low tech* para la reaplicación posiblemente alejó la posibilidad de que los científicos se comprometieran con ciertos proyectos. A pesar de estas dificultades, la capacidad de aprender de experiencias pasadas y de concentrarse en los aspectos asociativos de las tecnologías constituye uno de los principales activos de las tecnologías sociales.

Artefactos

La Red de Tecnologías Sociales apoyó numerosos proyectos para la reaplicación a gran escala, como pequeñas granjas ecológicas, pequeñas máquinas de extracción de aceite vegetal, programas de reciclaje de sólidos y apoyo para emprendedores sociales y cooperativas en áreas urbanas.

Un buen ejemplo de estas actividades es el programa "Un millón de cisternas", un sistema colector de agua de lluvia para consumo humano desarrollado por un albañil con ayuda de investigadores de la universidad. Los universitarios asesoraron sobre los materiales y sobre cómo asegurar que el agua fuera colectada de modo que mantuviera su buena calidad. El programa fue implementado y reaplicado en el semiárido de Brasil (nordeste brasileño), zona tropical pero muy seca. En 2007, con base en este programa fue lanzado "Una tierra, dos aguas". Este nuevo plan utilizaba capacidades y experiencia locales existentes para reaplicar sistemas de colección de agua de lluvia para producción en granjas. En 2007, casi siete mil familias en 247 municipalidades de la región implementaron la tecnología (RTS, 2010).

Es imaginable que un diseño de sistema estándar puede fácilmente ser difundido como un producto accesible, pero en realidad es el impulso hacia la autoconstrucción el que reúne a la comunidad e inicia los procesos asociativos. Esto no sólo permite una adaptación apropiada, sino que también busca empoderar a las personas. Por consiguiente, el agua "pertenece" a los autoconstructores, no a las empresas de servicios ni tampoco depende del patronazgo de un político local. Este proceso quizás puede inspirar intentos de construir una mayor resistencia comunitaria a través de futuros proyectos. Ésa, por lo menos, es la reivindicación: juntar la experimentación y el empoderamiento.

Redes

La mayor parte del desarrollo tecnológico para inclusión social se centraba alrededor de la Red de Tecnologías Sociales, una red que incluía más de 800 instituciones entre las que se encuentran organizaciones públicas, movimientos sociales y ONG. Como hemos mencionado, la RTS fue establecida en 2005 y fue apoyada y financiada por instituciones como la Fundación Banco de Brasil, Petrobras y algunas organizaciones gubernamentales, entre otras. A principios de la década de

2010, la RTS inclusive había comenzado a asociar algunas instituciones en otros países de América Latina, como Venezuela, e incluso algunas en África.

La red estaba enfocada en la reaplicación de tecnologías como las indicadas anteriormente y la difusión de sus ideas y actividades. Para la RTS era estratégico incluir dos tipos de actores en su red. Por un lado, buscaba activamente incluir su visión y actividades en otras áreas, especialmente política pública. Por otro lado, pretendía enrolar a científicos, universidades y laboratorios de I+D. Esta política tuvo resultados mixtos. Algunos ministerios nacionales en Brasil, como el Ministerio de Desarrollo Social, el Ministerio de Empleo y el Ministerio de Integración Nacional, y otras instituciones nacionales se involucraron en algunas actividades y apoyaron activamente la red (aunque ello no necesariamente significara apoyo central o una adopción total de sus ideas). También se dieron algunas discusiones para aprobar una ley federal que respaldara las actividades de la RTS que incluía la posibilidad de fomentar la procuración pública (compra nacional) de tecnologías sociales. Sin embargo, estos proyectos no prosperaron.

Al mismo tiempo, la RTS enfrentó resistencias al intentar comunicar este mensaje a la comunidad científica en Brasil. A pesar de ciertos esfuerzos para enrolar más unidades de I+D y universidades, sólo 110 de las instituciones participantes en la red se encontraban involucradas en actividades de I+D, y menos de la mitad (53 instituciones) involucraban equipos de investigación de universidades. Esto parece indicar cierta resistencia en algunas áreas de la comunidad académica en el momento de investigar, involucrarse con esta clase de actividades y comprometerse a discutir sobre políticas de ciencia y tecnología alternativas. Los intentos específicos de incluir el debate de la RTS en la agenda de las comunidades científicas tuvieron como resultado una amable respuesta condescendiente. De modo similar, si bien la RTS se encontraba financiada por el Ministerio de Ciencia y Tecnología, el cual creó también una secretaría específica de desarrollo social dentro del ministerio (Fonseca, 2011), este apoyo no se tradujo en insumos para la discusión e implementación de políticas científico-tecnológicas locales. Consecuentemente, aunque la RTS reunió cierto apoyo (por fuera del sistema nacional de ciencia y tecnología), no logró desafiar el régimen dominante de innovación y producción.

Tecnologías para inclusión social en la Argentina

En la Argentina, el concepto y movimiento de tecnologías sociales dista de estar estabilizado. Recién en el año 2011 un conjunto de organizaciones públicas, ONG y cooperativas comenzaron a dar forma a la Red de Tecnologías para la Inclusión Social (Red TISA). Entre las más de 60 organizaciones involucradas en el desarrollo de tecnologías para la inclusión social, se encuentran varias instituciones nacionales, como el Instituto Nacional de Tecnología Agropecuaria (INTA), el Instituto Nacional de Tecnología Industrial (INTI) y el Programa Consejo de la Demanda de Actores Sociales (PROCODAS) del Ministerio de Ciencia, Tecnología e Innovación Productiva, que han comenzado a considerar el rol de las tecnologías para la inclusión social como un área clave para el desarrollo.

Visión y estrategias

A diferencia de Brasil, la Argentina no comparte una definición común de lo que es o debería ser tecnología social. Quizás es más relevante notar que tampoco se ha consolidado acabadamente esta cuestión como un tema de debate entre diferentes actores en la comunidad científico-tecnológica. Por lo tanto, existe cierta controversia sobre qué tipo de aproximaciones son mejores para promover el uso de tecnologías para desarrollo social. Algunas instituciones de I+D, especialmente aquellas con mayor trayectoria en el área, tienden a concentrarse en el desarrollo del artefacto "correcto" para resolver ciertos problemas sociales, como nuevos materiales reciclados para vivienda social o mejorar los sistemas de saneamiento de aguas. Estos enfoques se basan en el desarrollo de innovaciones *in-house* y luego en la transferencia de la tecnología a la comunidad. Otros, como el grupo de Hábitat Social del Centro de Estudios Avanzados de la Universidad de Córdoba, proponen la co-construcción de tecnologías para la inclusión social en un proceso orientado a vincular técnicos, científicos, autoridades locales, cooperativas sociales, ONG y beneficiarios. En los últimos años, algunas instituciones, como INTA, INTI, el PROCODAS y el Instituto de Estudios sobre la Ciencia y la Tecnología de la Universidad Nacional de Quilmes (IESCT-UNQ), comenzaron a promover una incipiente discusión sobre cuál es y cuál podría ser el rol de las tecnologías para la inclusión social y qué tipo de enfoque debería ser abordado.

Algunas personas incluso hablan de educar a los ingenieros como tecnólogos sociales.[11]

Artefactos y programas
Una diferencia adicional entre Brasil y la Argentina es la dificultad de identificar un artefacto arquetípico. En la Argentina es posible encontrar gran cantidad de iniciativas heterogéneas, desde provisión de energía alternativa hasta saneamiento de agua, producción alimenticia, vivienda social e incluso medicamentos genéricos. La escala de estas experiencias también es muy variable. Un puñado de programas está siendo desarrollado a escala nacional, pero usualmente la mayor parte de estas iniciativas son implementadas a escala pequeña o regional, son dispersas y tienen escasas conexiones con otras tecnologías y problemas sociales. Finalmente, hay una gran cantidad de casos de diseños y prototipos que nunca llegaron a ser aplicados y testeados en relación con la comunidad. Quizás es útil describir dos experiencias muy diferentes en términos de escala social y metodología utilizada.

La primera pertenece al campo de la agroecología e involucra uno de los principales desarrollos en tecnologías para inclusión social en la Argentina: Pro-Huerta es un tipo de programa de tecnología apropiada diseñado por el INTA, basado en la utilización de principios agroecológicos. Éste implica la construcción de capacidades entre beneficiarios para impulsar la autoproducción de alimentos junto con la provisión de insumos claves, como semillas, herramientas de jardín y pequeños animales de granja. Según el INTA, el programa Pro-Huerta cubre aproximadamente tres millones de personas en 600 unidades productivas (incluye familiares y cooperativas) en la Argentina y su diseño ha sido exportado a otros países, como Armenia y Haití.

Una característica importante del Pro-Huerta es su intento de complementar la provisión de materiales junto con breves cursos de capacitación y materiales acerca de cómo construir una pequeña huerta. Los insumos para implementar la huerta son diseñados y seleccionados por los técnicos del INTA con escasa participación de los beneficiarios u otros actores. Debido a la diversidad de situaciones locales y culturales y la extendida geografía argentina, la disposición de un único

---

[11] Ver, por ejemplo, "Animarse a pensar como tecnólogos sociales", en *Saber Cómo*, julio de 2011, n°102.

diseño ha generado algunos problemas. Por ejemplo, algunas semillas no germinan y en ocasiones la selección de vegetales no necesariamente coincide con la dieta local. Debido a estas dificultades, algunos técnicos y usuarios han realizado mejoras en el programa, que incluyen nuevas semillas, esquemas participativos, herramientas especiales, etc., que sólo recientemente han sido sistematizados e incorporados por el INTA.

A pesar de estos inconvenientes, el Pro-Huerta es generalmente considerado una tecnología exitosa y representa uno de los mayores programas sociales en la Argentina que hayan sido desarrollados y gestionados por una unidad de I+D. En 2003, el Ministerio de Desarrollo Social de la Nación incorporó este plan al Programa Nacional de Seguridad Alimentaria, adquirió así el carácter de política nacional (ver Montaña, 2010).

Un ejemplo un tanto distinto es el del área de vivienda social del Centro de Estudios Avanzados. Este grupo de I+D está orientado a la co-construcción de tecnologías en vivienda social con los beneficiarios e instituciones a nivel local. El propósito es construir capacidades de base comunitaria para promover la producción local de tecnologías. No parten del diseño de una solución a cierto problema de vivienda, sino que, por el contrario, se concentran en la construcción de los aspectos sociales y técnicos del problema junto con la comunidad.

Una de las tareas centrales de este enfoque es generar una red local de instituciones y actores sociales que definan juntos qué clase de materiales, diseños y qué forma de producción es adecuada para resolver el problema. De esta forma, no proveen el artefacto, sino que impulsan un proceso de aprendizaje y asociaciones que se "encarnan" en una vivienda prototípica que puede conducir a la solución. Si la red que construyen se vuelve lo suficientemente fuerte y los actores aprenden a lo largo del proceso, ellos mismos pueden comenzar a producir sus propios materiales y diseños para construir nuevas casas. Esto también alienta nuevos emprendimientos sociales y la formación de mercados locales para las nuevas capacidades en construcción de vivienda. Este grupo ha venido trabajando desde hace varios años en la región de Entre Ríos en la Argentina, con la construcción de casas de madera en Villa Paranacito y ahora en la ciudad de Concordia (Fressoli y otros, 2013).

La principal dificultad que este grupo enfrenta es la pequeña escala de sus actividades y la falta de una metodología sistemática. También descansa en soluciones tecnológicas relativamente sencillas, como la utilización y adaptación de madera local o experimentación con diseños de vivienda simples. Como la construcción del problema siempre implica atender a situaciones y condiciones locales, parecería difícil traducir este enfoque en un programa a gran escala.

Redes

En la actualidad la conformación de una red de tecnologías para inclusión social y la realización de encuentros y congresos anuales en la Argentina es aún incipiente.[12] Algunos actores y unidades de I+D (por ejemplo en vivienda social o energía solar) participan en redes tecnológicas de prácticas a través de publicaciones. Se observa, sin embargo, una notoria falta de coordinación y diálogo entre diferentes campos o entre instituciones públicas y movimientos sociales, cooperativas y ONG. Incluso instituciones públicas con cierta trayectoria en I+D y experiencia en enfrentar problemas sociales, como INTA e INTI, tienen dificultades para forjar relaciones entre ellas o con otras unidades gubernamentales. Esto se debe, por un lado, a la tradicional falta de cooperación entre unidades públicas y, por el otro, a que la cuestión de desarrollar soluciones tecnológicas para problemas sociales dista de ser central en sus agendas. Algunas ONG y cooperativas tienen un mayor diálogo, pero también enfrentan problemas para cooperar en proyectos específicos.

El reconocimiento de su propia marginalidad en el régimen público de innovación está alentando a ciertos actores a experimentar nuevas relaciones con actores sociales y a revisar su propia práctica. Pero la pregunta de si las instituciones públicas y actores sociales podrán dejar de lado sus intereses y empoderarse en la construcción y dinamización de una red de tecnologías para inclusión social en la Argentina permanece aún abierta.

---

[12] Sólo a mediados de 2011 se lanzó en la Argentina la Red de Tecnologías para la Inclusión Social (Red TISA), impulsada por el IESCT-UNQ, el PROCODAS (MINCyT), el INTA, el INTI, cooperativas y diversas ONG; su generación es aún demasiado reciente para realizar una evaluación de resultados.

Trabajando con dilemas persistentes

Tecnologías apropiadas, tecnologías alternativas y ahora tecnologías sociales son movimientos estrechamente relacionados. Todos ellos buscan desafiar y a la vez traducir su práctica en políticas públicas más amplias en ciencia, tecnología y desarrollo. Al mismo tiempo, los tres manifiestan interesantes contrastes en el modo en el que despliegan sus visiones, artefactos y redes. Al observar estas diferencias, es posible notar cómo distintos actores han considerado la tecnología y su relación con el conocimiento científico y local, con políticas, instituciones públicas, sistemas de producción, distribución y consumo, y con la sociedad y en general, con diferentes visiones socio-técnicas del futuro. Diferentes visiones y conceptos ayudan a los movimientos de base a construir distintas redes socio-técnicas. De hecho, esas visiones y conceptos incorporaron y permitieron realizar formas específicas de coconstruir espacios tecnológicos para inclusión social y desarrollo sustentable. No obstante, como muestra el cuadro 1, es posible resaltar numerosas tensiones entre las visiones de los distintos movimientos de innovación de base y los artefactos y redes que fueron efectivamente logrados.

Por ejemplo, la visión de las tecnologías apropiadas orientó sus acciones hacia la resolución de los problemas de la gente a través de la búsqueda del artefacto "correcto". Así, ellos descansaban en artefactos de baja intensidad tecnológica (*low tech*) y en el desescalamiento de tecnologías maduras con escasa participación local. Este modo de hacer las cosas también presentó problemas a la hora de involucrar y enrolar unidades de I+D y universidades. Finalmente, al depender de la difusión de tecnologías y el financiamiento de organizaciones internacionales, tuvieron problemas para empoderar a los actores locales en el diseño e implementación de tecnologías y, una vez que el financiamiento y la asistencia técnica se agotaron, los actores tuvieron dificultades para mantener en funcionamiento los artefactos y las capacidades desarrolladas. Las tecnologías alternativas compartían muchos de estos principios y problemas, pero eran también un movimiento social cuya visión estaba más preocupada por la crítica a la industrialización masiva y el deterioro ambiental. El foco en los artefactos era clave (y, de hecho, alentaron la realización de ajustes a las tecnologías y experimentación con nuevos diseños), pero, fundamentalmente, sus actores lucharon para desarrollar nuevos sistemas tecnológicos en equilibrio con la naturaleza. Quizás éste es uno de los motivos por los cuales las redes de tecnologías alternativas fueron mucho más heterogéneas e involucraron repetidas tentativas de aliarse con movimientos sociales más amplios, como el ambientalismo y las organizaciones de izquierda.

Cuadro 1. Tensiones entre visiones e implementación de movimientos de innovación de base

	Visiones	Artefactos desarrollados	Redes generadas
Tecnologías apropiadas	Mejora de las comunidades rurales carenciadas a través de tecnologías específicas.	Artefactos baratos –*low tech* y tecnologías maduras–. Escaso uso de innovación y conocimiento local.	Redes financiadas por el Estado u organismos internacionales. Escasa relación con universidades y movimientos políticos locales.
Tecnologías alternativas	Cambio hacia sociedades ecológicas y futuros sostenibles.	Artefactos y procesos ecológicamente responsables (energía solar y eólica). Tecnologías hágalo usted mismo y pequeños ajustes a tecnologías existentes.	Redes de *practitioners* y experimentación, vínculos con ambientalismo. Intentos de vincularse con gobiernos locales y sindicatos. Escasa y problemática traducción de tecnologías para uso comercial.
Tecnologías sociales	Transformación social y empoderamiento de actores locales mediante la reaplicación y co-construcción de tecnologías.	Artefactos *low tech* y sistemas tecnológicos para reaplicación a gran escala. Inclusión de las perspectivas y modificaciones de los usuarios.	Movimientos sociales, ONG y agencias de financiamiento estatal. Escaso involucramiento de laboratorios públicos de I+D marginales. En su mayor parte por fuera del sistema nacional de ciencia y tecnología.

Por supuesto, las visiones y concepciones fueron inevitablemente modificadas durante la práctica: tanto la tecnología apropiada como la alternativa intentaron cambiar sus enfoques (ver Jéquier, 1980 para una propuesta para redefinir la concepción de tecnologías apropiadas), pero nunca lograron sobrevivir el cambio del panorama político durante la década de 1980.

El movimiento de tecnología social, al igual que otros movimientos de innovación de base alrededor del mundo, es optimista y busca superar estos problemas a través de la búsqueda de nuevos y más adecuados conceptos y visiones (por ejemplo, prestándole más atención al rol de los usuarios en la noción de reaplicación). En la actualidad, empoderar a personas a través de la intervención tecnológica se ha vuelto un fin en sí mismo (y, así, dejó de ser considerado una consecuencia no prevista de la provisión de soluciones tecnológicas para la inclusión social). No obstante, a pesar de su deseo de reconocer cómo las situaciones locales y diferencias culturales se entrelazan con el éxito o el fracaso de los artefactos, los nuevos movimientos de innovación de base todavía enfrentan algunos de los problemas de las tecnologías apropiadas. Esto es cierto para aquellos que aún se encuentran comprometidos con los viejos enfoques ligados a la transferencia lineal y la difusión de tecnología, pero también para aquellas instituciones y organizaciones que proponen nuevos enfoques, como la Red de Tecnología Social.

Promover una participación más amplia en el diseño e implementación de tecnologías para inclusión social y desarrollo sostenible es crucial, pero esta es sólo una lección entre muchas. La lucha para avanzar de soluciones específicas y relativamente simples a la concepción de aproximaciones sistémicas y sustentables continúa siendo un desafío para los nuevos movimientos de innovación de base. Superar estas cuestiones puede implicar un cambio de concepción y estrategia. También se manifiesta la necesidad de encontrar nuevas maneras de construir redes y de diseñar y producir artefactos y sistemas de producción, distribución y consumo tecnológicos. Uno de los mayores desafíos para los nuevos movimientos sociales dispuestos a intervenir y diseñar soluciones tecnológicas para inclusión social y futuros sostenibles es cómo aprender de experiencias pasadas. Es difícil resaltar cuán importante resulta aprender de tecnologías y experiencias sociales, tanto de aquellas que han sido exitosas como de las que no han funcionado, y cómo traducir y adoptar esos aprendizajes para modificar prácticas de innovación convencionales profundamente enraizadas. Este complejo proceso de aprendizaje es crucial para construir alianzas socio-técnicas fuertes, crear nuevos espacios de experimentación, y desarrollar mejores estrategias para desafiar regímenes dominantes de innovación y producción. Algunos de los dilemas que enfrentan los movimientos de innovación de base actualmente son los siguientes:

- ir más allá de respuestas únicas y universales para el problema de la pobreza: cómo construir sistemas socio-técnicos para la inclusión social;
- movilizar la innovación para la inclusión social y futuros sostenibles en contextos difíciles o desfavorables, con recursos limitados y vincularlos con las agendas dominantes de ciencia y tecnología;
- exigir movilizaciones más poderosas para el cambio estructural más allá de la capacidad de agencia de los movimientos de innovación de base.

Ir más allá de soluciones únicas y universales al problema de la pobreza: cómo construir sistemas socio-técnicos para inclusión social

El primer dilema pone en cuestión (y trata de evitar) considerar la pobreza, la inclusión social y la sustentabilidad solamente como cuestiones que deben ser resueltas a través del diseño de la tecnología o el artefacto "correcto". Este problema está relacionado con la micropolítica de la innovación tecnológica y la continuidad de prácticas profundamente enraizadas de resolución de problemas en numerosas culturas científicas y de ingeniería. Como hemos visto, las tecnologías apropiadas han focalizado demasiado en los artefactos como soluciones a la pobreza y desestimaron la relevancia del conocimiento local y la inclusión de perspectivas plurales. Evaluar el éxito o el fracaso de estas experiencias exclusivamente en términos del funcionamiento del artefacto puede también ser un problema.

Tal como De Laet y Mol (2000) discuten, el funcionamiento de una tecnología específica (en su ejemplo, una bomba de agua para áreas rurales en Zimbabue) puede no ser entendida de forma exclusiva en términos técnicos y racionales. Si los productores y los movimientos de base esperan tener resultados positivos en la implementación de cierta tecnología, deben construir una red de mantenimiento y aprendizaje alrededor del artefacto. Pero no sólo eso: cuestiones como las creencias, valores y religiones locales, formas idiosincráticas de organización y cooperación, y los significados atribuidos a ciertas prácticas pueden mejorar las tecnologías o condenarlas a un no funcionamiento. En otras palabras: proveer soluciones tecnológicas para inclusión social también trae aparejado el empoderamiento de actores locales, la recreación de redes de solidaridad y autoorganización, y el fortalecimiento de la comunidad.

Desde una perspectiva socio-técnica, las tecnologías para inclusión social pueden vincularse a la construcción de capacidades para la resolución de problemas sistémicos más que a la solución de déficits puntuales. Esto posibilita superar las limitaciones de las concepciones lineales en términos de "transferencia y difusión" (comunes a muchos de los enfoques de tecnologías para inclusión social) a través de la percepción de dinámicas de integración en sistemas socio-técnicos y procesos de redefinición de tecnologías (Thomas, 2008).

Esto requerirá transformar la solución de la pobreza y los problemas de sustentabilidad en un desafío científico y técnico del mismo modo que ocurre con otros problemas socio-técnicos, como las enfermedades negadas, el cambio climático, el transporte urbano, las energías renovables, etc. No sólo es necesario construir un nuevo escenario en términos de políticas públicas, sino también un nuevo marco conceptual para analizar, diseñar, producir, implementar, reaplicar, gestionar y evaluar las tecnologías para inclusión social.

Movilizar innovación para inclusión social en contextos desfavorables con recursos limitados vinculándolos a las agendas dominantes de ciencia y tecnología

Si la justicia social es central en el proceso de innovación, entonces la atención a la participación local y el control social implica poner el énfasis en una justicia que reconozca la pluralidad de perspectivas y que sea procedimentalmente simétrica. Más aún, la aspiración de estas innovaciones tiende a ser explícitamente impulsada hacia resultados que tienen una distribución igualitaria. Sin embargo, estas iniciativas usualmente surgen en contextos y debido a situaciones que son injustas en términos de distribución de recursos. Así, los actores no suelen tener fácil acceso al conocimiento, ni a instituciones de I+D, ni a recursos o infraestructura, ni al amplio rango de capacidades que podrían contribuir al florecimiento de la actividad innovadora de base. Las innovaciones de base que están tratando de ser socialmente justas tienden a encontrarse en desventaja frente a otras formas de innovación y producción de conocimientos.

El reverso de este problema es el de la ética de "experimentación" con comunidades pobres. Estos actores y movimientos sociales no pueden afrontar el riesgo y merecen soluciones que mejoren su sustento, más allá de la inclusión (o no) en procesos de aprendizaje social. Esto genera desafíos para el diseño de políticas que promuevan tecnologías para inclusión social, especialmente para aquellos programas que fueron concebidos con escasa participación local. Si la comunidad local debe enfrentar cierto riesgo de malfuncionamiento o los efectos adversos de algunas tecnologías, allí el proceso de toma de decisiones debe incluir todos estos procesos y riesgos de forma adecuada.

Del mismo modo, uno de los mayores dilemas de los movimientos de innovación de base es la falta general de interés de la comunidad científica *mainstream*. Aun cuando unidades o laboratorios de I+D estén dispuestos a involucrarse en el trabajo con movimientos de base, tendrán que enfrentar nuevas dificultades para concebir sus problemas como una estrategia adecuada para el desarrollo de todos. Cómo conseguir apoyo y compromiso de actores institucionales e individuales dentro de la comunidad científica y cómo traducir capacidades heterogéneas para enfrentar problemas sociales urgentes son preguntas complejas que aún no han sido respondidas.

Exigir movilizaciones más poderosas para el cambio estructural, más allá de la agencia de los movimientos de innovación de base

Sobre todo, ¿cómo juegan estos diferentes marcos conceptuales en el modo en el cual las alternativas *bottom-up* para innovación manifiestan su contribución al desarrollo de vías socialmente justas y ambientalmente sustentables? Cualquier encuentro entre innovación de base e innovación dominante en I+D presenta desafíos hacia ambos lados. Si se pretende enrolar en procesos de innovación de base a algunos actores de los espacios de decisión y desarrollo de la ciencia y tecnología, los defensores de una innovación alternativa deberán probar que sus estrategias también son válidas en los términos convencionales de política de innovación (aunque, en realidad, ellos desearan cambiar dichos términos). Entonces, ¿cuán razonable es esperar que las soluciones socio-técnicas se difundan a lo largo de contextos diversos sin traicionar sus intenciones o cambiar su sustentabilidad (por ejemplo, de los nichos de experimentación de base hacia los espacios dominantes de I+D)? El análisis de los movimientos de innovación de base en

Inglaterra, como los alimentos orgánicos y las tecnologías verdes de vivienda, muestra que no es fácil traducir artefactos y prácticas, visiones y tecnologías políticamente motivadas a grupos más amplios de usuarios y compañías comerciales (Smith, 2006a; 2007).

El desarrollo de una base de apoyo más amplia para la innovación inclusiva puede implicar el riesgo de redefinirla en formas en las que se pierdan de vista sus raíces más radicales y la búsqueda de vías de democratización de los procesos de cambio tecnológico. Las limitaciones de la innovación de base, más que sus fundamentos, abren la puerta a la corrupción de sus principios y a la cooptación por intereses comerciales. Aquí hay claramente cuestiones de justicia cognitiva, así como también de justicia procedimental.

Los principales actores de la política de innovación, por su parte, tendrán que dejar de lado ciertos programas y recursos para abrir y transformar las direcciones de la experimentación con el fin de producir el cambio tecnológico y la inclusión social para todos. Pero ¿son los reclamos de justicia social suficientes para que acepten tal redistribución y apertura de las formas de negociación de saberes, prácticas, valores y procedimientos? Alcanzar un diálogo significativo requeriría la identificación de los puntos en común. No está claro qué tan amplio y abierto puede ser el proceso de diálogo y negociación como para redirigir el foco de las principales instituciones de I+D hacia los movimientos de innovación de base en formas socialmente justas. La apertura de este espacio probablemente resultará ser un proceso profundamente movilizador e inquietante para la economía política de la ciencia y la tecnología y, como tal, constituye un gran desafío.

Conclusiones

El análisis de las visiones, artefactos y redes de las tecnologías apropiadas, alternativas y sociales nos ha permitido mostrar cómo ciertas visiones y prácticas han suscitado vías específicas para alcanzar soluciones tecnológicas a problemas sociales. También ha presentado los dilemas persistentes de los movimientos de base en sus tentativas históricas de empujar agendas de I+D y cambio tecnológico más amplias y osadas. No es la intención de este trabajo dar la solución para aquellos dilemas, sino argumentar a favor de un mayor análisis en los movimientos de base actuales. Especialmente, son necesarios más análisis empíricos y estudios de caso para apreciar qué elementos componen los nuevos marcos de los movimientos de innovación inclusiva alrededor del mundo.

La innovación para el desarrollo inclusivo debe ser tomada seriamente, no como un patrón para el futuro, sino como un recurso para discutir futuros sociales más sustentables y socialmente inclusivos, y ayudar a construir un movimiento para un cambio estructural más amplio. El estudio de los movimientos de innovación de base es importante para entender nuevas formas de construir lógicas problema-solución alrededor de la inclusión y la sustentabilidad. Asimismo, esto puede proveer insumos valiosos para comprender y trasformar los regímenes dominantes de producción, distribución y consumo. La historia de los movimientos de innovación de base muestra las potencialidades y beneficios que estos movimientos pueden aportar a la innovación, tales como intervenir y cuestionar prácticas y tecnologías existentes, plantear nuevos problemas a las comunidades científicas y tecnológicas y establecer nuevas prioridades para el desarrollo. Todos estos elementos implican un debate alrededor de nuevas formas de democracia socio-técnica y brindan esperanzas y nuevos bríos para democratizar los regímenes de producción de ciencia y tecnología existentes a escala nacional y regional.

Referencias bibliográficas

Abrol, D., 2005, "Embedding Technology in Community-based Production Systems Through People's Technology Initiatives. Lessons from the Indian Experience", en *International Journal of Technology Management and Sustainable Development*, 4, pp. 3-20.

Alves Da Silva, R. M. y Sardá de Faria, M., 2010, *Tecnologias sociais e economia solidária, tecnologia social e desenvolvimento sustentável. Contribuições da RTS para a formulação de uma política de Estado de ciência, tecnologia e inovação*, Rede de Tecnología Social.

Bell, M. y Pavitt, K., 1993, "Technological Accumulation and Industrial Growth: Contrasts between Developed and Developing Countries", en *Industrial and Corporate Change*, 2(2), pp. 157-209.

Boyle, G. y Harper, P., 1976, *Radical Technology*, Londres: Wildwood House.

Cimoli, M., Dosi, G. y Stiglitz, J., 2009, *Industrial Policy and Development, The Political Economy of Capabilities Accumulation*, Oxford: Oxford University Press.

Clarke, R., 1973, "Technology for an alternative society", *New Scientist*, 11, enero.

Dagnino, R. (ed.), 2009, *Tecnologia social: ferramenta para construir outra sociedade*, Campinas S.P.: Instituto de Geociencias de UNICAMP.

Darnovsky, M., 1991, "Overhauling the Meaning Machines: An Interview with Donna Haraway", en *Socialist Review*, n° 21, pp. 65-84.

Darrow, K. y Pam, K., 1978, *Appropriate Technology Sourcebook*, Stanford: Volunteers in Asia.

De Laet, M. y Mol, A., 2000, "The Zimbawe Bush Pump: Mechanics of Fluid technology", en *Social Studies of Science*, 30(2), pp. 225-263.

Dickson, D., 1974, *Alternative Technology and the Politics of Technical Change*, Londres: Fontana-Collins.

Ecologist, 1972, "Blueprint for survival", *Ecologist*, 2(1).

Fonseca, R., 2009, *Política científica e tecnológica para o desenvolvimento social: uma análise do caso brasileiro*, Phd Thesis, UNICAMP, Campinas, SP.

Fonseca, R. y Serafim, M., 2009, "A tecnologia social e seus arranjos institucionnais", en Dagnino, R. (ed.), *Tecnologia social: ferramenta para construir outra sociedade*, Campinas S.P.: Instituto de Geociencias de UNICAMP.

Freeman, C., 1991, "Technology, Progress and the Quality of Life", en *Science & Public Policy*, 18.

Fressoli, M., Garrido, S., Picabea, F., Lalouf, A., y Fenoglio, V., 2013, "Cuando las transferencias tecnológicas fracasan. Aprendizajes y limitaciones en la construcción de Tecnologías para la Inclusión Social", en *Universitas Humanística*, (76), pp. 73-95.

Garud, R. y Karnøe, P., 2003, "Bricolage vs. Breakthrough: Distributed and Embedded Agency in Technology Entrepreneurship", en *Research Policy*, 32(2), pp. 277-300.

Gupta, A. K., Sinha, R., Koradia, D., Patel, R., Parmar, M., Rohit, P., Patel, H., Patel, K., Chand, V. S., James, T. J., Chandan, A.,

Patel, M., Prakash, T. N. y Vivekanandan, P., 2003, "Mobilizing Grassroots' Technological Innovations and Traditional Knowledge, Values and Institutions: Articulating Social and Ethical Capital", en *Futures*, n° 35, pp. 975-987.

Harper, P., 1976, "Autonomy", en Boyle, G. y Harper, P. (eds.), *Radical Technology*, Londres: Wildwood House.

Hess, D. J., 2007, *Alternative Pathways in Science and Industry: Activism, Innovation and the Environment in an Er of Globalization*, Cambridge, Mass.: MIT.

Hollick, M., 1982, "The Appropriate Technology Movement and its Literature: A Retrospective", en *Technology in Society*, 4, pp. 213-229.

Illich, I., 1973, *Tools for Conviviality*, Nueva York: Harper & Row.

Jéquier, N., 1980, "Appropriate Technology: The Challenge of the Second Generation", en *Proceedings of the Royal Society of London. Series B, Biological Sciences*, vol. 209, n° 1174.

————, 1982, *The World of Appropriate Technology. A Quantitative Analysis*, OCDE.

Jéquier, N. y Blanc, G., 1984, "Appropriate Technology Directory (vol. II)", París: OCDE.

Kaplinsky, R., 1990, *The Economies of Small: Appropriate Technology in a Changing World*, Londres: Intermediate Technology Publications.

————, 2011, "Schumacher meets Schumpeter: Appropriate Technology below the Radar", en *Research Policy*, 40(2), pp. 193-203.

Lovins, A. B., 1976, "Energy strategy: the road not taken?", en *Foreign Affairs*, 55(1).

McRobie, G., 1981, *Small is Possible*, Nueva York: Harper and Row.

Mole, V. y Elliott, D., 1987, *Enterprising Innovation: An Alternative Approach*, Londres: Frances Pinter.

Montaña, S., 2010, "Diseño, desarrollo y difusión de tecnologías sociales en la Argentina. Caso Programa Pro-Huerta de INTA. Análisis socio-técnico de procesos de construcción de cartillas para usuarios", VIII Jornadas de Estudios Sociales de la Ciencia y la Tecnología (ESOCITE 2010), Buenos Aires, julio.

Ornetzeder, M., 2001, "Old Technology and Social Innovations. Inside the Austrian Success Story on Solar Water Heaters", en *Technology Analysis & Strategic Management*, 13(1), pp. 105-115.

Polak, P., 2010, "The Death of Appropriate Technology: If You Can't Sell it Don't Make it". Disponible en http://blog.paulpolak.com/?p=376.

Rip, A., 1986, "Controversies as Informal Technology Assessment", en *Knowlegde: Creation, Diffusion, Utilization*, n° 8, pp. 349-371.

Romijn, H. A., Raven, R. P. y de Visser, I., 2010, "Biomass Energy Experiments in Rural India: Insights from Learning-Based Development Approaches and Lessons for Strategic Niche Management", en *Environmental Science & Policy*, 13(4), pp. 326-338.

RTS (Rede de Tecnologia Social), 2010, *Relatório dos 5 anos da RTS*.

———, 2011, Social Technology Definition.

Rybczynski, W., 1980, *Paper Heroes: A Review of Appropriate Technology*, Dorchester: Prism.

Schumacher, E. F., 1973, *Small is Beautiful. A Study of Economics as if People Mattered*, Nueva York: Harper & Row.

Seyfang, G., 2009, *The New Economics of Sustainable Consumption: Seeds of Change*, Basingstoke: Palgrave Macmillan.

Seyfang, G. y Smith, A., 2007, "Grassroots Innovations for Sustainable Development: Towards a New Research and Policy Agenda", en *Environmental Politics*, n° 16, pp. 584-603.

Singer, P. y Portella Kruppa, S. M., 2004, "Senaes e a economía solidaria. Democriacia e participação ampliando as exigencias das novas tecnologias sociais", en *Tecnología Social una ferramenta para o desenvolvimento*, Río de Janeiro: Fundación Banco do Brasil.

Smith, A., 2006a, "Green Niches in Sustainable Development: The Case of Organic Food", en *Environment & Planning C: Government & Policy*, n° 24, pp. 439-458.

———, 2006b, "Niche-based Approaches to Sustainable Development: Radical Activists versus Strategic Managers", en Voss, J.-P., Kemp, R. y Bauknecht, D. (eds.), *Sustainability and Reflexive Governance*, Camberley: Edward Elgar.

———, 2007, "Translating Sustainabilities between Green Niches and Socio-technical Regimes", en *Technology Analysis & Strategic Management*, 19, 4, pp. 427-450.

Thomas, H., 2008, "Estructuras cerradas vs. procesos dinámicos: trayectorias y estilos de innovación y cambio tecnológico", en Thomas, H. y Buch, A. (eds.), *Actos, actores y artefactos. Sociología de la Tecnología*, Bernal: UNQ.

Veldman, M., 1994, *Fantasy, the Bomb, and the Greening of Britain: Romantic Protest, 1945-1980*, Cambridge: Cambridge University Press.

Wainwright, H. y Elliott, D., 1982, *The Lucas Plan: A New Trade Unionism in the Making?*, Londres: Allison & Busby.

Waks, L. J., 1993, "STS as an Academic Field and a Social Movement", en *Technology in Society*, n° 15, pp. 399-408.

Whitecombe, R. y Carr, M., 1982, *Appropriate Technology Institutions: A Review*, Londres: Intermedite Technology Development Group.

Willoughby, K. W., 1990, *Technology Choice: A Critique of the Appropriate Technology Movement*, Boulder-Londres: Westview Press-Intermediate Technology Publications.

Winner, L. 1979, "The Political Philosophy of Alternative Technology", en *Technology in Society*, 1, pp. 75-86.

Woodhouse, E., Hess, D., Breyman, S. y Martin, B., 2002, "Science Studies and Activism: Possibilities and Problems for Reconstructivist Agendas", en *Social Studies of Science*, n° 32, pp. 297-319.

Otra bibliografía sugerida

Harvey, D., 2000, *Spaces of Hope*, Edimbugo: Edinburgh University Press.

Jamison, A., 2002, *The Making of Green Knowledge*, Cambridge: Cambridge University Press.

ROCÍO CEVERIO Y SUSANA SILVIA BRIEVA

2 | Políticas para la pequeña agricultura familiar en la Argentina: abriendo la caja negra de los canales cortos de distribución y comercialización de alimentos

Introducción

Desde los noventa, el desarrollo de canales comerciales para garantizar el acceso a los mercados para la pequeña agricultura familiar forma parte de las demandas de los usuarios y se incluye en la agenda de gobiernos, funcionarios y numerosas organizaciones latinoamericanas.

En respuesta a estas demandas, en los últimos años, desde diversas instituciones públicas y organizaciones internacionales –gubernamentales y no gubernamentales–, se han propiciado o impulsado políticas y programas que han dado lugar al desarrollo de diversas experiencias de comercialización, entre las que predomina la implementación de canales cortos, la mayoría de los cuales se desarrolla desde concepciones como comercio justo, economía social y solidaria y/o soberanía alimentaria.

Las experiencias se basan en la promoción y apoyo a procesos de organización comunitaria y acción colectiva y en capacitación en aspectos técnico-productivos y comerciales, en los que priman estrategias de agregado de valor y/o de diferenciación de productos y la generación de modelos organizacionales solidarios y "apropiados" que privilegian la desintermediación del proceso de comercialización (Silfa y otros, 2004; Damiani, 2005; Chiriboga, 2007a; 2007b; Ramírez y otros, 2007; Cittadini y otros, 2010).

En el marco de los estudios sociales de ciencia, tecnología y sociedad, los sistemas de distribución y comercialización de bienes y servicios pueden ser entendidos como tecnologías organizacionales de acceso a los mercados. En la perspectiva socio-técnica, los canales comerciales de la pequeña agricultura familiar se consideran tecnologías para la inclusión social.

En esta línea, el objetivo de este capítulo es analizar socio-técnicamente los sistemas de distribución y comercialización de alimentos desarrollados por programas públicos en la ciudad de Mar del Plata en términos de tecnologías para la inclusión social (TIS).

En una primera aproximación a la apertura de la caja negra de la construcción de sistemas de distribución y comercialización para pequeños productores familiares en condiciones de vulnerabilidad como instrumento de política pública para la inclusión social, el capítulo se organiza de la siguiente manera: primero, se exponen las conceptualizaciones predominantes en torno al mercado y los canales cortos de comercialización y se presenta una propuesta alternativa de análisis basada en el enfoque socio-técnico, que busca superar los determinismos, ya sean económicos o sociales. Luego, se relatan e ilustran, de forma estilizada, los sistemas de distribución y comercialización desarrollados por el Programa de Autoproducción de Alimentos (PAA) en la ciudad de Mar del Plata, desde el año 2003 en adelante. Para finalizar, se presenta una serie de reflexiones e interrogantes a los que se arriba a partir del trabajo.

Las conceptualizaciones predominantes en torno al mercado y los canales cortos o alternativos de comercialización

En el campo de los estudios económicos predominan los análisis basados en la teoría económica neoclásica, en los que las cuestiones relativas a los mercados y canales comerciales se visualizan como un proceso lineal o como un mero flujo de productos y servicios, gobernado por las reglas de oferta y demanda. Los principios y postulados de la visión económica ortodoxa han sido –y son– discutidos tanto por los teóricos enrolados en dicha teoría como por otras corrientes de pensamiento que cuestionan las limitaciones y restricciones de los supuestos en los que se basa el andamiaje teórico neoclásico para explicar la realidad. Entre los autores de inspiración neoclásica, en la teoría de la organización industrial, Bain (1963) señala que las características de organización de los mercados se mantienen relativamente estables o cambian muy lentamente condicionando la naturaleza de la competencia, el mecanismo de determinación de precios y la capacidad de negociación de oferentes y demandantes dentro del sistema. Asimismo, la escuela neoinstitucionalista postula los principios de asimetrías de información y racionalidad limitada (Coase, 1994; Simon, 1984) y los mecanismos de coordinación del mercado mediante arreglos, contratos y acuerdos (Williamson, 1985; Baudry, 1995; North, 1993) como aspectos que contradicen los supuestos de información completa y perfecta en las elecciones de los agentes económicos y en su vinculación con el mercado (Ayala Espino, 1999).

En una crítica epistemológica y ontológica a los fundamentos del pensamiento económico clásico y neoclásico, Polanyi (1984) sostiene que los actos económicos se inscriben en la matriz cultural, política y social en la que se producen y, por lo tanto, constituyen una actividad institucionalizada, a través de la cual se procura el sustento de los individuos, que no puede disociarse del resto de la actividad humana. Entonces, en la visión de Polanyi, el sistema económico no existe independientemente del tejido ecológico, tecnológico y social de su contexto histórico, sino que depende de una situación espacio-temporal conformada por una serie de estructuras institucionales que le dan sentido, ordenan y organizan las acciones de los individuos (Lahera Sánchez, 1999).

Para Polanyi, los móviles de la acción económica no pueden ser interpretados sólo en términos utilitarios –meollo de la economía neoclásica– y no pueden ser disociados de los marcos culturales generales de la sociedad. Las prácticas económicas son formas de integración social que definen movimientos institucionalizados del proceso que conecta la producción, la distribución, la circulación y el consumo de bienes. La separación institucional del sistema económico respecto del resto de la sociedad, que caracteriza los principios de autorregulación del mercado en la economía marginalista, constituye un modo concreto de organizar la economía y la sociedad, una apuesta ideológica, axiológica y política (Lahera Sánchez, 1999).

En esta línea, como una forma de superar la opción entre la economía capitalista por un lado y la economía centralizada y /o planificada por otro, surge la economía social, que –con diversas variantes– trata de evitar, en su análisis y propuesta, la separación entre economía y sociedad para que los agentes económicos desarrollen sus actividades socioeconómicas sin ser escindidos de sus identidades sociales, su historia y su mundo simbólico e institucional, denominado cultura. Desde esta visión, se trata de encontrar límites sociales al mercado capitalista, a la vez que contemplar la posibilidad de construir mercados en los que los precios y las relaciones resultan de una matriz social que pretende integrar de forma igualitaria mediante esfuerzos y retribuciones (Coraggio, 2002).

En la Argentina, la concepción de economía social y solidaria ha guiado la implementación de canales cortos de comercialización para la pequeña agricultura familiar como una forma de acceso al mercado[1] y de mejora de los ingresos de los productores integrando etapas entre la producción y el consumo.

En referencia a los emprendimientos desde la economía social y solidaria, Coraggio (2011) advierte que, al no existir aún coherencia entre principios éticos, principios económicos, instituciones y prácticas, estas últimas pueden ser contradictorias y terminar reproduciendo las estructuras de una economía de mercado capitalista.[2]

En el análisis funcional de mercado (Mendoza, 1987), se entiende que un canal de comercialización comprende las etapas por las cuales deben pasar los bienes en el proceso de transferencia entre productor y consumidor final. Esta visión de corte neoclásico define el intercambio como una secuencia neutra y lineal, sin cuestionar las relaciones sociales que posibilitan dicho intercambio. Así, los canales de comercialización se convierten en "cajas negras" que ocultan que el empleo de determinados canales demarca posiciones de poder y subordinación entre los participantes del sistema.

Desde otras disciplinas de las ciencias sociales, algunos autores señalan que los canales cortos de comercialización alimentaria se encuentran definidos de manera difusa en la literatura académica como "las interrelaciones entre actores que están directamente implicados en la producción, transformación, distribución y consumo de nuevos alimentos" (Renting y otros, citado por Soler Montiel y otros,

---

[1] En Europa los canales cortos de comercialización son empleados para responder a la demanda de los consumidores a fin de garantizar la seguridad alimentaria, entendida como alimentos seguros y sanos. En cambio, en América Latina, estos canales son impulsados como una vía para promover el acceso a los mercados de la pequeña producción familiar agroecológica, de bajos costo de producción y demandante de mano de obra.

[2] Coraggio (2011) se refiere a algunos casos de prácticas inspiradas originalmente en la idea de una economía más solidaria e incluyente, como el comercio justo, el consumo responsable, el microcrédito y la promoción de emprendimientos mercantiles.

2009).[3] Para otros, los canales comerciales pueden ser pensados desde una doble perspectiva: social y político-económica. Mientras que desde la perspectiva social los canales se conciben como sistemas sociales construidos a partir de numerosas relaciones funcionales entrelazadas entre actores que ocupan diferentes posiciones dentro del sistema económico (Lichtenthal y Eyuboglu, citado por Soler Montiel y otros, 2009), desde el enfoque político-económico constituyen economías políticas, y los canales se definen como colectividades interorganizativas de instituciones y actores que persiguen simultáneamente objetivos propios y colectivos (Stern y Reve, 1980).

Según Soler Montiel y otros (2009), actualmente existe un amplio debate académico en Europa en torno a las redes alimentarias emergentes, los canales cortos de comercialización y los sistemas alimentarios sostenibles, particularmente en el ámbito de la sociología y la geografía rural. A estos debates se suman las reflexiones desde el ámbito de la sociología del consumo, por un lado, y la sociología de la acción colectiva, por otro. Los autores señalan que la mayor parte de los análisis anglosajones tiene una mirada cargada de valores individualistas y economicistas y que tanto las concepciones neoclásica y liberal, como las de inspiración marxista de la economía y la sociedad, impregnan estos análisis. En línea con Goodman y Dupuis (2002), coinciden en

> el sesgo materialista de los análisis que reducen el ámbito del consumo al fetichismo de la mercancía de Marx o al tótem de Durkheim para centrar la atención exclusivamente en el ámbito de la producción. Plantean que este sesgo materialista de los estudios rurales se refuerza a través de la mirada acrítica hacia los mecanismos de intercambio en el mercado, que aparece como una institución incuestionable por los agentes donde tan sólo la política pública puede mediar. En opinión de los autores, desde esta mirada las acciones se reducen a estrategias de captación de valor agregado por parte de los productores y generación

---

[3] Marsden y otros (2000) y Renting y otros (2003) clasifican los canales cortos de comercialización en tres categorías básicas: cara a cara, proximidad espacial y espacialmente extendidos; apuntan que el "acortamiento" del canal se produce no sólo en términos de distancia física, sino también en términos organizativos y culturales a través de la información, la confianza y los valores compartidos en torno a la calidad regional o lo ecológico o natural (Soler Montiel y otros, 2009).

> de utilidad a través del mercado para los consumidores, siendo
> entendidos unos y otros en términos esencialmente individua-
> les. Pese a una visión sociológica de los agentes, predomina así
> una concepción de la acción humana entendida esencialmente
> en términos individualistas y de mercados competitivos. (Soler
> Montiel y otros, 2009, p. 3.)

Desde un enfoque constructivista, en un intento de superar los determinismos económicos o sociales que, hasta ahora, han predominado en los análisis, se propone repensar la construcción de canales cortos de comercialización implementados por programas sociales en la Argentina en términos de tecnología para la inclusión social.

Una propuesta alternativa de análisis para el diseño de políticas públicas

El enfoque socio-técnico entiende que las tecnologías para la inclusión social son una forma de diseñar, desarrollar, implementar y gestionar tecnologías de producto, proceso y organización orientadas a resolver problemas sociales y ambientales generando dinámicas sociales y económicas de inclusión social y de desarrollo sustentable (Thomas, 2009).

En esta perspectiva, los canales de comercialización pueden ser entendidos como tecnologías organizacionales de acceso a los mercados. Los conceptos pertenecientes al enfoque socio-técnico permiten la reconstrucción analítica de las complejas relaciones entre usuarios y herramientas, actores y producciones, instituciones y sistemas tecnoproductivos asociadas al funcionamiento de los sistemas de producción, distribución y comercialización de la producción familiar. El punto de partida para el análisis socio-técnico constructivista es la identificación de los grupos sociales relevantes (GSR). Este concepto remite a instituciones, organizaciones, grupos de individuos que comparten un conjunto de significados y relaciones problema-solución, en este caso referidos al sistema productivo y comercial. Los distintos GSR definen si los canales comerciales funcionan o no, de acuerdo a si cumplen o no con sus objetivos o propósitos. Bijker (1995) sostiene que el "funcionamiento" es una contingencia que se construye social, tecnológica, política y culturalmente. Así, el "funcionamiento" o "no funcionamiento" es una relación y es resultado de un proceso de construcción socio-técnica en el que intervienen elementos heterogéneos: sistemas, conocimientos, regulaciones, materiales, financiamiento, prestaciones, etc. Una interacción entre humanos y no humanos: usuarios y artefactos, diseñadores y prototipos, planificadores y sistemas, evaluadores y tecnologías. No se trata de una condición estable. Un proceso de construcción de funcionamiento-no funcionamiento es una secuencia: supone complejos procesos sucesivos de adecuación-inadecuación de soluciones tecnológicas a articulaciones socio-técnicas concretas y particulares, históricamente situadas. La continuidad o discontinuidad de la condición de funcionamiento se basa en la articulación de alianzas socio-técnicas estables (Thomas, 2009). Una alianza socio-técnica es, entonces, una coalición de elementos heterogéneos implicados en el proceso de funcionamiento-no funcionamiento de un artefacto o una tecnología, en este caso referidos o asociados a los sistemas de comercialización en estudio.

Las tecnologías sociales suponen un grado más en esta construcción de funcionamiento: son concebidas para participar activamente en procesos de cambio sociopolítico, socioeconómico y sociocultural. Constituyen una base material de afirmaciones y sanciones destinada a promover el desarrollo socioeconómico y sustentar procesos de democratización. Son las capacidades de diseño de viviendas, de regímenes de uso de los recursos naturales, de construcción de infraestructura, de producción y distribución de alimentos, de comunicación y acceso a bienes culturales las que definen qué vidas son posibles y qué vidas no son viables en nuestras sociedades, las que designan quiénes son los incluidos y quiénes los excluidos (Thomas, 2008).

La participación de los usuarios y la sociedad en la resolución de los problemas sociales contribuye al ejercicio de ciudadanía socio-técnica, aspecto central de la vida democrática. Según Thomas (2010), las tecnologías para la inclusión social son, en este sentido, una de las expresiones más claras de este derecho ciudadano. Son, al mismo tiempo, la mejor vía para el ejercicio de ese derecho: la forma más democrática de diseñar, desarrollar, producir, implementar, gestionar y evaluar la matriz material de nuestro futuro.

La conformación, creación e implementación de canales comerciales alternativos implica y envuelve procesos de política en su creación. La tecnología, definida como construcción social, es un hecho político.

Como plantean Serafim y Diaz (2010), la política, a su vez, puede ser entendida como una tecnología de organización social y de intervención sobre la sociedad.

El análisis de políticas públicas en términos de proceso permite la comprensión de cómo los actores definen los problemas y las agendas de política pública, cómo se formulan éstas, cómo se toman las decisiones y cómo se validan las decisiones e implementan las acciones (Parsons, citado por Serafim y Díaz, 2010, p. 66).

Sistemas de distribución y comercialización de productos de las huertas agroecológicas del Programa de Autoproducción de Alimentos en la ciudad de Mar del Plata

En la Argentina, a partir de la crisis del año 2001, el aumento de la pobreza impulsó la implementación de estrategias de intervención por parte del sector público. En la ciudad de Mar del Plata, en el municipio de General Pueyrredón, provincia de Buenos Aires (figura 1), debido a los altos niveles de desocupación y subocupación,[4] diferentes grupos sociales vieron la agricultura de base agroecológica como una estrategia para generar empleo y garantizar la seguridad alimentaria.

En esta ciudad, en el año 2002, se creó el Programa de Autoproducción de Alimentos (PAA). Este programa surgió como iniciativa de un grupo de estudiantes de la Facultad de Ciencias Agrarias (FCA) de la Universidad Nacional de Mar del Plata (UNMdP)[5] vinculados a movimientos sociales, quienes solicitaron asistencia técnica y capacitación a

---

[4] Desde mediados de los noventa, en la ciudad de Mar del Plata se registraron altos niveles de desocupación y subocupación, que alcanzó el 22% de desocupación en el año 2001, cifra que se redujo a la mitad en el año 2006.

[5] El PAA consiste en el acompañamiento para la conformación de huertas mediante asesoramiento y capacitación por parte de estudiantes universitarios en visitas semanales. Inicialmente estuvo conformado por 12 estudiantes de la FCA contratados como pasantes y coordinados por un docente. Luego se sumaron estudiantes, docentes e investigadores de las facultades de Ciencias Exactas y Naturales, Ciencias de la Salud, Ciencias Económicas y Sociales y de Humanidades, que son coordinados por un equipo permanente conformado por un coordinador general, dos coordinadores técnicos y 8 ex pasantes profesionales a cargo de diferentes áreas de trabajo

docentes-investigadores de la Unidad Integrada Balcarce[6] para colaborar en procesos de organización para la producción en huertas comunitarias urbanas y periurbanas.[7] El programa se basó en la producción agroecológica de hortalizas y animales de granja con un enfoque de extensión en términos de investigación acción participativa, centrado en promover e impulsar el trabajo grupal y comunitario y actualmente alcanza a 460 familias. Hacia fines del año 2003, el PAA comenzó acciones para canalizar los excedentes de producción de las huertas y se ensayaron diversos sistemas de comercialización hasta la conformación de la Feria Verde en el año 2006.

Figura 1. Municipio de General Pueyrredón, provincia de Buenos Aires, Argentina

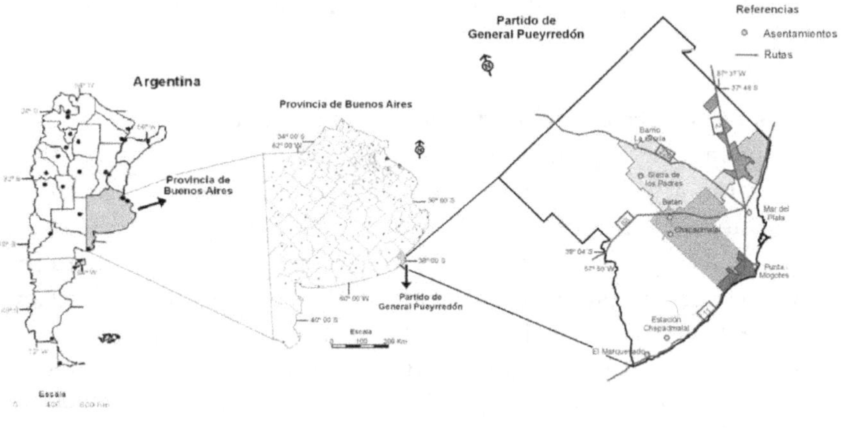

Fuente: Carrozza, 2011.

---

[6] La Facultad de Ciencias Agrarias de la Universidad Nacional de Mar del Plata y la Estación Experimental Balcarce del INTA conforman la Unidad Integrada Balcarce (UIB), en la que estas instituciones desarrollan actividades científico-tecnológicas en forma conjunta.

[7] Mediante su accionar en el territorio, el PAA intentó abordar la demanda generada en parte por *particulares y organizaciones de base* –fundamentalmente integradas por trabajadores desocupados– para el apoyo técnico a sus experiencias productivas ubicadas en zonas urbanas y periurbanas de la ciudad. El vínculo con las organizaciones de base se fundó en parte en la contraprestación que debían hacer los beneficiarios del Programa Jefes y Jefas de Hogar Desocupados. Si bien actualmente el número de huertas comunitarias es menor, se destaca la continuidad de emprendimientos familiares individuales o derivados de ellas, cuyos responsables continúan siendo beneficiarios de planes sociales y visualizan su emprendimiento como una forma de trabajo digno (Villagra y otros, 2010).

En la conformación de los sistemas de distribución y comercialización diseñados e implementados por el PAA para canalizar excedentes de producción, se configuraron y reconfiguraron diferentes alianzas socio-técnicas que, a su vez, establecieron distintas relaciones entre productores y consumidores, en las cuales los movimientos de alineación y coordinación de elementos heterogéneos –liderados por técnicos, estudiantes y movimientos sociales– se orientaron hacia la resignificación y adecuación socio-técnica de la producción agroecológica de autoconsumo a la producción para el mercado como una forma de generar opciones de autoempleo.

Desde el año 2002 se identifica la conformación de cuatro alianzas socio-técnicas de acuerdo con la organización e implementación de los canales comerciales: comercialización individual, ferias barriales, red de distribución domiciliaria y la Feria Agroecológica Municipal Feria Verde.

Canales de comercialización de huertas individuales
Las primeras experiencias de comercialización en el marco del PAA se generaron a partir de reuniones organizadas por el equipo técnico con la intención de formar un Centro de Referencia de Agricultura Urbana (CAU) en cada barrio. En esas reuniones, varios huerteros se manifestaron interesados en vender los excedentes de producción primaveral para generar ingresos. Para constituir una alianza socio-técnica orientada a vender los excedentes se alinearon y coordinaron diferentes actores y artefactos (figura 2).

En el diseño del sistema de venta primó la informal, que consistía en el armado de bolsas de hortalizas que se canalizaban: i) mediante un pequeño reparto en las verdulerías e instituciones del barrio a las que los productores se acercaban acompañados por el pasante; o ii) eran trasladadas a la Agencia de Extensión del INTA por los huerteros, donde luego eran ofrecidas por los técnicos y pasantes entre su círculo de amistades y para lo cual debían utilizar el sistema público de transporte local.

En la constitución de esta alianza jugó un papel relevante la solidaridad de los compradores y el voluntarismo de los pasantes. Esta alianza funcionó mientras la producción de excedentes fue eventual, el volumen escaso y los huerteros interesados en comercializar sus excedentes de producción eran pocos y se encontraban dispersos.

Figura 2. Alianzas socio-técnicas para la comercialización de excedentes de producción esporádicos, ventas atomizadas y volúmenes escasos

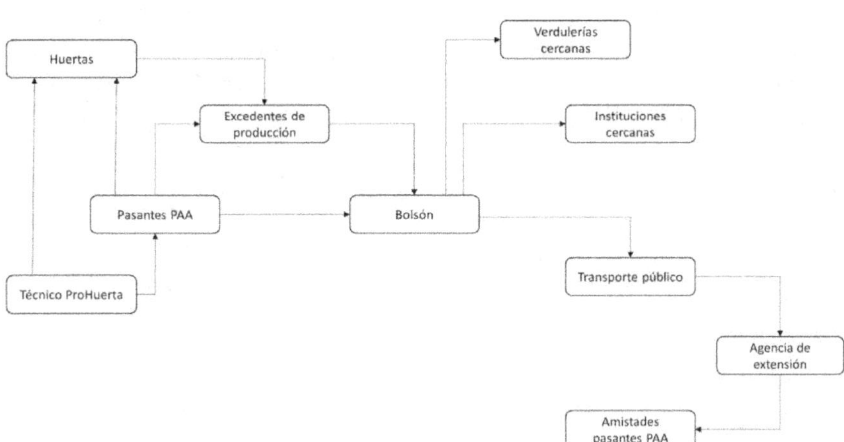

Fuente: elaboración propia.

Ferias barriales

A medida que aumentó la generación de excedentes, más huerteros se interesaron en la posibilidad de comercializar. Como respuesta, desde el PAA se conformó un grupo de trabajo de comercialización[8] y se fortalecieron espacios de discusión –a través de la ejecución de talleres quincenales– en los que los huerteros intercambiaban ideas y evaluaban su factibilidad.

La posibilidad de comercializar colectivamente a través de la conformación de una feria contaba con amplio consenso entre los huerteros: además de colocar los excedentes de producción, permitía revalorizar a los huerteros y la producción agroecológica en los barrios. Para los pasantes del PAA, significaba una oportunidad para reforzar el trabajo en aspectos hasta entonces poco atendidos por los huerteros, como la calidad y presentación de la mercadería y el cumplimiento de las planificaciones de siembra para garantizar una oferta estable y sostenida en el tiempo.

---

[8] En ese momento, el PAA había abierto una convocatoria para pasantes. A fin de acompañar el proceso de desarrollo de canales de comercialización, se seleccionaron estudiantes de Ciencias Económicas y de Servicio Social.

En el proceso de organización de las ferias se interesaron otros grupos que trabajaban en el barrio, como estudiantes de la Facultad de Psicología, en el marco de un proyecto de Extensión Universitaria, un técnico del Programa ProHuerta del INTA, que aportaba asistencia técnica y capacitaciones y la FM de la Azotea, la única radio comunitaria de Mar del Plata[9] (figura 3).

Figura 3. Alianzas socio-técnicas para la comercialización de excedentes de producción a través de ferias barriales

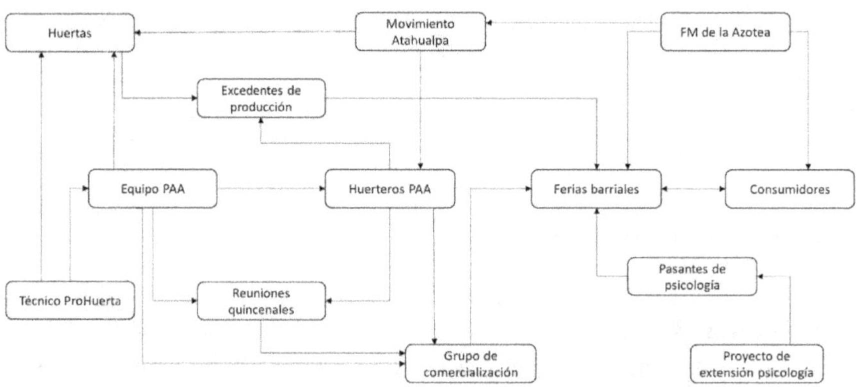

Fuente: elaboración propia.

La primera feria se realizó en octubre del año 2004 en el barrio Jorge Newbery. En este barrio, ubicado en la periferia de la zona oeste de la ciudad, la densidad de huertas era muy alta y estaban acompañadas por el movimiento social Atahualpa[10] para el que representaban un símbolo de la capacidad de organización y autogestión popular. A fines del año 2005, se inauguró una segunda feria en la plaza del barrio

---

[9] FM de la Azotea es una radio comunitaria, fruto de una experiencia de educación popular en radiofonía, que emite desde hace doce años en la ciudad de Mar del Plata. Intenta ser un canal de comunicación de *otras experiencias* en torno al trabajo, la vivienda, el acceso a la tierra y los servicios básicos, la protección de los recursos naturales, la soberanía alimentaria, la salud, la educación, la lucha contra todas las discriminaciones y la defensa de los derechos humanos (http://www.radiodelaazotea.com.ar/).

[10] Atahualpa es una organización social y política formada en la sociedad de fomento del Barrio Jorge Newbery a raíz de las inundaciones producidas por el desborde del arroyo El Cardalito a fines de los años noventa. Tiene como misión la creación de trabajo y organización popular (http://movimientoatahualpa.com.ar).

vecino Santa Rosa de Lima, integrada por huerteros de los alrededores, que funcionó hasta junio de 2006 (figura 4).

Figura 4. Ubicación de las ferias barriales del PAA en la ciudad de Mar del Plata

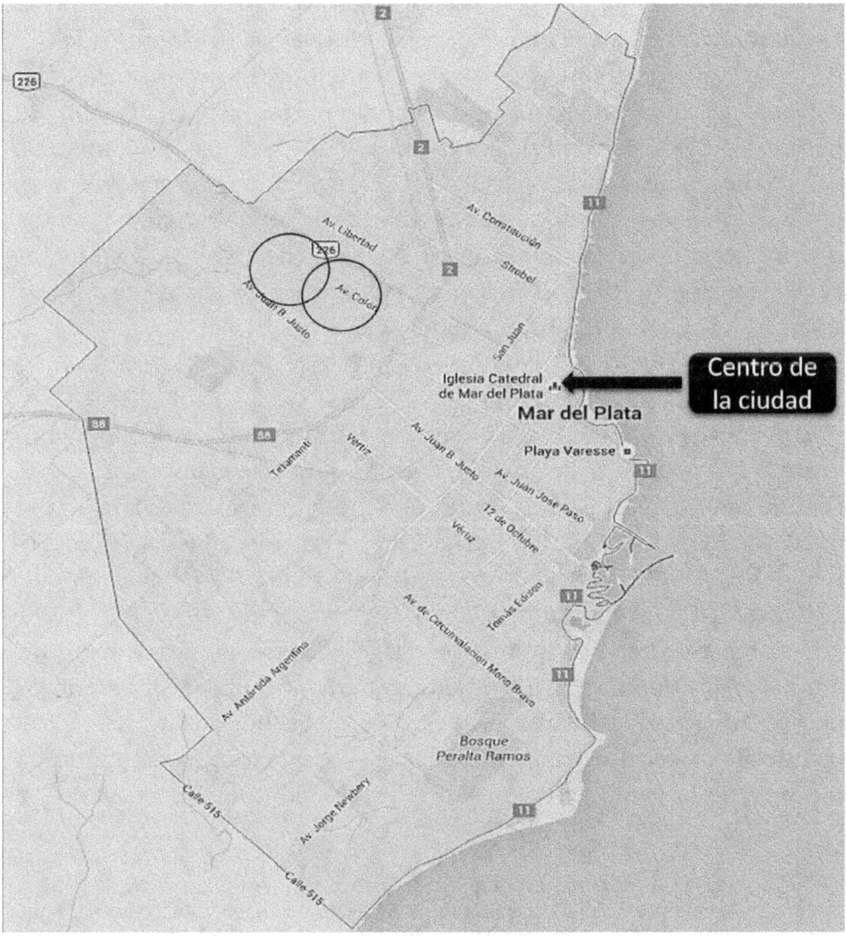

*Referencias: Los círculos señalan la ubicación y zona de influencia de las ferias barriales.
Fuente: elaboración propia.*

En la visión de técnicos y feriantes, las ferias en los barrios significaron, por un lado, un espacio de encuentro entre huerteros que afianzó los vínculos entre ellos y el intercambio de saberes y, por otro lado, aprender haciendo e ir adquiriendo habilidades para el proceso de venta –como organizarse, ponerse de acuerdo, preparar la mercadería, cuidar la presentación de los productos y los puestos–. Esto, sumado a la cobertura de la actividad de las ferias por los medios de comunicación, redundó en un proceso de valoración de la producción agroecológica como una actividad con posibilidad de ingresos estables y fortaleció el compromiso con la producción y la búsqueda de canales de comercialización "apropiados".

Si bien estas primeras iniciativas de organización para comercializar colectivamente contaron con una importante participación de huerteros de la zona que ofrecían diversos productos, los alimentos agroecológicos presentan escaso valor de uso en los sectores vulnerables de la población,[11] en los que predomina el consumo de alimentos de alto contenido calórico. Entonces, las ferias barriales no logran alinear y coordinar a los consumidores, cuya concurrencia es desigual y escasa, lo que confiere inestabilidad a la alianza.

Red de distribución domiciliaria

En la iniciativa de constituir una red de distribución domiciliaria convergieron la donación de una camioneta para uso comunitario, que permitía realizar el reparto, por parte de una empresa privada –en el marco de la Responsabilidad Social Empresaria– y la visita de los técnicos del PAA al Programa de Agricultura Urbana (PAU) de la ciudad de Rosario, cuya experiencia se tomó como modelo.

El sistema de reparto domiciliario significaba el acceso al mercado para huerteros de otros barrios, pero requería que pudieran garantizar volumen, variedad, calidad y presentación de las hortalizas así como el aprendizaje de técnicas de poscosecha;[12] entonces, también significaba un pasaje de la venta excedentes a la producción para el mercado[13] y

---

[11] De acuerdo con las entrevistas: "La gente del barrio no consumía mucha verdura y, además, tenían la posibilidad de recibir donaciones porque había muchas huertas que estaban en el marco de la contraprestación de planes sociales. Por otra parte, el precio tenía que ser muy bajo debido al escaso poder adquisitivo de los vecinos y la concurrencia a la plaza no era mucha".

[12] De acuerdo con las entrevistas: "Le poníamos etiquetas, discutíamos a ver cuánto se vendía, tuvimos que homologar todo lo que era preparar la producción para que todos los paquetes sean iguales. Se tuvo que trabajar mucho en los grupos con talleres, que ya los hacíamos el equipo de comercialización por barrio, en poscosecha, presentación, organización, sistematización".

[13] Aunque este aspecto no ha sido problematizado por el equipo del PAA, según Villagra y otros: "La exigencia de una oferta estable fue un factor condicionante para la continuidad del productor en la experiencia, de allí la rotación de los mismos" (2010, p. 252).

para el equipo del PAA significaba coordinar las funciones de acopio, fraccionamiento[14] y distribución, además de asumir las funciones de información y asignación.[15] El sistema se basaba en i) reuniones en las que se comprometía la producción que aportaría cada huerta; ii) el acopio de la mercadería; iii) el armado de bolsones de hortalizas; iv) la entrega de la mercadería al día siguiente; y v) la distribución de los retornos de acuerdo con el aporte realizado por cada huerta. Según los entrevistados, el diseño era relativamente simple, pero su implementación resultaba compleja, implicaba dependencia del equipo del PAA –ya que los huerteros no tenían autorización para manejar la camioneta– y requería gran dedicación de tiempo tanto de los pasantes como de los huerteros[16] –que participaban de manera rotativa en el armado y en el reparto (figura 5).

Figura 5. Alianzas socio-técnicas de la red de distribución domiciliaria

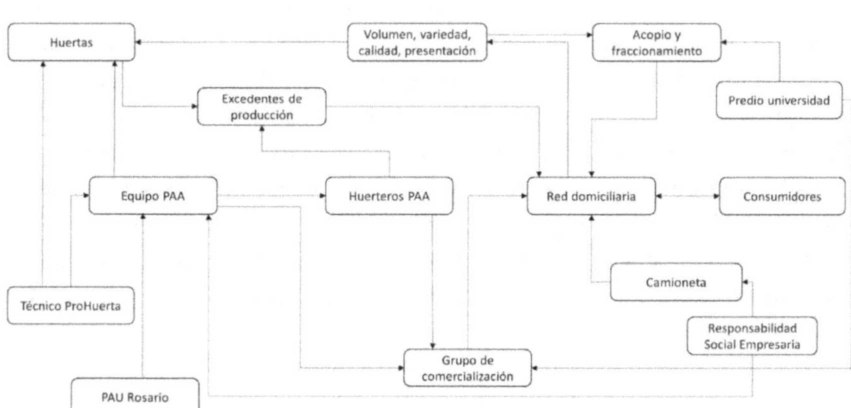

Fuente: elaboración propia.

[14] Se necesitaba un espacio para el armado de las bolsas. El equipo del PAA gestionó ante la Universidad Nacional de Mar del Plata, que brindó un predio ubicado en una zona periférica de la ciudad, cuyas condiciones de precariedad permitía trabajar sólo durante las horas de luz.

[15] Las funciones abarcan el conjunto de actividades por medio de las cuales un producto llega desde el productor hasta el consumidor. Existen funciones de i) distribución: relacionadas físicamente con el producto y se refieren a la creación de las utilidades de tiempo, espacio, forma y propiedad; ii) de información: comprenden los procesos por los cuales el sistema genera y distribuye la información que guía las decisiones de producción, consumo y las políticas del Estado; y iii) de asignación: incluyen la fijación de precios e implica la distribución de los retornos entre los participantes del proceso.

[16] Se requería un día para la organización de la producción en las huertas, un día para el armado de las bolsas y otro día para el reparto, cada 15 días.

En un principio, la red abastecía a unas 25 familias –constituidas por el equipo técnico, sus familiares y amistades– y luego se fue ampliando hasta alcanzar a 40 familias con una periodicidad quincenal. Si bien a través del reparto domiciliario se lograba aliar a los consumidores y canalizar la producción de entre 10 y 12 huertas, el sistema requería un gran esfuerzo de coordinación[17] y los huerteros le asignaron sentido de no funcionamiento una vez logrado el permiso municipal para instalar una feria de comercialización (Feria Verde) en una plaza céntrica de la ciudad, en junio de 2006.

Feria Agroecológica Municipal: Feria Verde
La visita de un grupo de productores a la organización de las Ferias Agroecológicas de la Ciudad de Rosario dio lugar a la demanda de conformar un espacio de venta formal. Durante la visita a la experiencia rosarina, los productores vieron que era posible disponer de un espacio de comercialización en una zona céntrica y, además, que el contacto directo con los consumidores ampliaba las posibilidades de alineamiento de éstos, lo cual podía traducirse en una mayor estabilidad en los ingresos. La conformación de la Feria Verde requirió nuevas estrategias de alineamiento y coordinación de elementos heterogéneos: plazas, ideologías, concejales, regulaciones, conocimientos, funcionarios, transportes, partidos políticos, empresas, estudiantes, movimientos sociales, recursos humanos y materiales, en varios niveles[18] (figura 6).

[17] "Todo lo pasábamos a una planilla: una planilla para sistematizar qué tenía el huertero. Otra planilla para cuando el huertero traía la producción, el remito por triplicado, uno se quedaba él, uno nos guardábamos nosotros y otro quedaba para el pago. La planilla del reparto, donde estaban las direcciones de los consumidores, más otra planilla, que iba en la camioneta, donde íbamos registrando las preferencias de cada familia" (entrevista a responsable del grupo de comercialización del PAA).

[18] En cada reunión quincenal, el grupo de comercialización dedicaba tiempo a pensar *"lo de la feria"*: dónde ubicarla, cómo conseguir apoyo político, fondos para montarla y la reorganización de los huerteros para garantizar el funcionamiento, que incluían capacitaciones, por ejemplo, en atención al público. También se formaron comisiones para abordar distintas actividades, como el acopio, armado y desarme de la feria, y la elaboración de un reglamento interno, eventos, ingreso de nuevos feriantes, asignación de funciones tales como botiquín médico, difusión, limpieza de baños y feria, orden y limpieza del predio y carpa, tesoreros, precios de hortalizas, precios de plantines, ecología urbana, llaves, entre otras (Carrozza, 2011).

Figura 6. Alianzas socio-técnicas para la conformación de la Feria Agroecológica Municipal: Feria Verde de Mar del Plata

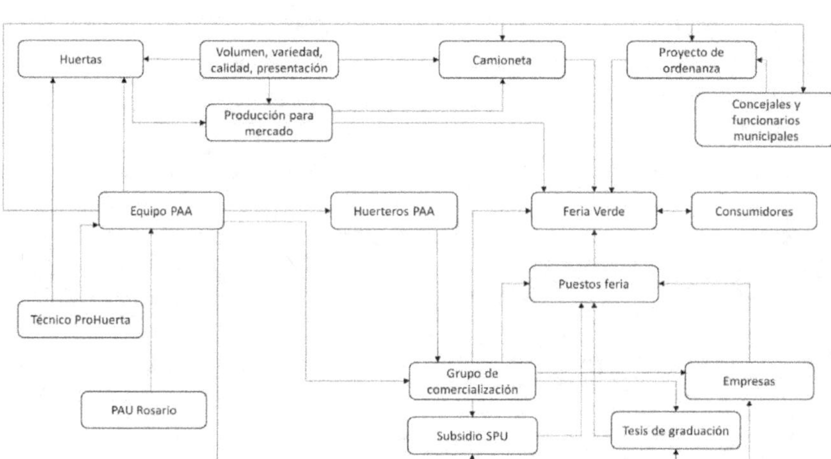

Fuente: elaboración propia.

Pasantes, técnicos y productores del PAA y el ProHuerta, acompañados por representantes de movimientos sociales, comenzaron una búsqueda y sistematización de información acerca de experiencias previas y normativas de otras localidades a fin de generar consensos a nivel municipal para la asignación de un espacio público y la sanción de una ordenanza que amparara las actividades en él. Para ello, visitaron a concejales de todos los partidos políticos a fin de generar alianzas.[19] En el proceso de construcción de funcionamiento –a través de reuniones con el intendente, los secretarios de desarrollo social y de producción y concejales de diferentes bancas–, el PAA fue ganando visibilidad a nivel municipal y construyendo poder como para lograr que el proyecto de ordenanza, elevado a fines del año 2005, fuera aprobado por unanimidad en marzo de 2006 con la asignación de un espacio en la

---

[19] Mientras que algunos evidenciaban desinterés, otros se mostraban dispuestos en la medida que alinearse con el PAA significara un rédito político evidente e intentaban, a su vez, alinear a los productores ofreciendo espacios públicos impregnados de connotaciones ideológicas. De acuerdo con las entrevistas: "Cuando empezamos a recorrer los bloques para buscar apoyo a la ordenanza, alguien de la UCR nos dio la idea de la plaza Rocha ya que ellos tenían un estacionamiento que nos podían prestar para guardar los módulos, canastos, lonas y otras cosas de la feria".

Plaza Rocha donde podrían comercializar "productores agroecológicos minifundistas del cinturón hortícola y del sector urbano y periurbano que produzcan bajo el marco de la economía social, sin contratación de trabajo asalariado y registrados en alguno de los programas PAA o ProHuerta" (Ordenanza 17370/06) (figura 7).

Figura 7. Ubicación de las ferias barriales del PAA en Mar del Plata

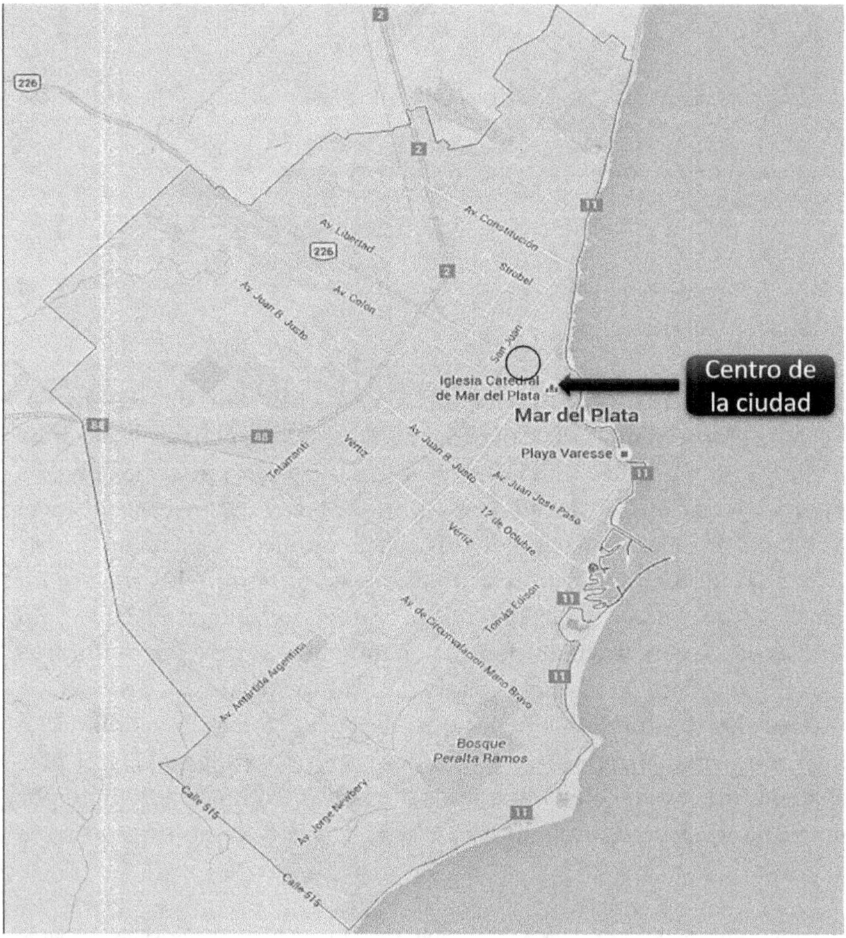

Referencias: El círculo señala la ubicación y zona de influencia de la Feria Verde.
Fuente: elaboración propia.

Paralelamente, las actividades en las huertas fueron reorganizadas a fin de garantizar el abastecimiento del nuevo canal y el equipo del PAA gestionó fondos de la Secretaría de Políticas Universitarias (SPU) y coordinó con estudiantes, profesores universitarios y empresas del sector privado –en el marco de la Responsabilidad Social Empresaria– el diseño y ejecución de los puestos de venta para la feria. Las funciones de distribución, como el flete y la logística para el acopio de la mercadería, fueron asumidas por los técnicos con la camioneta que había sido donada al PAA. De acuerdo con Carrozza (2011), actualmente en la feria comercializan entre 40 y 50 productores que abastecen a unas 100 familias con una periodicidad de dos días a la semana.

El mecanismo de fijación del precio de los productos en la Feria Verde generó controversias. La estabilización y clausura de estas controversias se alcanzó luego de diferentes instancias de discusión y capacitación en las que se resolvió calcular el precio con base en un promedio de los precios de los productos equivalentes de las verdulerías aledañas a la feria.

En síntesis, las múltiples alianzas implicadas en la construcción de funcionamiento, tanto de la Feria Verde como de los canales anteriores, se basaron en relaciones de confianza y en el voluntarismo de técnicos, docentes, investigadores y pasantes comprometidos con el PAA, así como en las capacidades de los movimientos sociales y organizaciones de base, más que en la movilización de recursos materiales.

Reflexiones finales

A modo de conclusión, en una primera aproximación a la apertura de la caja negra de los sistemas de distribución y comercialización promovidos o implementados desde programas sociales, se presenta un conjunto de reflexiones en el plano analítico, socioeconómico y sociopolítico.

En el plano analítico, el enfoque socio-técnico permite abrir la caja negra de los canales cortos de comercialización y dar cuenta de las relaciones sociales que posibilitan los intercambios, los procesos de alineación y coordinación en los que se sustentan, así como la inestabilidad de esas alianzas. A su vez, del análisis se desprende que la continuidad de los canales requiere nuevas y cada vez más complejas alianzas socio-técnicas. Los canales cortos requieren asumir funciones de distribución y comercialización que necesitan nuevas alianzas socio-técnicas, en las que cambian las relaciones de subordinación y poder entre los elementos de la alianza y los productores quedan cada vez más subordinados al mercado.

En el plano socioeconómico, se identifican algunos procesos todavía precariamente contemplados en el diseño y formulación de las políticas, como:

- Los procesos de intensificación o mercantilización de la producción y la comercialización suelen generar controversias dentro de los grupos y las organizaciones. El pasaje de la producción de autoconsumo a la producción mercantil, planteada como estrategia para la inclusión social, presenta una paradoja: la decisión de producir para el mercado o no se convierte en un factor de exclusión y produce desgranamientos dentro de los grupos dado que no más del 10% de las familias vinculadas con el PAA se encuentran representadas en la feria.
- El escaso valor de uso de los alimentos agroecológicos en sectores vulnerables de la población limita el funcionamiento de las ferias a las áreas céntricas de la ciudad –donde se les asigna mayor valor de cambio–, lo que plantea nuevas relaciones problema-solución. Por un lado, problemas de distribución física y, por otro, de distribución de los ingresos generados.

En cuanto a los problemas de distribución física, existen limitaciones en la logística y transporte de los productos. El diseño e implementación de los canales cortos de comercialización, para cumplir con el objetivo de la venta directa, requiere la movilización tanto de los productos como de los propios productores; sin embargo, rara vez las organizaciones cuentan con vehículos o medios de transporte y sistemas de logística propios. Además, aunque las cuestiones de logística se tornan centrales para el funcionamiento de los canales, en general los programas no cuentan con líneas de financiamiento específicas y dependen de acuerdos más o menos estables con municipios o dependencias estatales. En la mayoría de las experiencias, el poder de negociación disímil ante los transportistas recrea relaciones de subordinación que se pretenden evitar; sin embargo, rara vez los actores problematizan las cuestiones relativas a los sistemas de logística y distribución durante las etapas de diseño.

Respecto a la distribución de los ingresos generados, cabe señalar que, por una parte, el mecanismo de fijación de precios de la feria no sólo no refleja los modos de producción de las mercancías (alimentos agroecológicos), sino que además reproduce el mecanismo de intercambio desigual en la escala local al establecer relaciones de intercambio entre formaciones socioeconómicas distintas y traspasar valor desde los sectores más vulnerables –que se pretende proteger– a los sectores de la población de mayor poder adquisitivo de la ciudad. Por otra parte, dado que los ingresos generados en la feria son asignados a compras de alimentos provenientes de otros sectores productivos –generalmente concentrados y, a veces, transnacionalizados–, la escasa diversificación de la oferta interrumpe el ciclo de acumulación.

En el plano sociopolítico e institucional, los mayores logros se encuentran en los procesos de organización social y comunitaria promovidos por los programas, que logran niveles de inclusión en redes solidarias de intercambio de saberes, recursos, bienes y servicios viabilizando la conformación de comisiones, agrupaciones, asociaciones, mesas y la participación en espacios gubernamentales de alcance local, regional y nacional.

La participación de los usuarios en instancias de discusión y decisión constituye un aspecto central en la construcción de ciudadanía socio-técnica y democratización de las relaciones entre las instituciones científico-técnicas y los objetivos sociales. Hasta ahora, los conocimientos implicados han enfatizado en cuestiones técnico-productivas con rescate de saberes tradicionales o ancestrales, y las demandas se han movilizado en torno a cuestiones de productividad y de políticas de acceso a los mercados sin visualizar los canales comerciales como tecnologías para la inclusión social y, en consecuencia, sin demandar el desarrollo de recursos cognitivos a las instituciones de investigación, desarrollo e innovación (I+D+i).

Si bien con el objetivo de atenuar las desigualdades en las condiciones de acceso al mercado se ha logrado la conformación de un marco institucional basado en procesos *bottom-up*,[20] en general las medidas resultan contingentes y para la resolución de problemas puntuales y coyunturales sin abarcar sistémicamente la producción, distribución, comercialización y consumo de la agricultura familiar, por lo que se depende cada vez de nuevos y más complejos procesos de política e intervención pública que

---

[20] Como la creación de diversas instituciones oficiales de apoyo a través de microcréditos desde el año 2004, la ley de marcas colectivas en el 2008, la Comisión de Agricultura Familiar del Servicio Nacional de Sanidad y Calidad Agroalimentaria en el año 2009 y el Monotributo Social Agropecuario en 2010, entre otros.

tienden a profundizar los lazos con el mercado y recrear las relaciones de subordinación propias de la economía capitalista.

Finalmente, si bien en la construcción de funcionamiento de los canales de comercialización para la pequeña agricultura familiar se han constituido alianzas socio-técnicas relativamente estables que consiguen alinear y coordinar a un número creciente de actores, cabe preguntarse si es posible que conformen sistemas integrados de producción y distribución endógenos que garanticen dinámicas socioeconómicas de acumulación. Esto requiere el diseño y formulación de políticas públicas integrales y sistémicas que trasciendan la mirada acrítica de los mecanismos de intercambio en el mercado, que aún aparece como incuestionable, basados en la captación de mayor valor agregado, diversificación de la oferta, economías de escala y la generación de utilidad (marginal) del consumidor.

Referencias bibliográficas

Ayala Espino, J., 1999, *Instituciones y economía. Una introducción al neoinstitucionalismo económico*, México: Fondo de Cultura Económica.

Bain, J. S., 1963, *Organización industrial*, Barcelona: Omega.

Bijker, W., 1995, *Of Bicycles, Bakelites, and Bulbs: Toward a Theory of Sociotechnical Change*, Cambridge: MIT.

Baudry, B., 1995, *La economía de las relaciones interempresariales*, París: La Découverte.

Carrozza, T., 2011, "Canales de comercialización desarrollados en el marco de programas públicos de intervención en los municipios de General Pueyrredón y Balcarce: alcances y limitaciones", tesis de grado, Facultad de Ciencias Agrarias, Universidad Nacional de Mar del Plata.

Chiriboga, M., 2007a, "Cadenas de valor y pequeños productores", en *Perú Hoy, Mercados globales y (des)articulaciones internas*, n° 12. DESCO, Centro de Estudios y Promoción del Desarrollo, Perú.

————, 2007b, "Comercialización y pequeños productores", Documento diseñado para el eje Transformación Productiva del fondo Aprendizaje y Gestión de Conocimiento (AGC) de FIDAMERICA.

Cittadini, R., Caballero, L., Moricz, M. y Mainella, F. (comps.), 2010, *Economía social y agricultura familiar: hacia la construcción de nuevos paradigmas de intervención*, Buenos Aires: Ediciones INTA.

Coase, R. H., 1994, *La empresa, el mercado y la ley*, Madrid: Alianza.

Coraggio, J. L., 2002, *La economía social como vía para otro desarrollo social*. Disponible en www.urbared.ungs.edu.ar Publicado en la Biblioteca Virtual TOP sobre Gestión Pública En www.top.org.ar/publicac.htm.

————, 2011, "Principios, instituciones y prácticas de la economía social y solidaria", en Acosta, A. y Martínez, E. (eds.), *Economía social y solidaria. El trabajo antes que el capital*, pp. 345-405, Quito: Abya Yala-FLACSO.

Damiani, O., 2005, "Adversidad y cambios: estrategias exitosas de pequeños productores de café en Centroamérica". Unidad Regional de Asistencia Técnica (RUTA) San José, Costa Rica.

Goodman, D. y Dupuis, E. M., 2002, "Knowing Food and Growing Food: Beyond the Production-Consumption Debate in the Sociology of Agriculture", en *Sociologia Ruralis*, 42(1).

Lahera Sánchez, A., 1999, "La crítica a la economía de mercado en Karl Polanyi: el análisis institucional como pensamiento para la acción", en *REIS. Revista Española de Investigación Sociológica*, 86.

Mendoza, G., 1987, *Compendio de mercadeo de productos agropecuarios*, colección Libros y Materiales Educativos. Instituto Interamericano de Cooperación para la Agricultura (IICA), n° 82, San José de Costa Rica.

North, D., 1993, *Instituciones, cambio institucional y desempeño económico*, México: Fondo de Cultura Económica.

Polanyi, K., 1994, *El sustento del hombre*, Barcelona: Mondadori.

Ramírez, E., Pino, R., Escobar, G., Quiroz, O., Ruiz, R., Sarmiento, L. y Echeverría, J., 2007, *Vinculación a mercados dinámicos de territorios rurales pobres y marginados*. Fondo Mink'a de Chorlaví. Grupo Chorlaví.

Serafim, M. y Diaz, R., 2010, "Construção social da tecnología e análise de política", en *REDES*, vol. 16, n° 31.

Silfa, D. A., Pérez, H. G. y Contin, E. F., 2004, "¿Cómo los pequeños productores de la cuenca del río Panzo –los guineos– han logrado el acceso al mercado justo con café de calidad?" Proyecto para Pequeños Productores en la Región Suroeste PROPESUR, Convenio de Préstamo N ° 495-DO, Neyba, República Dominicana.

Simon, H., 1984, *La nueva ciencia de la decisión gerencial*, Buenos Aires: El Ateneo.

Soler Montiel, M., Calle Collado, A., Pérez Neira, D. y Vara Sánchez, I., 2009, "Redefiniendo el sistema agroalimentario desde la agroecología: canales cortos de comercialización en Andalucía".

Stern, L. W. y Reve, T., verano 1980, "Distribution Channels as Political Economies: A Framework for Comparative Analysis", en *Journal of Marketing*, vol. 44, n° 3.

Thomas, H., 2008, "Estructuras cerradas versus procesos dinámicos: trayectorias y estilos de innovación y cambio tecnológico", en Thomas, H. y Buch, A., *Actos, actores y artefactos: sociología de la tecnología*, Bernal: UNQ.

————, 2009, "Tecnologías para la inclusión social y políticas públicas en América Latina", notas para un proyecto de investigación sobre tecnología social a escala regional (GAPI-UNICAMP y IESCT-UNQ).

————, 2010, "Tecnologías para la inclusión social en América Latina: de las tecnologías apropiadas a los sistemas tecnológicos sociales. Problemas conceptuales y soluciones estratégicas", Grupo de Estudios Sociales de la Tecnología y la Innovación, IESCT, Universidad Nacional de Quilmes.

Villagra, C., Hamdan, V. y Cittadini, R., 2010, "Economía social y agricultura urbana: el caso de la Feria Verde de la ciudad de Mar del Plata", en Cittadini, R., Caballero, L., Moricz, M. y Mainella, F. (comps.), *Economía social y agricultura familiar: hacia la construcción de nuevos paradigmas de intervención*, Buenos Aires: Ediciones INTA.

Williamson, O., 1985, *Las instituciones económicas del capitalismo*, México: Fondo de Cultura Económica.

Otra bibliografía sugerida

Alem, A. y González, A., 2010, "La Mesa Provincial de Organizaciones de Productores Familiares de Buenos Aires. Una herramienta compartida", en Cittadini, R., Caballero, L., Moricz, M. y Mainella, F. (comps.), *Economía social y agricultura familiar: hacia la construcción de nuevos paradigmas de intervención*, Buenos Aires: Ediciones INTA.

Bijker, W. E., Hughes, T. P. y Pinch, T. F., 1987, *The Social Construction of Technological Systems*, Cambridge: MIT.

Bisso, V. y Manzoni, M., 2010, "Experiencia de acompañamiento socio-organizativo a productores urbanos y periurbanos de la Feria Verde Agroecológica de Mar del Plata", en Cittadini, R., Caballero, L., Moricz, M. y Mainella, F. (comps.), *Economía social y agricultura familiar: hacia la construcción de nuevos paradigmas de intervención*, Buenos Aires: Ediciones INTA.

Bisso, V. y otros, 2010, "Agricultura urbana y periurbana de base agroecológica. Reflexiones para una conceptualización", en López Castro, N. y Prividiera, G. (comps.), *Repensar la agricultura familiar. Aportes para desentrañar la complejidad agraria pampeana*, Buenos Aires: CICCUS.

Brieva, S., Ceverio, R., Hamdan, V. e Iriarte, L., 2010, "Relaciones universidad-sociedad civil: la experiencia del Programa de Autoproducción de Alimentos (PAA) en la Universidad Nacional de Mar del Plata, Argentina", VII Jornadas Latinoamericanas de Estudios Sociales de la Ciencia y la Tecnología (ESOCITE), Buenos Aires.

Caballero, L. y otros, 2010, "Los procesos organizativos de la agricultura familiar y la creación de ferias y mercados de economía social", en *Otra Economía*, vol. IV, n° 7.

Coraggio, J. L., 2010, "A modo de conclusión: algunos criterios para pensar las diferencias entre la economía de mercado y la economía social", en Cittadini, R., Caballero, L., Moricz, M. y Mainella, F. (comps.), *Economía social y agricultura familiar: hacia la construcción de nuevos paradigmas de intervención*, Buenos Aires: Ediciones INTA.

Elmore, R., 1978, "Organizational Models of Social Program Implementation", en *Public Policy*, vol. 26, n° 2.

Garrido, S. y Lalouf, A., 2010, "Energía solar térmica para la resolución de problemas sociales. Una trayectoria socio-técnica (1974-2010)", en XXII Jornadas de Historia Económica, Río Cuarto.

Garrido, S., Lalouf, A. y Thomas, H., 2010, "Instalación de destiladores solares en el noreste de la provincia de Mendoza. Transferencia vs. adecuación socio-técnica", en *Avances en Energías Renovables y Medio Ambiente*, vol. 14, n° 12.

Golsberg, C y Martínez, L., 2010, "Red Puna: una experiencia de organización económica de pequeños productores", en Cittadini,

R., Caballero, L., Moricz, M. y Mainella, F. (comps.), *Economía social y agricultura familiar: hacia la construcción de nuevos paradigmas de intervención*, Buenos Aires: Ediciones INTA.

Ham, C. y Hill, M., 1993, *The Policy Process in the Modern Capitalist State*, 2ª ed., Harvester Wheatsheaf.

Hogwood, B. y Gunn, L., 1984, *Policy Analysis for the Real World*, Oxford University Press.

Informe PAA, 2010, presentado ante el Honorable Consejo Académico de la Facultad de Ciencias Agrarias, UNMdP, Balcarce.

Kjöllerström, M., 2004., *Liberalización comercial agrícola con costos de transporte y transacción elevados: evidencia para América Latina*, Serie de Desarrollo Productivo 160. Santiago de Chile: CEPAL.

Lobo, A., Zelaya, J. y Lazarte, M., 2010, "La Red Orgánica Solidaria de Tucumán (ROST)", en Cittadini, R., Caballero, L., Moricz, M. y Mainella, F. (comps.), *Economía social y agricultura familiar: hacia la construcción de nuevos paradigmas de intervención*, Buenos Aires: Ediciones INTA.

López García, D., 2011, "Canales cortos de comercialización como elemento dinamizador de las agriculturas ecológicas urbana y periurbana", I Congreso Estatal de Agricultura Ecológica Urbana y Periurbana, Elche/Elx, España.

Rodríguez, F., Perucca, C., Kostlin, L. y Castiglioni, G., 2010, "La Feria Franca de San Vicente (Misiones) y sus efectos en la organización interna de las unidades familiares de producción", en Cittadini, R., Caballero, L., Moricz, M. y Mainella, F. (comps.), *Economía social y agricultura familiar: hacia la construcción de nuevos paradigmas de intervención*, Buenos Aires: Ediciones INTA.

Thomas, H., 1999, "Dinâmicas de inovação na Argentina (1970-1995): abertura comercial, crise sistêmica e rearticulação", tesis doctoral, Universidade Estadual de Campinas, San Pablo.

Villagra, C., 2008, "Economía social y agricultura urbana: el caso de la Feria Verde de la ciudad de Mar del Plata", tesis de maestría, Facultad de Ciencias Agrarias, Universidad Nacional de Mar del Plata.

Zubizarreta, J. y Campos Salvá, M., 2010, "El Mercado de la Estepa Quimey Piuké", en Cittadini, R., Caballero, L., Moricz, M. y Mainella, F. (comps.), *Economía social y agricultura familiar: hacia la construcción de nuevos paradigmas de intervención*, Buenos Aires: Ediciones INTA.

SANTIAGO GARRIDO
Y ALBERTO LALOUF

3 | Desarrollar energías renovables / renovar estrategias de desarrollo. Elementos para la construcción de nuevas políticas de intervención orientadas a generar dinámicas de inclusión social y desarrollo sustentable

Introducción

En la Cumbre Mundial sobre el Desarrollo Sostenible del año 2002 se reconoció que para alcanzar la mayoría de los objetivos de desarrollo, resulta imprescindible disponer de servicios energéticos adecuados, asequibles y sostenibles, por ejemplo, en el ámbito de la sanidad, la educación, la calefacción, el transporte, la agricultura y los medios modernos de comunicación, en otras palabras, garantizar el acceso de la población a los servicios energéticos. Éste es un reto cuya resolución requiere grandes esfuerzos y no puede basarse en la implementación de soluciones puntuales o en la confianza en las fuerzas del mercado.

Por su parte, y en sintonía con la declaración mencionada, diversos organismos internacionales (como el Banco Mundial) y agencias de promoción han impulsado programas para el desarrollo y adopción de sistemas basados en energías renovables. Estos proyectos fueron justificados por la necesidad de universalizar el acceso a la energía a escala mundial, sobre todo en regiones como el África subsahariana, Asia o las zonas rurales de América Latina. En general, estos programas fueron pensados con sistemas de muy bajas potencias y un limitado acceso a usos de la energía, totalmente alejado de una visión de la energización rural integral (Kozulj, 2011).

De este modo, la mayoría de estas experiencias, proyectos y políticas se manifiestan en última instancia como paliativos ya que proveen simplemente el recurso energético y ofrecen una solución puntual a un problema complejo. De este modo, no se contemplan las necesidades energéticas vinculadas a actividades productivas o estrategias de desarrollo local. Incluso, en ocasiones, ni siquiera proveen la demanda energética total de los sectores sociales a los que se busca beneficiar (para calefacción, cocción de alimentos o abastecimiento de agua).

La profunda crisis económica que experimentó la Argentina en el año 2001 puso en evidencia el resultado de las políticas neoliberales, que se tradujeron en alarmantes índices sociales y económicos. La notable recuperación que se produjo en el país a partir del año 2003 fue acompañada por el surgimiento de nuevos problemas que fueron interpretados como posibles cuellos de botella para el crecimiento. La cuestión energética adquirió especial relevancia y las señales de inminente crisis del sector se expresaron a partir de 2004 en tres niveles: 1) la infraestructura de generación y distribución de energía no alcanzaba para responder a la creciente demanda; 2) la matriz energética era (y es) muy dependiente de los combustibles fósiles; y 3) los mayores costos en materia energética podían afectar la recuperación industrial y el poder adquisitivo de los sectores populares.

Frente a los dos primeros niveles de problema, el Estado asumió un papel activo invirtiendo recursos de manera directa y a través del desarrollo de programas enteros para aumentar la oferta en la generación energética y para extender y fortalecer las redes de distribución. En los últimos años, esta intervención se redirigió además a fomentar y desarrollar las energías renovables a través de un conjunto de leyes y el impulso de programas para modificar la condición fósil-dependiente de la matriz energética.[1]

Por otro lado, también se han impulsado políticas de desarrollo tecnológico en el campo de energías renovables. En 2010, la Agencia Nacional de Promoción de la Ciencia y la Tecnología (ANPCyT) lanzó el Fondo de Innovación Tecnológica Sectorial (FITS) para financiar proyectos asociativos a través de consorcios público-privados en el área de energía solar. La convocatoria culminó con la aprobación de cinco proyectos. En 2012 se lanzaron dos nuevas convocatorias FITS en el área de energía: uno de biomasa y otro de biocombustibles.

---

[1] La iniciativa principal en esta dirección es el programa GENREN (Generación Renovable), impulsado por la empresa estatal Energía Argentina S.A. (ENARSA), que se basa en la licitación y compra de 1000 MW de potencia producidos a partir de energías renovables. ENARSA se compromete a comprar la energía a quienes la generen, asegurando precios fijos en dólares durante 15 años. La energía adquirida será luego colocada por ENARSA en el mercado eléctrico mayorista.

Además de estas políticas nacionales, la mayoría de las provincias y los municipios llevan adelante políticas, programas y proyectos para el aprovechamiento de energías renovables. También hay que sumar las iniciativas impulsadas por diferentes organismos de Ciencia y Tecnología (CyT) y universidades nacionales.

Sin embargo, las políticas públicas orientadas a solucionar el tercer nivel de problemas, es decir, aquellos relacionados con las dificultades que podían generar los mayores costos en la generación y distribución de energía en el aparato productivo y en el poder adquisitivo de los sectores populares, se centraron en la implementación de diferentes sistemas de subsidios.

No debería menoscabarse el alcance de este tipo de políticas, al menos en lo que hace a energía eléctrica. En la medida que el 97,73% de la población tiene acceso a la red (INDEC, 2010a), los subsidios a las tarifas benefician a amplios sectores de la población.[2]

Esta situación es diferente en el caso del gas, ya que sólo el 56,15% de los hogares tiene acceso a la red de gas natural (INDEC, 2010b) y a los subsidios correspondientes. Frente a este déficit puntual, se implementó el subsidio vigente al gas licuado de petróleo (GLP), conocido como "garrafa social" y que permite la adquisición de gas envasado a precios reducidos.

Resulta claro que las políticas paliativas siguen sin atender la situación de la población que no tiene acceso a las redes de energía y tampoco aborda la problemática de la calidad del tipo de energía que se ofrece. Cerca del 30% de la población rural no tiene acceso a redes de energía eléctrica y provincias enteras tampoco cuentan con red de gas natural. De este modo, la población rural de escasos recursos que no tiene capacidad para autoabastecerse de energía representa, sin duda, el sector más excluido entre los excluidos en materia energética ya que carecen del servicio y de casi toda posibilidad de beneficiarse de los subsidios al consumo. Las fuentes de energía accesibles para esta población se reducen a las pilas, baterías, velas y leña.

En este sentido, cabe subrayar que el suministro de energía renovable a poblaciones aisladas –en lugar de abastecerlas a través de los sistemas

---

[2] El sistema fue modificado parcialmente en el año 2012 cuando las autoridades nacionales eliminaron subsidios a sectores comerciales, industriales y áreas urbanas de altos ingresos.

interconectados– tendría un menor costo económico y financiero, multiplicaría el potencial de desarrollo local, incrementaría las capacidades instaladas en las comunidades y favorecería la constitución de nuevos actores en el territorio, de modo que, más allá de simplemente resolver de la falta de suministro, se podría apuntar a la generación de nuevas trayectorias tecnoproductivas (Bravo y otros, 2005).

Desde mediados de la década de 1990, diversos analistas se han pronunciado sobre la conveniencia y el enorme potencial con el que cuenta la Argentina para desarrollar proyectos a partir de energías renovables. Entre otras cosas, destacan las cualidades de esta clase de tecnologías (baratas y limpias) y las condiciones geográficas y climáticas favorables existentes en el país.

En estas evaluaciones, también se subraya que estas posibilidades no fueron ni son aprovechadas hasta el momento por diferentes motivos entre los que destacan: problemas de regulación, falta de incentivos, ausencia de fuentes adecuadas de financiamiento y problemas de aceptación sociocultural de estas tecnologías (Fundación Bariloche, 2009).

Asimismo, estos mismos analistas suelen valorar la existencia de múltiples organismos públicos, instituciones universitarias, centros de investigación y empresas privadas dedicadas, parcial o completamente, a las energías renovables. Estas capacidades institucionales y cognitivas se sostienen en una tradición de más de 30 años de investigaciones en el campo de las energías renovables, en la que se consolidó una gran variedad de experiencias y desarrollos tecnológicos distribuidos a lo largo de todo el país.

Capacidades y experiencias de desarrollo de energías renovables para la resolución de problemas sociales y ambientales en la Argentina

En la Argentina, la investigación en el sector de las energías renovables y las experiencias de aprovechamiento de este recurso se han desarrollado en diferentes escalas durante buena parte del siglo XX. De acuerdo con el tipo de energía, la región del país y el momento histórico al que se haga referencia, se constata que las investigaciones y proyectos llevados a cabo en este campo fueron resultado tanto de la implementación de políticas públicas como de iniciativas privadas.

En el marco del programa de investigaciones sobre Tecnologías para la Inclusión Social, se llevó a cabo un relevamiento orientado a mapear cuáles son los principales desarrollos tecnológicos en el campo de las energías renovables en el país, determinar dónde se realizan y quiénes los llevan adelante y en qué medida y de qué manera se articulan con dinámicas de solución de problemas sociales y desarrollo local.

Energía solar

Si bien las experiencias en el campo de la energía solar en la Argentina comenzaron a desarrollarse a mediados de la década de 1950, recién a partir de la década de 1970 se realizó un estudio sistemático para el aprovechamiento del recurso solar. Durante cerca de veinte años, el grupo dirigido por el doctor Grossi Gallegos se dedicó a la recolección y evaluación de datos obtenidos a través de una red solarimétrica que llegó a tener más de 40 estaciones de medición.[3] A partir de los registros de la radiación solar media mensual evaluada, determinaron que existía un gran potencial de desarrollo, especialmente en las regiones andinas y subandinas desde Jujuy hasta Neuquén (Saravia, 2007).

Paralelamente, en 1974, un grupo de investigadores que participaban de la Escuela UNESCO-IAU-CNEGH[4] para jóvenes astrónomos y científicos latinoamericanos en el área de la física solar, decidió crear la Asociación Argentina de Energía Solar (ASADES).

La Asociación se convirtió en un actor relevante a nivel nacional en el campo de las energías renovables. Desde su creación, ha venido organizando un encuentro anual en el que se reúnen los principales referentes del sector y se presentan las principales líneas de investigación y desarrollo para el campo. En las actas de las reuniones están registradas las casi cuatro décadas de investigaciones y experiencias que abarcan la mayoría de las utilizaciones posibles para la energía solar en sus dos grandes ramas: la conversión fotovoltaica y el aprovechamiento térmico.

En el primer caso, se trata del uso de la radiación solar para la generación de electricidad mediante el empleo de células fotovoltaicas. En

---

[3] La red dejó de funcionar en la década de 1990 por falta de recursos. Actualmente, está en proceso de recuperación (Righini y otros, 2004; Raichijk y otros, 2008).

[4] United Nations Educational, Scientific and Cultural Organization-International AstronomyUnion-Comisión Nacional de Estudios Geo-Heliofísicos.

el segundo, del aprovechamiento directo del calor solar en sistemas de calefacción, de calentamiento de agua o de cocción.

Aunque la conversión fotovoltaica goza de una mayor presencia en los medios de comunicación, en los que suele atribuírsele un potencial considerable para la generación de energía eléctrica, es el aprovechamiento térmico el empleo que ha alcanzado un mayor desarrollo en el país.

Todos los sistemas fotovoltaicos disponibles en el mercado argentino –y, en consecuencia, aquellos que se instalan en el marco de proyectos y programas de electrificación rural– son importados. La participación de las empresas locales se limita al ensamblado de paneles utilizando células desarrolladas en el exterior. Esto no significa que no se estén desarrollando investigaciones en este terreno en el país, pero de momento no hay posibilidades de atender a las necesidades de provisión de energía de la población que carece de acceso a la red eléctrica utilizando insumos locales.[5]

Por ende, la gran mayoría de los proyectos y experiencias vinculados a la atención de problemáticas sociales se basa en sistemas de aprovechamiento térmico. Diferentes grupos de investigación a lo largo del país comenzaron a desarrollar proyectos para el acondicionamiento térmico de edificios (arquitectura bioclimática), el calentamiento de agua y el secado solar de productos agropecuarios.

Acondicionamiento térmico de edificios

El aprovechamiento pasivo de energía solar, o construcción bioclimática, ha sido uno de los principales usos de la energía solar desarrollado y aplicado efectivamente en la Argentina por grupos de investigación de las facultades de arquitectura y diseño de diversas universidades nacionales, entre ellos, el Centro de Investigación de

---

[5] Por ejemplo, el grupo especializado en energía solar de la Comisión Nacional de Energía Atómica (CNEA) está experimentando y desarrollando el primer panel solar fabricado íntegramente en la Argentina, pero el proyecto está dirigido a la generación de energía para satélites espaciales y por el momento no se ha pensado en la posibilidad de otro tipo de aplicación estos paneles (Laboratorio TANDAR, 2001). Por otra parte, en el Instituto de Desarrollo Tecnológico para la Industria Química (INTEC-CONICET) de la ciudad de Santa Fe hay un grupo de investigación que está trabajando en el desarrollo de celdas solares de segunda generación, que se caracterizan por ser más delgadas, de modo que empleando una menor cantidad de silicio se obtiene una capacidad de conversión similar o superior a la de las células actualmente disponibles (*El Litoral*, 13/08/2008).

Hábitat y Energía de la Universidad de Buenos Aires (CIHE-UBA), el Instituto de Acondicionamiento Ambiental de la Universidad Nacional de Tucumán y el Instituto de Estudios del Hábitat de la Universidad Nacional de La Plata (IDEHAB-UNLP).

Además, en la actualidad existen grupos de arquitectura bioclimática en otros centros públicos de investigación. Entre ellos, el Laboratorio Ambiente Humano y Vivienda del Instituto de Ciencias Humanas y Sociales (LAHV-INCIHUSA), radicado en el Centro Científico-Tecnológico de CONICET de la ciudad de Mendoza, y el Instituto de Energías no Convencionales (INENCO) de Salta, que depende del CONICET y la Universidad Nacional de Salta.

El uso del conocimiento desarrollado en este campo se concentra en experiencias concretas de edificios públicos, como escuelas, dependencias gubernamentales y hospitales. Sin embargo, sigue siendo muy poco utilizado en la construcción de viviendas de interés social; en cambio, los colectores solares han sido utilizados de forma más extendida.

Calentamiento de agua por energía solar
El calentamiento de agua con colectores o calefones solares es una alternativa ambiental y económicamente viable para reducir el consumo de gas domiciliario. Esta tecnología es, probablemente, la más difundida de las aplicaciones térmicas de la energía solar y ha alcanzado una gran escala de adopción (Saravia, 2007).

Desde mediados de la década de 1970 se han iniciado en nuestro país distintos emprendimientos orientados al diseño y fabricación de colectores solares planos, uno de los primeros surgió del Laboratorio de Energía Solar de la Universidad Nacional de San Luis (LES-UNSL). El conocimiento generado en esta unidad de I+D sirvió como base para el desarrollo de una pequeña empresa dedicada a la producción de colectores solares (Fasulo y otros, 1976; Follari y otros, 1998).

Aunque en la Argentina su adopción todavía es muy limitada, estos dispositivos son percibidos como un buen complemento de los sistemas convencionales ya que no requieren grandes cambios en las prácticas culturales de los usuarios.[6] En cualquier caso, se ha consolidado

---

[6] Algunos autores consideran que los subsidios que se aplican a las tarifas de gas natural y electricidad son el obstáculo principal para que exista un mayor nivel de adopción de estos dispositivos (Saravia, 2007).

un mercado local de empresas que fabrican y distribuyen este tipo de colectores para uso domiciliario (INTI, 2012).

Asimismo, los colectores se presentan como una alternativa adecuada para los sectores urbanos marginales o los usuarios rurales, que no tienen acceso a una red de gas domiciliaria. No obstante, el costo de instalación de los dispositivos representa una de las principales trabas para la generalización de su empleo. El tiempo de recuperación de la inversión necesaria para instalar un colector solar para una vivienda –en términos de ahorro en el consumo de gas envasado en garrafa– es de entre tres y cuatro años. Por este motivo, grupos de investigación en La Plata y Corrientes[7] están trabajando en el diseño y producción de colectores solares de bajo costo (Busso y Aeberhard, 1999a; 1999b; San Juan y otros, 2007).[8]

Tanto la construcción bioclimática como el calentamiento solar de agua pueden ser considerados alternativas para atender necesidades sociales de acceso a recursos energéticos o disminución del consumo de energías convencionales (reduciendo el gasto que este consumo trae aparejado).Otra alternativa en este sentido es el secado solar de productos agrícolas, que además se ofrece como una opción para impulsar dinámicas de desarrollo local.

Secado solar de productos agrícolas

Esta actividad representa uno de los empleos más antiguos de la energía solar. Desde hace miles de años los pueblos agricultores dejaban secar al sol semillas, frutos y hojas, actividad que persiste hasta el día de hoy con algunos productos, como los pimientos o el tabaco. Sin embargo, más recientemente se desarrollaron nuevas técnicas, como la utilización de cámaras de secado o gabinetes que permiten una mayor rapidez y calidad en el proceso.

---

[7] La Plata: Instituto de Investigaciones y Políticas del Ambiente Construido (IIPAC-IDEHAB); Corrientes: Grupo de Energías Renovables de la Facultad de Ciencias Exactas, Naturales y Agrimensura de la Universidad Nacional del Nordeste (GER-UNNE).

[8] Para promover el uso de estos sistemas, recientemente se ha implementado la instalación de colectores solares en viviendas de interés social. La primera de estas iniciativas se lleva a cabo en la localidad bonaerense de Moreno con la intervención del municipio, el INTI, la empresa Edenor, la ONG Foro de Vivienda Social y Eficiencia Energética (FOVISEE) y cinco pymes argentinas que fabricaron y colocaron los equipos ("Avances en el uso de colectores solares", en *Saber Cómo*, 2010, n° 92, p. 4).

En la Argentina, la experimentación con el secado solar fue iniciada en la década de 1970 por el INENCO en Salta –tabaco y pimientos– y el Instituto de Física de Rosario (dependiente del CCT-CONICET) –granos y semillas– (Saravia y otros, 1977; Lara y otros, 1978). A pesar de esta larga trayectoria, sólo a partir del año 2002 estas tecnologías comenzaron a adoptarse en una escala significativa.

Los dispositivos de secado solar pueden variar según el tipo de explotación y la escala de producción. Los más grandes son secaderos a escala industrial, que suelen contar con una cámara de secado de aire caliente por convección (Condorí y otros, 2006).También son muy difundidos los secadores invernaderos que son utilizados en el noroeste argentino (GITEA, 1999; CIPAF, 2009). Estos artefactos son desarrollados y construidos en centros de investigación –como el INENCO de Salta–, universidades nacionales –como el GER-UNNE de Corrientes– e incluso por algunas pequeñas empresas –como Teknicampo, localizada en la ciudad de Reconquista (Santa Fe).

Además de los secaderos, las cocinas solares se presentan como otro dispositivo capaz de paliar las dificultades de acceso a recursos energéticos en zonas rurales. En los últimos diez años, esta alternativa ha recibido un gran impulso en diversas regiones del país.

Cocción solar
Los sistemas de cocción solar han sido muy popularizados por diferentes ONG y organismos internacionales como un medio para resolver los problemas sociales asociados a los procesos de desertificación. Desde la década de 1960 se vienen implementando proyectos y programas de transferencia y difusión de estos dispositivos en diversas regiones de la India, China y África (Smil, 1977; Rudolph y Lenth, 1978; Hayes, 1978; Dickenson, 1996).

Una de las primeras experiencias de investigación, desarrollo y adopción de cocinas solares en la Argentina fue el proyecto implementado desde el año 1997 por el LAHV para la transferencia de cocinas solares en la localidad de Ñacuñán, ubicada en el centro-este de Mendoza (Esteves y otros, 1998).

Esta clase de experiencias se multiplicó en distintos lugares del país desde comienzos del siglo XXI, incluso en latitudes muy bajas como la de Bariloche en la provincia de Río Negro (González y Crivelli, 2008). Los diseños más difundidos fueron los concentradores parabólicos (generalmente de uso comunitario) y las cocinas u hornos de caja o tacho (de escala familiar).

Las cocinas parabólicas han sido muy difundidas en escuelas-albergue del noroeste argentino. Muchos de estos dispositivos, con tecnología alemana, fueron instalados por la ONG Ecoandina, que dejó la construcción en manos de una cooperativa de Tilcara (Müller, 2004). Estos concentradores llegan a generar temperaturas de 100 a 300°C y se emplean también en emprendimientos productivos de pequeña escala. En los valles Calchaquíes, por ejemplo, han sido utilizados para producir leche pasteurizada para la confección de queso de cabra (Franco y otros, 2004) o para la producción de dulces regionales (Saravia, 2007).

Las cocinas de caja o tacho son de construcción más simple y se suele difundir su uso a través de talleres de autoconstrucción. La adopción de estos dispositivos por poblaciones rurales aisladas en zonas áridas puede ser una solución al problema cada vez más grave de escasez de leña, única fuente de energía disponible para la cocción de alimentos (Esteves y otros, 1998; 2006).

Además de los empleos ya indicados, diferentes grupos de investigación comenzaron a trabajar en los últimos años para ampliar las posibilidades de aprovechamiento del recurso solar.

Otros usos para la energía solar
Entre las formas de aprovechamiento térmico de la energía solar se encuentra la producción de agua destilada para uso sanitario o de laboratorio. En este rubro, el INENCO ha instalado algunos destiladores en salas de emergencias de centros comunitarios de pueblos aislados, mientras que el LES-UNSL construyó un equipo para abastecer a los laboratorios de la universidad (Cadena y otros, 2004; Fasulo y otros, 2006).

La energía del sol también puede utilizarse para producir frío. Un grupo de investigación de la Universidad Nacional de General Sarmiento desarrolló un prototipo de refrigerador solar por adsorción utilizando carbón activado con metanol, que llega a producir unos 300 gramos de hielo por día (Samson y otros, 2008). El Instituto de Investigación y Desarrollo Tecnológico para la Pequeña Agricultura Familiar-Región Pampeana del Instituto Nacional de Investigaciones Agropecuarias (IPAF Pampeana-INTA) inició un proyecto junto con el Instituto Nacional de Tecnología Industrial (INTI) para instalar estos artefactos en pequeñas explotaciones cabriteras del noroeste de la provincia de Córdoba.[9] Las tareas del proyecto habían avanzado hasta el inicio de la construcción de los prototipos, en conjunto con los usuarios finales (Cyrulies y otros, 2011).

El conjunto de posibilidades de utilización del recurso solar ofrece alternativas diversas para asegurar el acceso a recursos energéticos, mejorar las condiciones materiales de vida y promover oportunidades de desarrollo local, pero no es la única fuente de energía renovable con un considerable potencial de desarrollo en la Argentina. Así como el aprovechamiento térmico de la energía solar, el uso de la energía eólica tiene una larga trayectoria que se expresa en la implementación de múltiples experiencias en el país.

Energía eólica

La producción de energía eólica es una de las fuentes renovables que genera mayores expectativas a nivel global como alternativa al uso de combustibles fósiles para la producción de electricidad. Visto el notable crecimiento que viene experimentando este tipo de instalaciones, estas expectativas parecen estar justificadas. Aunque actualmente la generación eólica represente sólo un 3% del total de la electricidad producida a escala mundial (REN21, 2010), existen proyecciones que estiman que su participación crecerá hasta alcanzar el 20% en el año 2030.

Las expectativas son también considerables en la Argentina, donde se estima que existe una capacidad potencial de generación de 2.231 MW[10] gracias a los vientos existentes en algunas regiones del país, como la Patagonia, donde ya se están desarrollando proyectos de gran escala. Este potencial está fortalecido por otros elementos, como la existencia de tres empresas de capitales nacionales dedicadas a la fabricación de aerogeneradores de alta potencia (NRG Patagonia, IMPSA Wind e INVAP) y la constitución en 2011 de un "clúster eólico" que reúne a un grupo de actores relevantes del sector.

Sin embargo, los grandes proyectos de alta potencia presentan un vínculo indirecto con respecto a la utilización de energía eólica para la resolución de problemas de exclusión social y de dificultad para el

---

[9] "En el medio del campo, la ilusión de enfriar sin electricidad", en *Saber Cómo*, 2011, N° 100, p. 3.

[10] Esto representa aproximadamente tres veces la potencia instalada de la central atómica Atucha II.

acceso al recurso energético, hay en el país un amplio mercado de pequeñas turbinas eólicas que se suma al desarrollo de investigaciones orientadas al desarrollo de nuevas tecnologías para abordar tales problemas.

Las primeras experiencias de empleo de generadores eólicos en la Argentina surgieron a partir de 1985 con la creación del Centro Regional de Energía Eólica (CREE) en la provincia de Chubut. La primera instalación, el parque eólico de la localidad de Río Mayo, se concretó a partir de un convenio para la compra de cuatro aerogeneradores AEROMAN de origen alemán, acordado entre la Dirección General de Servicios Públicos de la Provincia del Chubut y el Ministerio Federal de Inversión y Tecnología de Alemania (Mattio, Bonati y Cirelli, 1993). Inaugurado en 1990, el parque eólico de Río Mayo fue el primero en América Latina y tuvo un plazo de operación relativamente breve. Los equipos sufrieron averías y se presentaron problemas de mantenimiento y acceso a los repuestos importados, de modo que en 1995 ya estaba fuera de servicio.

La elección de la localización en Río Mayo estuvo basada en dos criterios: disponibilidad de vientos y falta de conexión de la población a la red eléctrica. Con estas mismas premisas, desde mediados de la década de 1990, se desarrollaron distintos parques eólicos a cargo de empresas cooperativas. Estas empresas fueron las responsables del total de los parques eólicos instalados en el país hasta el año 2007.

De modo paralelo a los emprendimientos mayores, el uso de energía eólica para generar electricidad en pequeña y mediana escala tiene una difusión considerable en amplias zonas del país. De acuerdo con los datos del Censo Nacional Agropecuario de 2002, para esa fecha existían en la Argentina 1.162 aerogeneradores de baja potencia, equivalentes a una capacidad instalada aproximada de 0,6 MW (Fundación Bariloche, 2009). La mayoría de estos artefactos fueron adquiridos por pequeños y medianos productores rurales para autoabastecerse de energía eléctrica. A esta cifra hay que agregar los que fueron también instalados en el marco de programas gubernamentales o vinculados a organismos internacionales, como el Banco Interamericano de Desarrollo (BID) o el Programa de las Naciones Unidas para el Desarrollo (PNUD), que pueden estimarse en cerca de 1 MW más.

Actualmente, la producción nacional de aerogeneradores está a cargo de algo más de una decena de pymes (Laría y otros, 2010). A estas firmas se sumó la empresa INVAP, que comercializa sistemas basados en el modelo IVS 4500 de 4,5 kW para el mercado de baja potencia y que tiene iniciado el desarrollo de aerogeneradores de 25 a 30 kW para el segmento de media potencia.

Finalmente, algunos grupos de investigación vinculados a universidades nacionales (Misiones y Entre Ríos) y del INTI han desarrollado prototipos de aerogeneradores de baja y media potencia. En el caso del INTI, en el año 2007 inició el proyecto eólico Geov, un modelo de eje vertical de 2 kW que fue instalado para su evaluación en una zona rural cercana a la ciudad de Mar del Plata.[11]

Por lo expuesto, resulta evidente que la energía eólica de baja potencia tiene una amplia aceptación en el ámbito de la producción agropecuaria. [12] La adopción de equipos eólicos por parte de productores rurales se suma a la incorporación de sistemas de generación de energía a partir de biomasa y, más recientemente, a la recuperación de instalaciones hidráulicas de pequeña escala.

Biomasa, biocombustibles y energía hidráulica
En la Argentina existe un gran potencial para la generación de energía aprovechando los residuos de las actividades agrícolo-ganaderas y forestales, una alternativa económica y medioambientalmente viable que puede contribuir al desarrollo de las comunidades locales (Flores Marco y otros, 2008).En función de ese potencial, en los últimos diez años se ha generado una significativa cantidad de proyectos y experiencias orientados a aprovechar el recurso disponible. Los emprendimientos presentan una gran heterogeneidad de dimensiones, alcance, variedad de actores que intervienen y niveles de complejidad.

Entre los distintos tipos de residuo, la biomasa seca (con un nivel de humedad menor del 60%) puede emplearse para uso domiciliario o industrial, generando calor mediante combustión directa, aunque este sistema, tanto como el uso de madera como leña, puede provocar

---

[11] "El aerogenerador del INTI ya está girando", en *Saber Cómo*, 2010, N° 85, p. 2.
[12] Esta consideración refiere al número de equipos instalados, no a la potencia total generada, que resulta inferior a la que puede ofrecer individualmente un aerogenerador como los instalados en el Parque Eólico Arauco de La Rioja (cada uno de los equipos IMPSA instalados allí tiene una potencia de 2,1 MW). Habría que sumar en este rubro los más de 300 mil molinos que utilizan la energía eólica para extraer agua en zonas agrícola ganaderas (Laría y otros, 2010). En este último caso resulta significativo que el modelo más utilizado siga siendo el ya centenario Multipala Americano, que mantiene prácticamente el mismo diseño que tenía a finales del siglo XIX.

problemas como la sobreexplotación del recurso o la contaminación ambiental.

Por este motivo, algunos grupos de investigación y ONG han desarrollado cocinas y calefactores de alto rendimiento que permiten obtener gran cantidad de poder calórico del recurso maximizando el ahorro. Esta situación es particularmente crítica en zonas áridas y semiáridas en las que se está experimentando un creciente proceso de desertificación y deforestación (CIPAF, 2009).

La biomasa seca también puede emplearse para alimentar un gasificador, un dispositivo que permite obtener gas por medio de la combustión en una atmósfera con baja proporción de oxígeno. Esta práctica es común en explotaciones forestales en las que se aprovechan de ese modo los residuos de la tala y procesamiento de la madera. Otra opción es la pirólisis, por la que se produce carbón vegetal.

En la Argentina, las instalaciones para el aprovechamiento de la energía de biomasa seca se concentran principalmente en las zonas del país con explotaciones forestales. Diversos aserraderos de las provincias de Misiones y Corrientes han incorporado cámaras gasificadoras para aprovechar los residuos de su actividad productiva (Pedace y Barney, 2007; Lezcano y Sarasola, 2009). También hay equipamientos instalados en la región pampeana aprovechando residuos agroindustriales (cáscara de maní y girasol). En 2009, la Secretaría de Energía estimaba que la potencia instalada total que aprovecha residuos biomásicos era de casi 720 MW (Fundación Bariloche, 2009).[13]

Mientras que en los sistemas de biomasa seca sólo pueden aprovecharse los residuos agrícolas y/o forestales, en el caso de la húmeda se incorpora también la producción ganadera e incluso puede generarse a escala domiciliaria con los residuos de las unidades familiares del ámbito rural.

Existen cada vez más sistemas de biodigestión diseñados para aprovechar la producción de estiércol de origen pecuario. En la Argentina ya existen algunas instalaciones en explotaciones avícolas, tambos y establecimientos de engorde por *feedlot* de porcinos y vacunos. Además de producir gas, estos sistemas permiten obtener fertilizantes para actividades agrícolas (Sogari y otros, 2000).

---

[13] Esto es equivalente, por ejemplo, a la potencia instalada de la central atómica Atucha II.

Asimismo, otros actores, como algunas ONG ambientalistas, han llevado adelante experiencias en las que construyeron diferentes tipos de biodigestores de uso familiar o comunitario. Estas instalaciones fueron ubicadas en viviendas rurales, granjas agroecológicas, eco-villas e, incluso, escuelas rurales. Esta clase de tecnologías también es promovida por instituciones de ciencia y tecnología como el Instituto Nacional de Tecnología Agropecuaria (INTA) y el INTI (CIPAF, 2009).

Otra de las formas de empleo de biomasa húmeda en la generación de energía es la producción de biocombustibles líquidos (etanol o biodiésel). Estos combustibles pueden usarse en vehículos en lugar de la nafta o el gasoil por lo que han generado prácticamente una revolución a escala mundial ya que se los considera el reemplazante ideal del petróleo.

Sin embargo, existen fuertes cuestionamientos a la producción de biocombustibles a gran escala ya que está directamente relacionada con el proceso de concentración de la producción agrícola en monocultivos basados en uso intensivo de capital, que acentúan la dinámica de expulsión de pequeños productores y campesinos de sus tierras y acrecientan la desigualdad social en el ámbito rural. De este modo, se profundiza el proceso migratorio del campo a la ciudad y se pone en riesgo la seguridad alimentaria de millones de personas.

Esto no significa que no puedan desarrollarse iniciativas de producción de biocombustibles que respondan a otra lógica. Por ejemplo, la fabricación de biodiésel a partir de aceites vegetales usados. En la Argentina, estas experiencias se han extendido desde mediados de la década de 2000 y fueron impulsadas por escuelas técnicas agropecuarias, municipios, algunas universidades y emprendimientos cooperativos.

Estos proyectos permiten resolver diferentes problemas, como la contaminación ambiental producida por el aceite comestible usado, o pueden generar nuevas posibilidades económicas para sectores excluidos. A nivel energético, el biocombustible producido puede habilitar nuevas oportunidades, como generar energía eléctrica en pequeña escala para autoconsumo o para sostener algún tipo de actividad productiva. Lamentablemente, la misma legislación que impulsó la producción de biodiésel a gran escala se convirtió en un obstáculo para las experiencias de pequeña escala como las basadas en el aprovechamiento de aceites vegetales usados (Garrido y Lalouf, 2012).

Una opción similar es la que ofrecen los pequeños aprovechamientos hidráulicos. Estos emprendimientos de baja escala permiten la generación de energía a nivel local y disminuyen drásticamente las enormes inversiones monetarias que implica abastecer a poblaciones dispersas a partir del sistema eléctrico central; además, evitan la construcción de grandes represas y extensos sistemas de transporte de energía eléctrica. A esto se suma el bajo impacto ambiental que provocan en comparación con las grandes obras de infraestructura.

Sin embargo, el aprovechamiento de la energía hidráulica no se reduce exclusivamente a la producción de electricidad. Hay una gran variedad de posibilidades de utilización integral de las corrientes de agua y de los desniveles orográficos naturales. Los arietes hidráulicos, por ejemplo, permiten elevar el fluido, posibilitando el abastecimiento de agua corriente a familias dispersas que se encuentran en terrenos elevados y mejorando sustancialmente su calidad de vida.

Estos dispositivos son muy utilizados en zonas rurales que están surcadas por pequeños cursos de agua de los que se obtiene el recurso. En particular, el Grupo de Energías Renovables de Misiones, radicado en la Universidad Nacional de Misiones (GERM-UNaM) ha desarrollado e instalado diversas bombas de ariete entre pequeñas producciones de la región. Otro ejemplo es la llamada bomba de soga diseñada por ingenieros de la CNEA en Bariloche (CIPAF, 2009).

A partir del conjunto de información relevada, puede afirmarse, entonces, que en la Argentina existe una gran variedad de proyectos, investigaciones y experiencias concretas de desarrollo relacionados con el aprovechamiento de energías renovables en la generación de dinámicas de inclusión social.

En el siguiente apartado se presenta un resumen del relevamiento de las capacidades de investigación y desarrollo disponibles y de las iniciativas de generación de energía de fuentes renovables. No se trata de un conteo exhaustivo de, por ejemplo, la totalidad de los biodigestores instalados en el país, sino de un panorama representativo del escenario a nivel nacional.

Situación actual de experiencias y capacidades de aprovechamiento de energías renovables orientadas a la inclusión social

En una primera aproximación, en el cuadro 1 se presentan las capacidades y experiencias en producción de energías renovables según su fuente y localización geográfica.

Cuadro 1. Capacidades y experiencias en producción de energía de fuentes renovables orientada a la resolución de problemas sociales (por tipo y ubicación geográfica)

Provincia	Residenciales	Escuelas	Servicios públicos	Termosolares	Minirredes
Buenos Aires	5	6	10	1	22
C.A. de Bs. Aires	2				2
Catamarca	1				1
Chaco	2		1		3
Chubut		1			1
Córdoba	2	1			3
Corrientes	1		3		4
Entre Rios		2	1		3
Jujuy	2				2
Mendoza	3				3
Misiones		1	2	1	4
Neuquén		1			1
Rio Negro	1	1		1	3
Salta	1				1
San Luis	2				2
Santa Fe	2	2	6		10
Tucumán	1				1
TOTALES	25	15	23	3	66

Fuente: relevamiento del Programa de Investigación sobre Tecnologías para la Inclusión Social (IESCT-UNQ).

Las cifras indican que el aprovechamiento de energías renovables tiene un desarrollo considerable en el país ya que se encontraron experiencias y/o capacidades disponibles en diecisiete de las veinticuatro jurisdicciones provinciales.

Puede observarse también que el mayor desarrollo se da en el terreno de las fuentes solar y biomásica, que acumulan más de las dos terceras partes de los casos relevados. Esta característica deriva, en parte, de la relativa simplicidad y economía de los dispositivos y/o insumos necesarios para aprovechar la energía solar o la generada a partir de desechos orgánicos. Se debe, asimismo, a la existencia de una mayor cantidad de grupos de investigación que han acumulado una larga trayectoria en ambas temáticas.

En el cuadro 2, la información se presenta distribuida en función del tipo de actor a cargo de la experiencia o desarrollo.

En la información presentada en el cuadro se observa que existe una distribución equivalente de disponibilidad de capacidades y de casos de desarrollo de energías renovables a cargo de instituciones públicas y privadas. Esta característica resulta significativa y evidencia una considerable participación de empresas, principalmente pymes, y ONG en el panorama de actores con potencial para proveer soluciones tecnológicas para los sectores marginales de la población.

Cuadro 2. Capacidades y experiencias en producción de energía de fuentes renovables orientada a la resolución de problemas sociales (por clase de actor involucrado y ubicación geográfica)

Provincia	Públicas	Privadas	ONG	Totales
Buenos Aires	7	6	5	18
C.A. de Bs. Aires	2			2
Catamarca	1			1
Chaco	2		1	3
Chubut	1			1
Córdoba	1	2		3
Corrientes	1		2	3
Entre Ríos	1	1	1	3
Jujuy			2	2
Mendoza	2	1		3
Misiones	1	1		2
Neuquén	1			1
Río Negro	3			3
Salta	1			1
San Luis	1	1		2
Santa Fe	3	4	2	9
Tucumán	1			1
TOTALES	29	16	13	58

Fuente: relevamiento del Programa de Investigación sobre Tecnologías para la Inclusión Social (IESCT-UNQ).

También puede señalarse que existe una diferencia en la distribución geográfica de las entidades; las instituciones públicas aparecen en casi todas las jurisdicciones en las que se han detectado casos de desarrollo de energías renovables; en cambio, los emprendimientos privados se concentran en un número menor de provincias, principalmente en la zona del Litoral y la Mesopotamia. La mayor presencia de empresas en estas regiones está vinculada a la consolidación de una demanda en dos sectores específicos: energía eólica para explotaciones rurales y colectores solares para uso domiciliario urbano. En el último caso, se presenta como una opción para disminuir el consumo de gas envasado.

Cabe señalar que la diferencia entre los totales acumulados en los cuadros 1 y 2 responde al hecho de que existen instituciones que han logrado capacidades de investigación, desarrollo y producción para la generación de energía a partir de más de una de las distintas fuentes renovables.

En síntesis, el relevamiento muestra que existen capacidades para el desarrollo de la producción de energía de fuentes renovables en casi todo el país y con una participación importante de actores privados. Sin embargo, para usufructuar estas capacidades generadas y disponibles, se requiere la implementación de políticas concretas y el desarrollo de proyectos orientados a la construcción de procesos de mayor inclusión social. ¿Qué tipo de políticas, proyectos y estrategias de intervención se han implementado en la Argentina en este sentido? ¿Qué resultados se han obtenido?

Alcances y limitaciones de las políticas públicas y proyectos en energías renovables para la resolución de problemas sociales

Al comienzo del capítulo se indicaba que, en la mayoría de los programas internacionales orientados a la universalización del acceso a recursos energéticos, se reconoce que la provisión de energía resulta un elemento central para sostener cualquier proceso de inclusión social. En este sentido, el uso de energía producida a partir de fuentes renovables puede transformarse en una solución a diversos problemas que afectan a amplios sectores de la población. En la Argentina, la principal política sectorial orientada a resolver los problemas de acceso a la energía es el Proyecto de Energías Renovables en Mercados Rurales (PERMER), coordinado por la Secretaría de Energía de la Nación.

El PERMER inició sus actividades del año 1999 y tenía como objetivo principal el abastecimiento de electricidad a los pobladores rurales aislados y a un número cercano a los 6.000 establecimientos vinculados a la prestación de servicios públicos de diverso tipo (escuelas, salas de emergencia médica, destacamentos policiales, etc.), que se encontraban también fuera del alcance de las líneas distribuidoras de energía (PERMER, 2009).

En la práctica, esto significa que el programa apuntaba a solucionar las dificultades de acceso energético de entre el 4 y el 5% de la población total del país, ya que cerca del 95% de los habitantes tenía acceso a la red eléctrica.

La inversión inicial en el PERMER fue estimada en aproximadamente 58,2 millones de dólares, de los cuales el 70% correspondía a los aportes de la Secretaría de Energía de la Nación y el resto, a fondos suministrados por el Ministerio de Educación de la Nación, los gobiernos provinciales y el sector privado: concesionarios y usuarios.[14]

---

[14] De estos fondos, 30 millones de dólares corresponden a un préstamo del Banco Mundial y10 millones, a una donación del Global Environmental Facility (GEF) (PERMER, 2009).

El PERMER tuvo un nuevo impulso a partir de 2003 cuando se aplicaron modificaciones al convenio original para promover acuerdos entre el Estado nacional y los gobiernos provinciales. A su vez, las provincias que tienen interés en participar en el proyecto deben tener la posibilidad legal de otorgar concesiones a empresas privadas, públicas o cooperativas que comprendan las áreas de su mercado rural disperso y disponibilidad para afectar recursos de los Fondos Eléctricos para ser aplicados como contrapartida local del financiamiento.

En el año 2010, es decir, sobre el final del período originalmente planificado, el Estado nacional obtuvo un nuevo crédito para continuar con el proyecto.[15] Hasta ese momento, en el marco del PERMER se habían instalado 6.547 servicios residenciales en cinco provincias, 1.377 sistemas en escuelas de doce provincias, 200 servicios públicos (puestos sanitarios o centros comunitarios) y 2.277 sistemas conectados a minirredes. En los últimos años, el PERMER también incorporó la instalación de dispositivos termosolares, como cocinas, hornos o calefones, en las provincias de Jujuy y Corrientes. En el cuadro 3 se presenta un detalle de los equipos instalados, por tipo y según su localización geográfica.

Según plantea la Secretaría de Energía, el proyecto expresa un alto contenido social y sus objetivos son atender al mejoramiento de la calidad de vida de las comunidades rurales dispersas contribuyendo al alivio a la pobreza. Además, la Secretaría destaca que es el proyecto más importante que se encuentra en ejecución bajo su jurisdicción.

En diciembre de 2012, la Secretaría de Energía informaba que, hasta ese momento, habían sido asistidos en el marco del proyecto 27.422 hogares (sumando las instalaciones individuales y los abastecidos por minirredes), 1.894 escuelas y 361 servicios públicos (Secretaría de Energía de la Nación, 2012).

Los datos oficiales indican que se está haciendo un esfuerzo considerable para solucionar los problemas de acceso a la energía de la población rural dispersa; no obstante, cabría preguntarse si los sistemas provistos por el PERMER cubren las necesidades de los beneficiarios. En este sentido, conviene señalar que las instalaciones domiciliarias del PERMER tienen una potencia de entre 50 y 200 W, lo que representa el abastecimiento promedio de dos lámparas y una radio o un televisor

---

[15] El aporte suplementario es de 50 millones de dólares y proviene de un nuevo préstamo del Banco Mundial (Ministerio de Economía, 2010).

de bajo consumo. En caso de que se sucedan varios días nublados, los equipos tienen una capacidad teórica de acumulación de energía suficiente para abastecer ese nivel de consumo hasta cuatro días.

Cuadro 3. Instalaciones realizadas en el Proyecto PERMER hasta 2012 (por localización y tipo)

Provincia	Residenciales	Escuelas	Servicios públicos	Termosolares	Miniredes
Buenos Aires		213			
Catamarca		36			48
Chaco	3.680	208			
Chubut	1.615				
Córdoba		86			
Corrientes	1.300	85		85	
Entre Ríos	977				
Jujuy	4.200	44		187	335
La Pampa	862				
La Rioja	553	60			
Mendoza	1.561				
Misiones		24	42		
Neuquén	1.909	51	51		435
Río Negro		26			
Salta	5.038	316	179		1.533
San Juan	197	16	44		
Santa Cruz	575				
Sgo. del Estero		690			
Tucumán	2.604	39	45	35	
TOTAL	**25.071**	**1.894**	**361**	**307**	**2.351**

Fuente: Secretaría de Energía de la Nación, 2012.

Asimismo, los sistemas fueron diseñados considerando que debían ser económicos y que serían operados por usuarios con escasa instrucción. Por ambas razones, se instalaron deliberadamente sistemas de 12 voltios sin inversores para producir corriente alterna de 220 voltios. Los inversores son elementos relativamente costosos y se supuso que los usuarios no tendrían el cuidado necesario para utilizar los equipos. Si se dispusiera del suministro estándar y se conectaran artefactos de alto consumo o de carga eléctrica superior al de lámparas, radios o televisores (como estufas o bombas de agua), los equipos sufrirían un rápido deterioro (Russo, 2009).

En el año 2005 la Fundación Bariloche realizó un relevamiento para la Global Network on Energy for Sustainable Development (GNESD). El diagnóstico incluyó un análisis del consumo energético de la población pobre e indigente del país (urbana y rural). Para evitar asimetrías, se evaluó el consumo en toneladas de petróleo equivalente para conocer qué actividades eran las que demandaba más energía en los hogares pobres; los resultados se presentan en el cuadro 4.

Cuadro 4. Requerimientos energéticos domiciliarios de la población de menores recursos en la Argentina

Tipo de requerimiento	Energía mínima requerida (TEP/año)	Proporción (%)	Población relevada	Prioridad
Iluminación	13.522	1,7		Alta
Cocción	273.154	33,5		Muy Alta
Calentamiento de agua	162.315	19,9		Alta
Bombeo de agua	5.066	0,6	19.800.000	Muy Alta
Calefacción	128.655	15,8		Muy Alta
Acondicionamiento de aire	20.853	2,6		Baja
Refrigeración de alimentos	123.688	15,2		Media
Otras aplicaciones	87.777	10,8		Media a Alta
Total	815.030	100,0		

Fuente: elaboración propia a partir de datos de Bravo y otros, 2005.

En este punto es necesario señalar que muchas de las viviendas urbanas que carecen de acceso a una red de gas solventan sus necesidades de calentamiento de agua y calefacción con artefactos eléctricos. Esta situación está mucho más extendida en las viviendas que tienen instalaciones irregulares y los usuarios no abonan cargo alguno por la energía que consumen.

Una situación semejante a la del consumo domiciliario puede observarse en los cuadros 5 y 6, en los que se presentan los resultados de los cálculos realizados en el ámbito rural para el caso de las escuelas y los centros de salud. La cocción de alimentos, el calentamiento de agua y la calefacción son también las actividades que requieren mayor consumo energético. En ambos casos, así como en las viviendas familiares, las mayores necesidades de consumo no se relacionan con iluminación y comunicación.

Cuadro 5. Requerimientos energéticos de escuelas rurales en la Argentina

Tipo de requerimiento	Energía mínima requerida (TEP/año)	Proporción (%)	Población relevada	Prioridad
Iluminación	56	0,4		Muy Alta
Cocción	1.469	10,5		Muy Alta
Calentamiento de agua	9.941	71,1	6.842	Muy Alta
Bombeo de agua	101	0,7	(Escuelas Rurales)	Muy Alta
Calefacción	1.561	11,2		Muy Alta
Acondicionamiento de aire	229	1,6	513.938	Media
Refrigeración de alimentos	47	0,3	(Alumnos)	Alta
Tareas escolares	4	0,0		Media
Otras aplicaciones	575	4,1		Media
Total	13.982	100,0		

Fuente: elaboración propia a partir de datos de Bravos y otros, 2005.

Cuadro 6. Requerimientos energéticos en centros de salud rurales en la Argentina.

Tipo de requerimiento	Energía mínima requerida (TEP/año)	Proporción (%)	Población relevada	Prioridad
Iluminación	65	1,5		Muy Alta
Cocción	923	21,0	6.903	Alta
Calentamiento de agua	1276	29,1	(Puestos	Muy Alta
Bombeo de agua	72	1,6	sanitarios)	Muy Alta
Calefacción	1070	24,4		Muy Alta
Acondicionamiento de aire	301	6,9	2.301.031	Alta
Refrigeración de alimentos y vacunas	76	1,7	(Usuarios)	Muy Alta
Otras aplicaciones	605	13,8		Media
Total	13.982	100,0		

Fuente: elaboración propia a partir de datos de Bravo y otros, 2005.

Entre otras conclusiones, los investigadores de la Fundación Bariloche señalan que la mejor opción para atender las necesidades energéticas de la población pobre urbana es ampliar la oportunidad de conectarse a las redes convencionales disponibles. Esta posibilidad se ve limitada en el caso de las redes de gas natural ya que exige mayores requerimientos constructivos; por ejemplo, los pobladores de viviendas precarias construidas sin permisos o planos están imposibilitados de acceder al servicio.

Si se comparan los datos que surgen del relevamiento de la Fundación Bariloche con las características de la implementación del PERMER, se pone de manifiesto que el acceso a la energía que se provee a través del proyecto no se ajusta a las necesidades de mayor demanda. Este desajuste evidencia diversas restricciones en el proyecto, que están asociadas a la racionalidad que lo inspira; en primer lugar, se considera que los artefactos y sistemas se desarrollan siguiendo un patrón de evolución autónomo y universal, por lo tanto, el desempeño de un artefacto o sistema determinado es potencialmente el mismo, independientemente de su ubicación sociohistórica o geográfica (determinismo tecnológico); en segundo lugar, la definición del problema fue realizada *a priori*, sin la participación de los usuarios finales de los desarrollos y sin tomar en consideración sus conocimientos tácitos y explícitos (paternalismo). El problema es identificado como un elemento aislado: falta de acceso a la red de energía eléctrica, y la solución ofrecida es puntual: por ejemplo, instalación de un *kit* fotovoltaico de generación de energía.

Aunque la implementación en extenso del proyecto es relativamente reciente, ya existen trabajos en el campo del desarrollo de energías renovables en los que se plantean críticas al formato y cuyos autores incorporaron entre sus actividades nuevas líneas de investigación orientadas al desarrollo de dispositivos solares de bajo costo o agregaron a sus indagaciones el análisis de formas efectivas de "transferencia tecnológica" a poblaciones con necesidades socioeconómicas concretas. Por ejemplo, Carlos Cadena analizó los proyectos oficiales de provisión de energía eléctrica en zonas rurales y se preguntó sobre sus características. Así, planteó una contradicción entre dos modelos: electrificación rural o energización rural (Cadena, 2006).

Desde su perspectiva, proyectos como el PERMER apuntan prioritariamente a resolver el abastecimiento eléctrico al habitante rural, pero poco o casi nada dicen sobre otras necesidades básicas en materia de energía como la cocción de los alimentos o la disponibilidad de agua caliente para uso sanitario. A esto se suma que no se consideran otras demandas previas insatisfechas como la falta de caminos o la precariedad de los servicios de salud y educación, las estructuras edilicias deficientes, etc. De este modo, se plantea que el abastecimiento eléctrico resulta insuficiente si lo que se pretende es generar mejoras concretas en las condiciones de vida de la población rural de escasos recursos.

Esta problemática puede ser aún más compleja si se evalúa en términos ambientales. Gran parte de los potenciales beneficiarios de este tipo de programas se concentra en regiones que sufren problemas de deforestación y desertificación como el NOA, parte del NEA, Cuyo y la Patagonia. En estos lugares, el principal recurso energético del que se dispone es la leña, que se utiliza para calefacción y cocción de alimentos. Estas necesidades no pueden satisfacerse con la energía que se obtiene de los sistemas fotovoltaicos o eólicos que se están instalando.

En otros trabajos se analizan las características y rendimiento de los equipos instalados en el marco del PERMER (ver por ejemplo, Bello, Vera y Busso, 2009; Bello y otros, 2011). Entre las restricciones para su empleo se señalan algunas de las características técnicas del diseño –ausencia de indicadores de desgaste de las baterías, inadecuación de la demanda energética respecto de la potencia instalada– o ciertas deficiencias en la operación por parte de los usuarios –conexión de artefactos que superan la carga del equipo, falta de comunicación de los fallos producidos.

Frente a este tipo de críticas, otros actores desarrollaron nuevos proyectos de intervención que buscaban responder a demandas más complejas que las del mero acceso a fuentes de energía. En este escenario, un grupo de investigadores del INENCO inició en la provincia de Salta el Proyecto SEDI/AICD/AE-204/03 Energización Sustentable en Comunidades Rurales Aisladas con Fines Productivos, financiado por la Organización de Estados Americanos (OEA).

A través del proyecto se promovía la realización de experiencias de investigación, desarrollo y transferencia de tecnología de equipos solares. Los receptores de estas tecnologías fueron comunidades rurales con déficit de acceso a bienes y servicios. La experiencia desarrollada por el INENCO se concentró en comunidades rurales ubicadas en dos zonas diferentes de la provincia de Salta (INENCO, 2007).

A partir del año 2004, este proyecto sumó algunas comunidades rurales de la zona del Delta del Paraná. Esta nueva etapa fue desarrollada por el Grupo de Estudios de la Radiación Solar de la Universidad Nacional de Luján (GERSolar-UNLu).[16] Ambas experiencias consistían en la instalación de dispositivos solares y la capacitación de los pobladores en su utilización. A diferencia del INENCO, que se ocupó de todo el proceso incluyendo el diseño y la construcción de los dispositivos, los integrantes del GERSolar compraron el equipamiento y se concentraron en su instalación, puesta a prueba y capacitación (GERSolar, 2006).

A partir de estas experiencias, los grupos de trabajo involucrados desarrollaron una serie de reflexiones acerca de los procesos de diseño y desarrollo de experiencias de implementación de dispositivos y propusieron nuevos modelos de intervención. Los "paquetes energéticos" están conformados por sistemas de calentamiento de agua para uso sanitario, aire caliente para acondicionamiento de viviendas o secado y equipos de purificación de agua. Este modelo podía articular dispositivos que funcionan con energía solar térmica, sistemas fotovoltaicos o eólicos e, incluso, algunos sistemas que combinan energías renovables y otras convencionales.

Estas acciones manifiestan una diferencia con relación a otros tipos de iniciativas, como las impulsadas desde el PERMER. Los paquetes

[16] Conformado en 2002, este grupo se había especializado hasta ese momento en estudios de solarimetría y aprovechamiento de la radiación solar en el marco del ya referido relevamiento del recurso solar, llevado a cabo bajo la dirección del doctor Grossi Gallegos.

energéticos instalados responden más a las demandas productivas y de calidad de vida locales. Sin embargo, su implementación parece acotada a necesidades puntuales de comunidades aisladas, con indudables necesidades, que no permiten vislumbrar una articulación más amplia que la mera experiencia.

En la búsqueda de una alternativa superadora de estos problemas, investigadores del mismo INENCO elaboraron la propuesta de Evaluación Multicriterio del campo de Gestión Territorial. En esta propuesta se reconoce la necesidad de realizar un abordaje sistémico para pensar políticas energéticas sustentables en el tiempo. En este sentido, se plantea la necesidad de considerar una gran variedad de elementos en el momento de implementar proyectos para aprovechar energías renovables, como la diversificación productiva, la generación de nuevas oportunidades laborales, las reivindicaciones de actores sociales vulnerables y marginados, la reducción de niveles de dependencia y la promoción de formas de asociativismo, entre otros (Belmonte y otros, 2009).

Por el momento, no hay muchas experiencias con desarrollo suficiente como para comprobar el funcionamiento de este tipo de propuesta u otras similares. Sólo pueden encontrarse algunos proyectos que están todavía en una fase muy preliminar, como el que está impulsando el INTI en la zona de Zapala (Neuquén). Este proyecto surgió de la necesidad de abastecimiento de energía eléctrica para desarrollar sistemas de riego en un emprendimiento de chacras en el valle de Michacheo.[17] A partir de esta demanda inicial, la Cooperativa de Energía Eléctrica de Zapala (CEEZ), el INTI, la Cooperativa Agrícola Ganadera 2 de Febrero (que agrupa a los productores del valle), la Feria Agroindustrial Trabum Ruca (coordinada por el Programa Social Agropecuario) y las Agencias de Extensión Rural Zapala y San Martín de los Andes del Instituto Nacional de Tecnología Agropecuaria (INTA) se articularon en un proyecto más amplio: desarrollar un proyecto productivo que no se limitara al abastecimiento de energía eléctrica. Para ello, el INTI firmó un acuerdo con la CEEZ en el que comprometió diferentes áreas y programas del Instituto para promover proyectos de agregado de valor en origen de lana mohair, gestión integral de residuos sólidos urbanos, cunicultura y mejora de viviendas incorporando criterios de eficiencia energética.

---

[17] "Nuevas brisas, más energía", en *Saber Cómo*, 2009, N° 75, p. 4.

En la primera etapa del proyecto se concretó la instalación de un aerogenerador de 4,5 kW fabricado por la empresa INVAP. Para el futuro se planea instalar nuevos aerogeneradores y reacondicionar y poner en funcionamiento la usina hidroeléctrica de Covunco, actualmente en desuso.[18] La idea es lograr que la CEEZ y la Cooperativa 2 de Febrero se conviertan en generadores y proveedores de energía eléctrica para consumo local y de localidades cercanas. El desarrollo de este proyecto resulta un desafío clave para lograr superar el modelo de soluciones puntuales criticado hasta aquí.

Los proyectos analizados expresan una búsqueda de soluciones para algunas problemáticas socioeconómicas complejas aunque, al mismo tiempo, muy específicas. Además, interpretan el uso de energías renovables como una estrategia que permite pensar soluciones a problemas de tipo productivo, de salud o de vivienda, que exceden el problema de acceso a la energía.

Sin embargo, en su mayoría, no consiguen eludir las trampas del determinismo tecnológico y reproducen algunas de las restricciones que presentan proyectos como el PERMER. Aun en los casos en los que se declara abiertamente que se busca superar esas limitaciones, las características y resultados de las experiencias acaban siendo semejantes: ofertismo, problemas de adaptación, rechazo por parte de los usuarios, etc. En este punto resulta pertinente preguntarse por qué, a pesar de contar con capacidades, experiencia y financiamiento, este tipo de proyectos acumulan diferentes niveles de fracaso y resultados no deseados.

Analizar en profundidad una experiencia concreta puede ser útil para obtener algunas respuestas para estos interrogantes. De este modo, se pueden generar insumos para reformular el diseño de los artefactos, las políticas y las estrategias de apoyo al desarrollo de sistemas energéticos alternativos orientados a favorecer procesos de inclusión social. Con este fin, analizaremos el caso de la instalación de un conjunto de dispositivos alimentados por energía solar en la provincia de Mendoza.

---

[18] "Cuando el río suena, energía trae", en *Saber Cómo*, 2010, N° 89, p. 7.

La instalación de dispositivos solares para la provisión de necesidades básicas en poblaciones rurales aisladas

El departamento Lavalle está ubicado en el nordeste de Mendoza, la mayor parte de su superficie (97%) carece de obras de irrigación. La población rural del departamento (12%) vive en asentamientos –puestos– dispersos a lo largo del territorio. Los puestos están conformados, en general, por casas de adobe y corrales para la cría de ganado caprino, la principal actividad económica de la zona. Los caminos son precarios –en general, muy precarios–, no hay acceso a la red de energía eléctrica, el recurso hídrico es escaso y el exiguo volumen disponible presenta una alta concentración de sales. La mayor parte de la energía que se consume en las tareas cotidianas proviene de la quema de leña, un recurso que disminuye permanentemente. Dadas las características geoclimáticas de la zona, la capacidad natural de reposición de la vegetación extraída es muy limitada (Torres y otros, 2003).

A partir del año 2008, el Grupo Cliope de la Universidad Tecnológica Nacional-Facultad Regional Mendoza (UTN-FRM) desarrolló un conjunto de dispositivos para ser instalados en los puestos de Lavalle. Concebida por sus promotores como una operación de transferencia de tecnología, fue llevada a cabo con el objetivo principal de "abordar la provisión de agua potable, cocción y conservación de alimentos aprovechando el recurso solar" (Grupo Cliope, 2010b, p. 1).

Hasta el año 2010 el grupo diseñó una serie de prototipos de artefactos solares, llevó a cabo un conjunto de pruebas, realizó ajustes de diseño e intentó multiplicar el número de beneficiarios de la experiencia. En los siguientes apartados se analizará, utilizando herramientas del enfoque socio-técnico, el modo en que fue llevada a cabo la intervención.

Primera fase del proyecto: octubre de 2008 a marzo de 2009

El proyecto se inició con el diagnóstico del Grupo Cliope de las necesidades de la población rural de Lavalle (agua potable –principalmente por los niveles de arsénico– y sistemas de cocción –por la falta de leña–) y se presentó una solicitud de financiamiento ante el Fondo para el Medio Ambiente Mundial (FMAM), bajo la administración del PNUD.

El proyecto implicaba el desarrollo de destiladores, hornos y secadores solares para su instalación en hogares de las zonas de La Asunción y San José. Dado que se había escogido implementar el proyecto sobre la base teórica y metodológica del abordaje de la Investigación-Acción Participativa, el área de transferencia del Grupo Cliope elaboró una estrategia de tres etapas: 1) conformación del grupo de trabajo; 2) elaboración del plan de trabajo y construcción de prototipos; 3) instalación de dispositivos a campo.

Paralelamente, se trabajaría en el establecimiento de los acuerdos necesarios para integrar a la población local en el proceso. En este sentido, los investigadores preveían la realización de talleres de autoconstrucción que replicaran lo sucedido en otras experiencias propias –como la de Campo Pappa (Arena y otros, 2005)– y ajenas –como la de Ñacuñán (Esteves y otros, 1998).

En la primera etapa, seleccionaron el grupo de técnicos y evaluaron su disposición para desempeñarse empleando metodologías no habituales en su formación. En este proceso se incorporaron estudiantes de ingeniería becados por el rectorado de la UTN. El equipo de trabajo participó de un proceso de formación teórico-práctica para fortalecer sus capacidades de comunicación grupal (Grupo Cliope, 2010b).

Iniciaron luego las tratativas con la Dirección General de Escuelas (DGE) de la provincia para acordar el trabajo con docentes y alumnos de las escuelas-albergue de Lavalle, proveer material didáctico sobre energías renovables, promover su inclusión en el currículum y montar talleres de construcción de los dispositivos con los alumnos de los años superiores. También establecieron contactos con las autoridades de Lavalle para capacitar a los técnicos municipales y organizar luego talleres constructivos comunitarios, en los que las familias de varias zonas del departamento aprenderían el montaje y uso de los dispositivos.

Mientras se avanzaba con las negociaciones con los potenciales socios del proyecto, los becarios incorporados al grupo de investigación iniciaron la construcción de los primeros prototipos de los artefactos. Su tarea comenzó con un relevamiento bibliográfico de diferentes experiencias desarrolladas por otros grupos de investigación especializados en energía solar, en lugares con condiciones geoclimáticas comparables con las de Mendoza. En esta labor contaron con el asesoramiento de especialistas vinculados al equipo (Grupo Cliope, 2010a).

Basándose en la información recogida, construyeron un prototipo de cada artefacto: destilador, horno y secadero de frutas y hortalizas.

El diseño y construcción de los artefactos se realizó con los siguientes criterios: a) partir de un diseño existente; b) utilizar materiales económicos, manipulables y disponibles en Mendoza; y c) tomar en cuenta al operador socioculturalmente, ambiental y ergonómicamente de modo que los artefactos fueran simples en su operatoria de uso, mantenimiento y limpieza.

Los prototipos fueron fabricados y evaluados en el predio del Grupo Cliope en Mendoza con la colaboración del Laboratorio de Energía Solar (LES) de la Universidad Nacional de San Luis. A partir de los datos de operación y la previsión de las condiciones de uso realizada por el equipo de trabajo, los diseños recibieron una serie de modificaciones (Grupo Cliope, 2010a). Completada la construcción de los prototipos, el grupo intentó pasar a la tercera etapa en su estrategia de transferencia: la instalación y ensayo a campo, pero, por diferentes razones, no pudo concretarla.

En primer lugar, el acuerdo con la DGE, orientado a garantizar el involucramiento de los pobladores y la realización de talleres de autoconstrucción, no fue consumado. Tras un cambio de autoridades, los nuevos funcionarios no se mostraron interesados en el proyecto. En segundo lugar, los miembros del grupo de trabajo no completaron la capacitación del personal del Municipio de Lavalle en los tiempos y plazos necesarios para el proyecto. En tercer lugar, los pobladores de La Asunción no manifestaron disposición para participar de la experiencia por lo que, en principio, los artefactos se instalarían en una única localidad (Zóttola, 2010). Por último, el grupo de investigadores constató que en los puestos del secano de Lavalle no había huertas. Los altos niveles de salinidad de los suelos y, sobre todo, del agua de los pozos, limitaban las posibilidades de desarrollo de cualquier producción vegetal. En consecuencia, la instalación del secadero de frutas y hortalizas fue descartada.

Llegados a este punto, los miembros del Grupo Cliope habían desarrollado los prototipos de lo que consideraban una serie de artefactos destinados a la solución de los problemas de acceso al agua y de disponibilidad de leña de los pobladores aislados del secano de Lavalle, pero no habían podido instalar ninguno en el lugar previsto para su empleo.

La imposibilidad de continuar con la experiencia en los términos en los que se venía desarrollando condujo al grupo de investigadores a efectuar una revisión de su estrategia de implementación. Con el objetivo de destacar algunos elementos relevantes respecto de las iniciativas de desarrollo de tecnologías orientadas a favorecer procesos de inclusión social, haremos una pausa aquí en el relato para analizar el desarrollo del proyecto durante esta fase.

Superando la noción de "fracaso". Análisis socio-técnico de un proyecto que no llegó al territorio

La elección de una perspectiva socio-técnica apunta a superar las limitaciones derivadas de los análisis usuales empleados hasta el momento para el estudio de esta clase de actividades. Un análisis determinista social de la experiencia llevaría a la conclusión de que la falta de coordinación entre los actores condujo al "fracaso" del emprendimiento; un análisis determinista tecnológico podría hacer foco en la ausencia de huertas para explicar el "fallido" secadero de frutas; un análisis en términos de "transferencia" sería imposible ya que, en "realidad", aún no habría sucedido. El análisis socio-técnico permite considerar de una manera simétrica los elementos heterogéneos vinculados en el desarrollo del proyecto y mostrar el modo en que los artefactos y los usuarios son parte de un proceso simultáneo de co-construcción.

En el inicio del proyecto, es posible identificar los elementos de una alianza socio-técnica que dio sustento al funcionamiento de los dispositivos solares. En primer lugar, el Grupo Cliope identifica como problema la situación de la población rural dispersa asentada en el secano de Lavalle. Desde su punto de vista, la falta de agua potable y de combustible para sus actividades cotidianas constituye una vulnerabilidad. Para superar los problemas de esta población, los investigadores obtienen el respaldo de una agencia de financiamiento (PNUD) y presentan un esquema de trabajo en el que el sol y una serie de artefactos construidos para aprovechar su energía se presentan como una solución adecuada.

El esquema de trabajo también involucra al Municipio de Lavalle, la DGE y las escuelas-albergue –a través de actividades de formación y cursos de autoconstrucción– y al LES-UNSL –que aporta conocimiento para el diseño, la construcción y el ensayo de los artefactos.

En la figura 1 se representa la alianza socio-técnica en ese momento inicial, en el que es posible afirmar que los dispositivos solares funcionan. La flexibilidad interpretativa es mínima; los artefactos son la solución para la falta de agua potable y de combustible de los pobladores del secano. La conformación del equipo de trabajo, el ensayo de los prototipos y los ajustes de diseño se van produciendo sin que las dificultades identificadas resulten un obstáculo para la continuidad del proyecto.

Figura 1. Desarrollo e instalación de dispositivos solares en el secano de Lavalle. Primera alianza socio-técnica

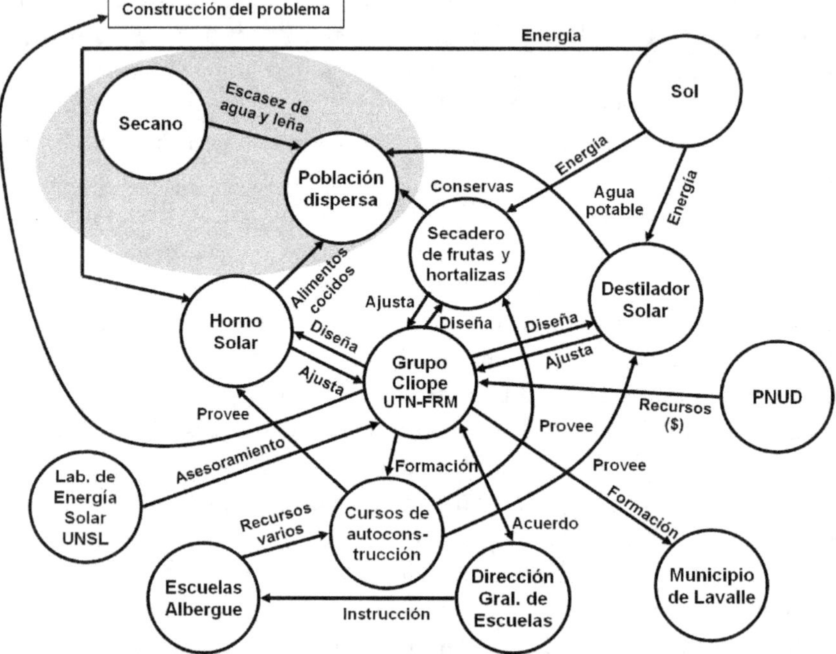

Fuente: elaboración propia.

Simultáneamente, el Grupo Cliope se constituye como especialista, poseedor del saber necesario para afrontar la tarea; el resto de las instituciones, en proveedoras de servicios específicos en el esquema de trabajo –conocimiento, financiamiento, etcétera– se subordinan la fuente de energía y el secano, y sus pobladores son elementos pasivos de la alianza.

Seis meses más tarde, la alianza está completamente desarticulada. Como se muestra en la figura 2, una serie de elementos decisivos no pudieron ser alineados y coordinados por el Grupo Cliope.

Figura 2. Desarrollo e instalación de dispositivos solares en el secano de Lavalle. Desarticulación de la primera alianza socio-técnica

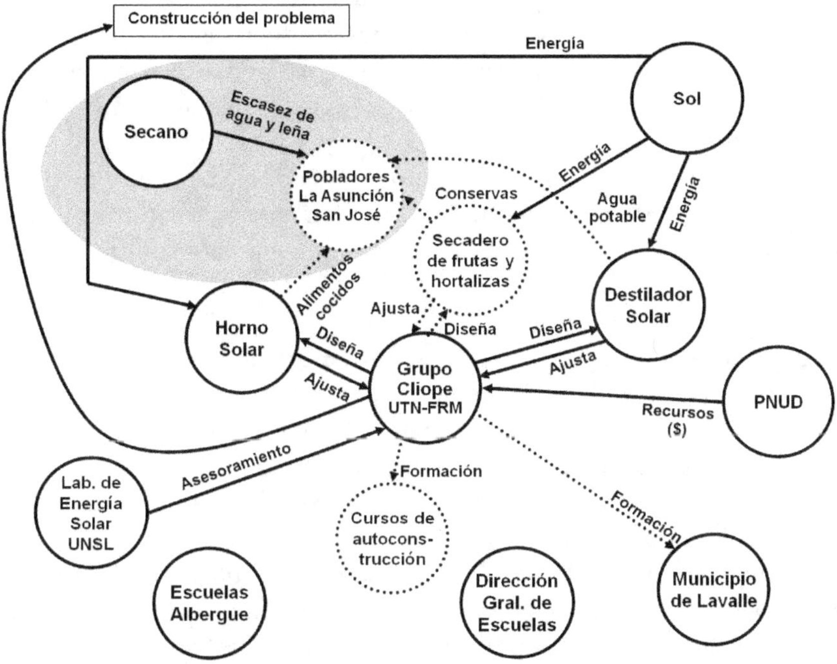

Fuente: elaboración propia.

La negativa de DGE para participar del proyecto, la imposibilidad de coordinar adecuadamente el trabajo con los técnicos municipales, la consecuente inviabilidad de los cursos de autoconstrucción, el rechazo de los pobladores de La Asunción y la inexistencia de huertas en los puestos del secano redujeron el trabajo a la construcción de un conjunto de artefactos que no eran percibidos por varios de los actores involucrados como una solución a las dificultades de acceso al agua potable y el combustible.

En este proceso, la construcción del no funcionamiento de los dispositivos solares puede atribuirse a una serie de razones derivadas del enfoque ofertista lineal de transferencia-difusión en el que se enmarcó el proyecto; construcción *a priori* de un par acotado problema puntual-solución técnica identificado por los investigadores, ensayo de los dispositivos y solución de problemas detectados exclusivamente por los investigadores (construcción de un usuario ideal), posición pasiva de los usuarios potenciales (independientemente de que en teoría se los involucraría), relativa prescindencia del escenario socioeconómico (falta de información sobre las actividades productivas), voluntarismo (al dar por descontado el interés de los usuarios potenciales por adoptar los dispositivos y la adhesión proactiva de las demás instituciones involucradas).

La condición de no funcionamiento de los artefactos no fue permanente. Ante la frustrada tentativa de implementación, los miembros del Grupo Cliope elaboraron una nueva estrategia para continuar con el proyecto.

Segunda fase del proyecto: marzo a septiembre de 2009
La estrategia planteada en la segunda fase se concentró en un trabajo directo con los pobladores abandonando los talleres de autoconstrucción, que requerían la mediación de otros actores. Los dispositivos iban a ser instalados en algunas viviendas para probarlos y seguir realizando ajustes (Grupo Cliope, 2010b).

Los responsables del proyecto decidieron identificar y elegir a los receptores de los artefactos con la colaboración de personal del INTA y del Programa Social Agropecuario (PSA), que ya estaban trabajando en la zona. El procedimiento se inició con la selección de la primera familia que adoptaría los dispositivos como banco de prueba y se la denominó "familia socia". A partir de los resultados obtenidos, se realizarían los ajustes necesarios para instalar nuevos dispositivos en otras localizaciones (Stanziola, 2010).

En el primer puesto instalaron un destilador y un horno, capacitaron a los pobladores en el uso de los dispositivos y establecieron una rutina completa de ensayos, mediciones, ajustes constructivos y de diseño, mantenimiento y limpieza. Para ello, el área de transferencia del Grupo Cliope elaboró una serie de instrumentos de seguimiento y medición: guías de entrevistas semidirigidas, registro de tiempos de cocción para los hornos y de volumen diario de agua obtenida para los destiladores.

Consolidado el trabajo en el primer puesto, los investigadores repitieron el procedimiento para elegir cinco nuevas familias socias. Los técnicos extensionistas que ya trabajaban en la zona realizaron la preselección, que fue confirmada por los responsables del grupo de investigación luego de una visita. En esta segunda etapa se instalaron un horno y un destilador en dos ubicaciones y se evaluó qué artefacto instalar en los siguientes tres puestos en función de la disponibilidad de agua y/o leña. En los tres casos se eligió ubicar solamente un destilador.

Esta última decisión puede haberse tomado, en parte, porque la preselección de los técnicos del INTA, el PSA y el municipio se basó en el mapa de necesidades del que disponían, que se reducía casi exclusivamente a las vinculadas al acceso al agua.[19]

En esta etapa del trabajo, el Grupo Cliope obtuvo la colaboración de la Secretaría de Ambiente provincial, que se incorporó al proyecto facilitando el uso de vehículos de doble tracción; este aporte fue especialmente significativo debido a las precarias características de los caminos de la zona. Con esta ayuda, el grupo de investigadores fue a los puestos rurales seleccionados, acordó con las familias socias el proceso de transferencia de los dispositivos y la capacitación para su uso, y reafirmó el compromiso de los usuarios de realizar una evaluación de su funcionamiento. La información de la operación de los dispositivos era entregada a los investigadores en sus visitas quincenales o mensuales. Como resultado del análisis de los registros de los datos de empleo, los miembros del Grupo Cliope identificaron diferentes problemas y realizaron ajustes en los dispositivos y procedimientos (Stanziola, 2010).

Por ejemplo, en el caso de los destiladores, algunos usuarios declararon haber experimentado problemas de salud cuyos síntomas eran compatibles con los de una intoxicación. Los análisis bacteriológicos de las muestras de agua tomadas en el dispositivo dieron como resultado la presencia una considerable cantidad de patógenos, por lo que los investigadores observaron detalladamente el procedimiento seguido por los usuarios en la operación del artefacto. Como concluyeron que la causa era la falta de medidas higiénicas tras el contacto de los campesinos con sus cabras, modificaron el sistema de almacenamiento para evitar que el agua destilada entrara en contacto con el suelo o con las manos (Zóttola, 2010).

Una situación particular se produjo en uno de los últimos tres puestos seleccionados cuando una familia socia no cumplió con el

---

[19] De hecho, en el año 2009 habían constituido la Mesa Intersectorial de Agua para generar un espacio de discusión y acción con relación a este problema.

compromiso de uso asumido con los investigadores del proyecto. Como en todos los casos, el contacto con la familia se había dado por sugerencia de técnicos extensionistas de la zona. El agua que consumían en el puesto se obtenía de una pequeña laguna ubicada a más de 600 metros a la que se accedía por un camino que con frecuencia resultaba intransitable. Esta situación había sido percibida por los técnicos del proyecto, que suministraron un carro para facilitar el traslado del agua hasta el puesto (Benito, 2010).

Además de establecer el compromiso de recolección de datos, en la capacitación para el uso del destilador, los investigadores instruían a las familias socias para que mantuvieran el destilador siempre cargado para asegurar su operatividad y condiciones de conservación. Sin embargo, durante la segunda visita que realizaron al puesto, encontraron que el dispositivo era poco utilizado. A la consulta de los técnicos, la jefa de familia expresó que no había logrado acostumbrarse al sabor a plástico del agua y que dudaba de su calidad (Zóttola, 2010). En una visita posterior, comprobaron que las condiciones de uso y mantenimiento del destilador no se habían alterado. La solución que se adoptó frente a este problema fue acordar con los usuarios el retiro del dispositivo y su reubicación en otro puesto (Grupo Cliope, 2010b).

De este modo, a casi un año de iniciado el proyecto, el Grupo Cliope había conseguido instalar un número limitado de dispositivos en el secano y realizar ajustes de diseño sobre la base de la información aportada por los usuarios. A pesar de este progreso relativo, los investigadores consideraron que la colaboración de los técnicos del INTA y el PSA podía resultar un obstáculo para ampliar la experiencia. En la selección de familias socias se imponían los criterios de estos técnicos, que consideraban el acceso al agua como problema excluyente y generaban una dinámica de adopción sesgada a los destiladores en detrimento de los hornos. El grupo de investigación decidió replantear entonces su estrategia a partir de una sugerencia del secretario de Ambiente de la provincia (Zóttola, 2010).

Detendremos nuevamente el relato por un momento para continuar con el análisis de la iniciativa. En esta fase, veremos el modo en que se reconfiguró una alianza socio-técnica en torno a los dispositivos solares que permitió la realización de las pruebas a campo y que sería reorientada para extender el alcance del proyecto.

El funcionamiento debe reconstruirse en forma permanente.
Las restricciones de una alianza socio-técnica débil
En la segunda fase del proyecto, es posible identificar la incorporación de nuevos elementos en la alianza socio-técnica que dio sustento a la instalación y operación inicial de los dispositivos solares en los puestos del secano. Además de los elementos que permanecían vinculados desde el comienzo de la experiencia, el PNUD y el sol; gracias a una serie de negociaciones y acuerdos, el Grupo Cliope consiguió integrar a los técnicos del INTA y el PSA, gestionar el apoyo de la Secretaría de Ambiente provincial, recomponer la relación con el gobierno municipal (cuyos técnicos también comenzaron a colaborar) y concretar la participación de los usuarios.

La alianza ganó estabilidad por la convergencia de significados positivos respecto al funcionamiento de los dispositivos como soluciones apropiadas para el suministro de agua potable y el ahorro de leña e incidió positivamente en el proceso de adopción de los artefactos. En la figura 3 se presenta la estructura de la alianza socio-técnica al promediar la segunda fase.

El involucramiento de los técnicos facilitó el contacto con los usuarios y la instalación efectiva de los dispositivos permitió un cierto grado de realimentación del proceso; los investigadores pudieron contar con indicadores de empleo y realizaron ajustes en el diseño.

Sin embargo, la participación de los usuarios se limitó al registro de los parámetros de uso y su comunicación a los especialistas. En términos de construcción de problemas, el aumento en el número de actores que participaron no incidió en el enfoque empleado, la visión ofertista y lineal aparece como compartida por los técnicos de las diferentes instituciones y los miembros del Grupo Cliope. A pesar de mostrar una sensibilidad especial en el trabajo de campo, las respuestas que tuvieron frente a los problemas que identificaban no variaban de la que podía asumir un ingeniero normal en cualquier contexto similar. Por ejemplo, cuando se detectaron patógenos en la muestra de agua destilada, la solución resultó meramente técnica: implementaron un nuevo sistema de almacenamiento del agua y colocaron un soporte para ubicar el nuevo tipo de bidón.

La estabilidad alcanzada por esta alianza sufrió un debilitamiento relativo en el momento en el que el Grupo Cliope percibió como un indicador negativo el hecho de que las últimas tres familias socias integradas al proyecto no se interesaron en adoptar hornos solares. Para los investigadores, el hecho de que la preselección de los usuarios por parte de los técnicos del INTA y el PSA se basara principalmente en una concepción del problema restringida al abastecimiento de agua, representaba una limitación para la finalidad del proyecto que abarcaba el suministro tanto de destiladores como de hornos. Tal como se representa en la figura 4, esta situación disminuyó el nivel de alineación de los técnicos.

Figura 3. Desarrollo e instalación de dispositivos solares en el secano de Lavalle. Segunda alianza socio-técnica

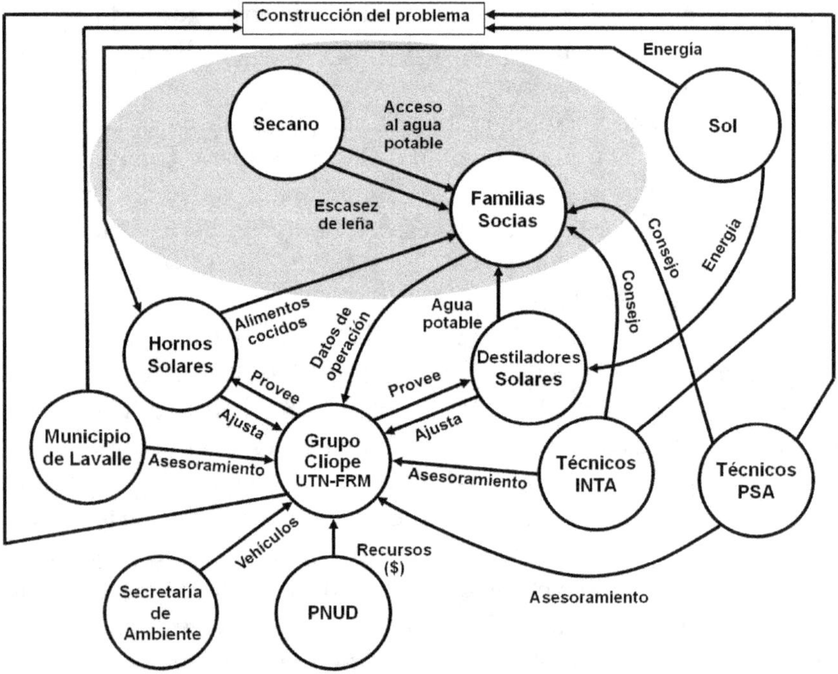

Fuente: elaboración propia.

Cuando se contempló la ampliación de la experiencia con la instalación de un nuevo grupo de diez destiladores y hornos, el grupo de investigación decidió replantear su estrategia.

Tercera fase del proyecto: a partir de septiembre de 2009
Tras conseguir instalar los primeros dispositivos en Lavalle, los miembros del Grupo Cliope evaluaron que las posibilidades de

ampliación de la experiencia estaban limitadas. La alternativa para continuar surgió de los intercambios periódicos que realizaban con la Secretaría de Ambiente de Mendoza, que participaba del proyecto aportando movilidad para los investigadores. El secretario les sugirió contactar a las autoridades de las once comunidades huarpe asentadas en la zona del secano de Lavalle para incorporarlas a la experiencia y concretar la instalación de otros diez destiladores y diez hornos.

Figura 4. Desarrollo e instalación de dispositivos solares en el secano de Lavalle. Desarticulación parcial de la segunda alianza socio-técnica

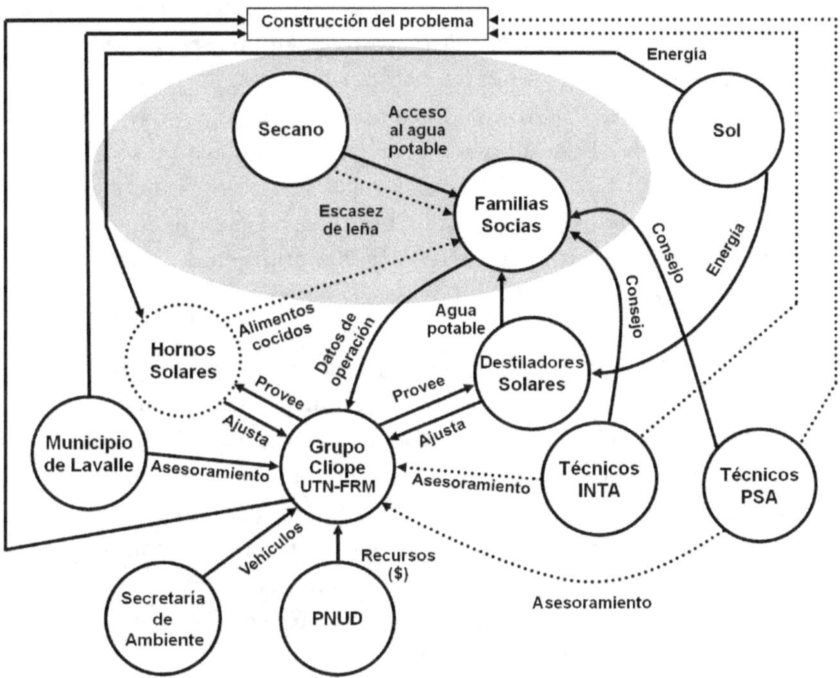

Fuente: elaboración propia.

Hasta ese momento, la condición étnica de los usuarios no había resultado relevante para los investigadores en el establecimiento de sus contactos con los pobladores de Lavalle. A partir de la decisión de contactar a sus autoridades, tal característica cobró una importancia inesperada.

La problemática huarpe

La gran mayoría de la población rural del departamento Lavalle se autorreconoce como huarpe, es decir, se consideran descendientes de los agricultores sedentarios que hasta la llegada de los españoles habitaban la actual región de Cuyo y que la historiografía oficial consideraba extintos desde comienzos del siglo XIX.

Los conquistadores explotaron al pueblo huarpe como mano de obra en las minas y haciendas que instalaron desde su llegada a la región. Esta situación generó conflictos, como la rebelión de 1684, que fueron mermando la población originaria. Comenzaron las persecuciones y, aparentemente, la población remanente buscó refugio en regiones periféricas como la zona del actual departamento Lavalle. La virtual desaparición de los huarpe estuvo también relacionada con el hecho de que sus descendientes ocultaron su origen para evitar así nuevas persecuciones (Bustos, 2003, p. 6).

Esta situación recién comenzó a revertirse en la década de 1990. En el artículo 75 inciso 17 de la Constitución Nacional sancionada en 1994 se indica como responsabilidad del Congreso Nacional "reconocer la preexistencia étnica y cultural de los pueblos indígenas argentinos" y garantizar una serie de derechos:

> respeto a su identidad y el derecho a una educación bilingüe e intercultural; reconocer la personería jurídica de sus comunidades, y la posesión y propiedad comunitarias de las tierras que tradicionalmente ocupan; y regular la entrega de otras aptas y suficientes para el desarrollo humano; ninguna de ellas será enajenable, transmisible ni susceptible de gravámenes o embargos. Asegurar su participación en la gestión referida a sus recursos naturales y a los demás intereses que los afecten (Constitución de la Nación Argentina, 2006[1994], p. 24).

Con la sanción de la norma, los gobiernos provincial y municipal tuvieron que ajustar la legislación jurisdiccional correspondiente a lo establecido en la Carta Magna.

A partir de esa fecha, y con la nueva oportunidad que la reforma constitucional les brindaba, los pobladores huarpe de Lavalle iniciaron una lucha orientada al reconocimiento de su identidad étnica y, con ella, de sus derechos sobre las tierras que ocupaban. Entre los años 1998 y 1999 se conformaron once comunidades, inscriptas en el Registro Nacional de Comunidades Indígenas (RENACI) del Instituto Nacional de Asuntos Indígenas (INAI) y reconocidas por el Congreso Nacional (Katzer, 2009).

Las comunidades indígenas fueron asimiladas bajo la figura legal de asociaciones civiles, de modo que su organización está regida por la ley de cooperativas y los directivos son elegidos por los socios miembros. La máxima autoridad es el presidente, que cumple las funciones que antiguamente ejercían los jefes.

El mantenimiento de la condición legal de existencia de las comunidades y de su capacidad para ejercer los derechos asociados depende de la constatación regular por parte del INAI de que persisten las condiciones de su reconocimiento. Esto significa que el estatus de la comunidad se mantiene en tanto las familias que la integran continúan habitando las tierras que declararon ocupar y no expresan su intención de abandonarlas (HCN, 1985). Por lo tanto, mantener las comunidades unidas y asentadas en su territorio implica atender sus necesidades materiales, tarea clave para los presidentes.

En este escenario, los investigadores comenzaron las tratativas para reunirse con las autoridades huarpe. Cuando por fin lograron acordar un encuentro, los presidentes cuestionaron la metodología que el Grupo Cliope había llevado adelante hasta ese momento porque habían instalado los dispositivos en puestos pertenecientes a familias miembros de sus comunidades sin haber consultado previamente con ellos (Zóttola, 2010). De este modo, la intención original de involucrar a las autoridades huarpe en el proyecto estuvo a punto de fracasar. Sin embargo, tres de los presidentes mostraron interés en trabajar con el grupo de investigación.

La instalación de dispositivos como tarea compartida.
Incorporación de los usuarios

Antes de aceptar la invitación para integrarse el proyecto, las autoridades de las comunidades evaluaron la propuesta del Grupo Cliope en diversos niveles. Por ejemplo, tomaron en consideración si el uso de artefactos como los suministrados resultaba compatible con la cosmovisión de su pueblo y su cultura. En este sentido, el empleo de energía solar fue considerado un valor positivo.

Finalmente, llegaron a un acuerdo en virtud del cual los presidentes predefinieron usuarios de acuerdo a sus necesidades socioambientales, pero fundamentalmente a su capacidad de trabajo y asociatividad en función de las tareas que se iban a emprender (Grupo Cliope, 2010b).

Además del cambio en la estrategia de implementación, la participación de los presidentes de las comunidades huarpe derivó en un traslado del espacio de acción del proyecto. A la comunidad de San José se sumaron las de El Cavadito y El Retiro, ubicadas en una zona de suelos arenosos donde es impracticable el empleo de camiones cisterna, una solución viable para el abastecimiento de agua en otras localidades.

Además del proceso de preselección de los puestos, las autoridades huarpe participaron muy activamente en el proceso de adopción de los dispositivos. En este sentido, el presidente de la comunidad de San José colaboró en la redacción de un documento formal de comodato para los artefactos que apunta a promover su uso correcto. Por otra parte, los usuarios participaron en la confección de un recetario para los hornos, que comprende una serie de preparaciones tradicionales (Stanziola, 2010).

Sobre el fin del año 2010, la instalación de los artefactos había concluido de acuerdo con lo previsto, asimismo, los presidentes de las comunidades se mostraron especialmente interesados en extender la experiencia más allá de la culminación del proyecto.

El análisis de la tercera fase del proyecto muestra que finalmente se concretó la instalación de los dispositivos en virtud de la incorporación de nuevos actores y la resignificación de una serie de elementos que transformaron y fortalecieron la alianza socio-técnica preexistente.

Más elementos, resignificaciones y relaciones más fuertes. El fortalecimiento de la alianza socio-técnica

El elemento más saliente de la constitución de la alianza socio-técnica en la tercera fase es la participación de los usuarios en la definición del problema. La integración de las comunidades huarpe amplió lo que se había estado tratando como un problema puntual –disponibilidad de recursos básicos– en una problemática sistémica; asegurar condiciones viables para la permanencia de los pobladores en sus territorios ancestrales.

La figura 5 presenta la configuración de la alianza; allí se observa que la resignificación de elementos se da en múltiples niveles. Por una parte, el espacio físico deja de estar definido de manera abstracta por sus características geoclimáticas y, a la vez, sus habitantes adquieren

un estatus diferente. Ya no se trata del secano –característica compartida con otros espacios similares–, sino del territorio de las comunidades
huarpe; ya no se perciben meros pobladores aislados, sino representantes de una etnia específica, portadores de conocimientos y cultura que
entran en interacción con los artefactos.

Figura 5. Desarrollo e instalación de dispositivos solares en el secano de
Lavalle. Tercera alianza socio-técnica

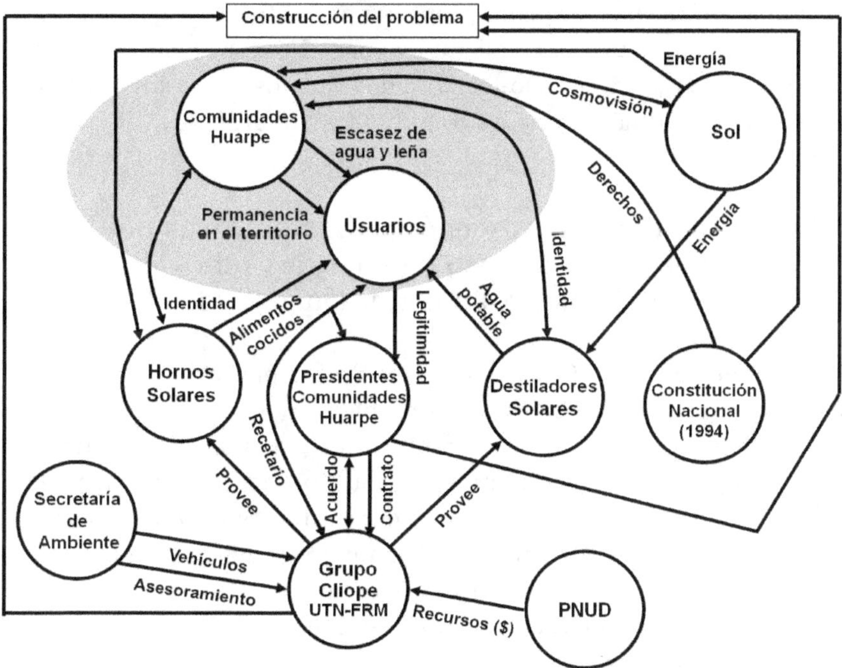

Fuente: elaboración propia.

Como consecuencia, los dispositivos también se transforman. En la
medida en que son adoptados y utilizados adquieren una identidad
diferente, proveen agua potable y alimentos cocidos, pero también se
integran a las estrategias de supervivencia de las comunidades huarpe
de Lavalle, los ayudan a continuar siendo huarpe y, al mismo tiempo,
devienen huarpe.

Por su parte, los presidentes colaboran con los investigadores en la
planificación de prioridades y necesidades facilitando el ajuste de la

metodología de intervención a las prácticas culturales propias de sus poblaciones y, a su vez, fortalecen su posición de liderazgo ante sus comunidades. Los dispositivos solares les proveen legitimidad, funcionan como manifestación concreta del interés de los presidentes por encontrar soluciones a los problemas de la población.

La mayor estabilidad de la alianza se explica, entonces, por el incremento en la calidad y direccionalidad de las interacciones; ya no se trata de la intervención paliativa de un grupo de especialistas que proveen una solución técnica a un problema definido exclusivamente por los poseedores de un conocimiento experto. Lo que se observa es un proceso de adecuación socio-técnica en el que los dispositivos solares se integran a la dinámica de las comunidades huarpe.

Elementos para una revisión de las políticas públicas de promoción del uso de energías renovables para el desarrollo con inclusión social

La revisión de las políticas públicas y de los proyectos más recientes orientados a la solución de los problemas de acceso a la energía por parte de poblaciones vulnerables muestra una clara distinción entre las medidas que apuntan a una multiplicación de la capacidad de generación de energía para alimentar el sistema interconectado –y por ende, que se concentran en el suministro a los centros urbanos– y aquellas que se focalizan en la provisión del servicio eléctrico a quienes se encuentran fuera del tendido existente, sea en el ámbito rural o en ubicaciones dispersas.

En ambos casos, desde el Estado nacional se ha prestado atención al empleo de fuentes renovables de energía a través de la implementación de planes de estímulo para el suministro a gran escala y de programas específicos para la solución del acceso en localizaciones aisladas. Asimismo, se dispone de capacidades acumuladas en el sistema científico-tecnológico en una trayectoria de más de tres décadas de desarrollo local de conocimiento y un creciente sector industrial dedicado a la producción y/o comercialización de sistemas de generación de energía de fuentes renovables.

Este conjunto de elementos debería poder articularse para favorecer el progresivo reemplazo de las soluciones de efecto inmediato orientadas a garantizar el acceso de la población a los servicios energéticos, basadas fundamentalmente en el subsidio al consumo.

Existen posibilidades y necesidades concretas de aumentar la producción de energías renovables en el mediano y largo plazo apuntando simultáneamente a disminuir la dependencia de los combustibles fósiles, a generar nuevas dinámicas de desarrollo basadas en la utilización de fuentes alternativas y a solucionar los problemas de acceso de la totalidad de la población.

Sin embargo, estas iniciativas deberían estar guiadas por una visión renovada del modo en que se concibe la relación entre la producción de tecnologías y los procesos de cambio social. En el presente capítulo se han presentado las limitaciones de los abordajes usuales que orientan el diseño de las políticas públicas, de las soluciones tecnológicas propuestas y de las intervenciones concretas que se llevan a cabo para la provisión de energía.

En el caso particular de las ubicaciones aisladas, a través de un análisis socio-técnico se pusieron de manifiesto las restricciones de las experiencias que se formulan como una solución puntual para un problema planteado *a priori* y de manera acotada como de mera disponibilidad del recurso energético. Iniciativas de política como el PERMER se desarrollan y aplican como un paliativo cuyo objetivo principal es que todos los habitantes del país accedan a la energía eléctrica. No sólo no se consideran otras necesidades energéticas de la población, como la calefacción o la cocción de alimentos, sino que tampoco se contemplan las necesidades energéticas vinculadas a las actividades cotidianas o productivas.

La problemática de la energía se integra en un marco complejo que abarca el conjunto de la vida social; en consecuencia, requiere el desarrollo de soluciones sistémicas, soluciones que sólo pueden construirse a partir de una definición colectiva e integral de los problemas. La visión de los usuarios, su concepción de lo que consideran una solución adecuada a sus necesidades, tiene que tomarse en cuenta desde el inicio de los procesos de diseño de las tecnologías.

Se ha demostrado que el desarrollo de tecnologías se sustenta en la conformación, ampliación y renovación permanente de alianzas socio-técnicas. Considerando que estas alianzas son, hasta cierto punto, planificables en la construcción de las problemáticas así como en el desarrollo, fabricación, implementación y evaluación de las tecnologías propuestas como solución, sería posible tener en cuenta la identificación de las alianzas existentes –potencialmente favorables u opuestas– y la consideración estratégica de los elementos que convendría integrar a la alianza que se desea establecer para favorecer el éxito de los emprendimientos.

Para las instituciones de I+D, por su parte, existe el desafío de superar las visiones ofertistas de transferencia-difusión, que continúan permeando las estrategias de investigación y de intervención en el territorio. El relevamiento presentado en este capítulo demuestra que hay una considerable acumulación de capacidades científico-tecnológicas en casi todas las regiones del país. Que en la mayoría de los casos el conocimiento generado continúe circulando exclusivamente en el ámbito académico demuestra que la teoría del derrame o de la tracción por la demanda no son modelos adecuados para planificar el desarrollo.

Es necesario también abandonar los comportamientos imitativos; el desarrollo de tecnologías es un fenómeno local y acumulativo (en el sentido que requiere la reconstrucción permanente de su funcionamiento a través de la integración de elementos a una alianza socio-técnica estable). Como se mostró en el caso de la experiencia de Lavalle, los responsables del proyecto buscaron reproducir el modelo empleado en un caso similar llevado a cabo en una región de secano de la misma provincia de Mendoza. Las dificultades que surgieron durante esa fase del proyecto evidencian que la imposibilidad de la transferencia no se restringe a situaciones distantes en el espacio o el tiempo.

Otro obstáculo que se debe superar es la consideración habitual respecto de las características de los artefactos o sistemas diseñados para la resolución de situaciones de exclusión. Es frecuente que se considere *a priori* que las soluciones tecnológicas deben ser simples y económicas. En esta noción subyace la imagen de un usuario potencial con escasa instrucción y recursos limitados.

En este sentido, como se plantea en este apartado, el papel que deben jugar los usuarios en la definición de los problemas y en la construcción de las soluciones resulta fundamental. Reconocer que la población es portadora de conocimientos y experiencia implicaría dejar de establecer de antemano cuáles son sus necesidades y, por otra parte, su participación debería poder trascender el plano del mero registro o la formulación de un reclamo. Este proceso resulta complejo y requiere grandes esfuerzos en la producción de nuevo conocimiento.

En consecuencia, para conocer el modo de operar en este nuevo escenario, los recursos humanos del sector científico-tecnológico tendrán también que desarrollar sus capacidades para negociar sus saberes en relación con el conocimiento consuetudinario. La integración temprana de los usuarios en el proceso de diseño, producción e implementación de tecnologías representa una herramienta útil para disminuir la ocurrencia de "fracasos", la discontinuidad de las experiencias y la aparición de efectos no deseados. Así, se logrará también que los recursos asignados a la solución de problemas de exclusión obtengan resultados más fructíferos y perdurables.

Por último, es necesario disponer de un registro, tan exhaustivo como fuera posible, de las iniciativas de desarrollo de tecnologías para la producción de energía de fuentes renovables con la finalidad de contar con los insumos indispensables para diseñar políticas que acompañen los procesos actualmente dispersos y aislados generando, por ejemplo, legislación *ad-hoc* para las experiencias que por su pequeña escala tienen dificultades para ajustarse a las normativas generales.

Pero estas consideraciones no se limitan al caso de las ubicaciones aisladas; en los espacios que actualmente disponen de acceso regular a los servicios energéticos es posible orientar el desarrollo de nuevas actividades productivas en función de la generación y empleo de energías renovables. De este modo, se podría ampliar la capacidad de producción de artefactos y sistemas eólicos, solares, hidráulicos o biomásicos así como impulsar el crecimiento de los circuitos productivos que encuentran limitaciones por la dependencia de los combustibles fósiles.

Por ello, sería conveniente considerar las estrategias de desarrollo basadas en Sistemas Tecnológicos Sociales como sustento de políticas públicas activas orientadas a superar los problemas de acceso a la energía del conjunto de la población, con una distribución más racional y sustentable de los recursos para mejorar las condiciones de vida de todos los ciudadanos.

Referencias bibliográficas

Arena, A. P., Albornoz, A. V. y Herrerías, A., 2005, "Transferencia de tecnologías para el aprovechamiento de energías renovables hacia comunidades urbano- marginales", en *Proyecto Leonardo. Revista de Ciencia y Tecnología*, UTN-FRM, vol. 1, n° 2.

Bello, C., Busso, A., Vera, L. y Cadena, C., 2011, "Demanda energética en una escuela rural equipada con un sistema fotovoltaico autónomo: un caso de estudio en la provincia de Corrientes", en *Avances en Energías Renovables y Medio Ambiente*, vol. 15, pp. 04.59-04.64.

Bello, C., Vera, L. y Busso, A., 2009, "Sistemas fotovoltaicos en escuelas rurales: el caso de la provincia de Corrientes, Argentina", ponencia presentada en las I Jornadas Interdisciplinarias del Instituto de Matemática de la Facultad de Ingeniería, Facultad de Ingeniería, Universidad Nacional del Nordeste, Resistencia, 3 al 5 de diciembre. Disponible en http://ing.unne.edu.ar/imate/jornadasint/pub/t11.pdf (fecha de acceso: 8 de junio de 2011).

Belmonte, S., Franco, J., Viramonte, V. y Núñez, V., 2009, "Integración de las energías renovables en procesos de ordenamiento territorial, en *Avances en Energías Renovables y Medio Ambiente*, vol. 13, pp. 7.41-7.48.

Bravo, V. y otros, 2005, "RETs I Final Report on Renewable Energy Technologies in Argentina", Mendoza: Fundación Bariloche.

Busso, A. y Aeberhard, A., 1999a, "Calefón solar de bajo costo con colector plástico plano construido en parte con elementos de descarte: primeros resultados experimentales", en *Avances en Energías Renovables y Medio Ambiente*, vol. 3, tomo I.

————, 1999b, "Calefón solar de bajo costo con colector plástico plano construido en parte con elementos de descarte: perspectiva económica", en *Avances en Energías Renovables y Medio Ambiente*, vol. 3, tomo I.

Bustos, R. M., 2003, "La dimensión política de la identidad y los conflictos sociales. El movimiento social indígena huarpe de Mendoza", en *Revista Confluencia*, año 1, n° 1, pp. 185-194.

Cadena, C., 2006, "¿Electrificación o energización? mediante energías alternativas en zonas rurales", en *Avances en Energías Renovables y Medio Ambiente*, vol. 10, pp. 4.83-4.90.

Cadena, C. y otros, 2004, "Transferencia de equipos que funcionan con energía solar en el departamento de Iruya", en *Avances en Energías Renovables y Medio Ambiente*, vol. 8, n° 2, pp. 10.25-10-29.

CIPAF, 2009, "Energías renovables para el desarrollo rural", Buenos Aires: Centro de Investigación y Desarrollo Tecnológico para la Pequeña Agricultura Familiar, INTA.

Condorí, M., Echazú, R. y Saravia, L., 2006, "Secador solar indirecto con flujo de aire forzado para Huacalera, Quebrada de Humahuaca", en *Avances en Energías Renovables y Medio Ambiente*, vol. 10, pp. 2.47-2.54.

Constitución de la Nación Argentina, 2006[1994], Buenos Aires: Valletta Ediciones.

Cyrulies, E. y otros, 2011, "Refrigeradores solares en el noroeste de Córdoba 'un proyecto con capacidad de desarrollo local'", *Avances en Energías Renovables y Medio Ambiente*, vol. 15, pp. 12.17.-12.24.

Dickenson, J. P., 1996, *A Geography of the Third World*, Londres: Routledge.

Esteves, A., Buenanueva, F., Cavagnaro, L. y Miralles, P., 2006, "Horno solar con ganancia superior e inferior. Evaluación del rendimiento térmico", en *Avances en Energías Renovables y Medio Ambiente*, vol. 10, pp. 3.77-3.82.

Esteves, A., Pattini, A., Mesa, A. y Ferrón, L., 1998, "Taller comunitario para armado de cocinas solares de cubierta horizontal", en *Avances en Energías Renovables y Medio Ambiente*, vol. 2, n° 1.

Fasulo, A., Esteban, C., Odicino, L. y Follari, J., 2006, "Pequeña planta experimental de destilación solar", en *Avances en Energías Renovables y Medio Ambiente*, vol. 10, pp. 3.61-3.68.

Flores Marco, N., Anschau, R. A., Carballo, S. y Hilbert, J., 2008, "Bioenergía como vehículo de valoración de las cadenas agroforestoindustriales regionales, para el desarrollo de las comunidades locales. Perspectivas de desarrollo con criterios de sustentabilidad ecológica, social y económica", Biblioteca Virtual NTIC's, INTA.

Follari, J. y Fasulo, A., 1998, "Veinte años con los calefones solares argentinos", en *Energías Renovables y Medio Ambiente*, vol. 5, pp. 1-6.

Franco, J. y otros, 2004, "Aplicación de un condensador tipo Fresnel para pasteurizar leche de cabra", en *Avances en Energías Renovables y Medio Ambiente*, vol. 8, n° 1, pp. 3.19-3.24.

Fundación Bariloche, 2009, "Energías renovables. Diagnóstico, barreras y propuestas", Bariloche: REEP-Secretaría de Energía-FB.

Garrido, S. y Lalouf, A., 2012, "The Socio-technical Alliance. Bringing New Tools to the Design of Policies Aimed to Promote Social Inclusion", en *Review of Policy Research*, vol. 29, n° 6, pp. 733-751.

GERSolar, 2006, "Informe final, 2005-2006. Proyecto: energización sustentable en comunidades rurales aisladas con fines productivos (SEDI/AECI/AE 204/04)", Luján: UNLu.

GITEA, 1999, "Secado solar de productos alimenticios del monte chaqueño. Informe final", Resistencia: UTN.

González, A. y Crivelli, E., 2008, "Uso de cocinas solares en las condiciones climáticas de Bariloche: resultados en primavera y verano", en *Avances en Energías Renovables y Medio Ambiente*, vol. 12, pp. 3.23-3.30.

Grupo Cliope – UTN-FRM, 2010a, "Informe de artefactos. Juicio de expertos", Mendoza: (mimeo).

————, 2010b, "Informe transferencia. Juicio de expertos", Mendoza: (mimeo).

Hayes, D., 1978, "Priorities for the Third World", en *Bulletin of the Atomic Scientists*, vol. 34, n° 6, pp. 9-10.

HCN (Honorable Congreso de la Nación), 1985, Ley 23.302. Política indígena y apoyo a las comunidades aborígenes, *Boletín Oficial*, 12 de noviembre de 1985.

INDEC, 2010a, "Total del país. Hogares por tipo de vivienda, según tenencia de electricidad, en Censo Nacional de Población, Hogares y Viviendas año 2010". Disponible en http://www.censo2010.indec.gov.ar/resultadosdefinitivos_totalpais.asp (fecha de acceso: 9 de agosto de 2012)

————, 2010b, "Viviendas particulares por tipo de vivienda, según combustible utilizado principalmente para cocinar, en Censo Nacional de Población, Hogares y Viviendas año 2010". Disponible en http://www.censo2010.indec.gov.ar/resultados-definitivos_totalpais.asp (fecha de acceso: 9 de agosto de 2012)

INENCO, 2007, "Energización sustentable en comunidades rurales aisladas con fines productivos proyecto regional (SEDI/AICD/AE 204/03). Argentina, Chile, Paraguay, Perú y Uruguay", Salta: INENCO.

INTI, 2012, "Energía solar: mejoró la oferta local de colectores", en *E-Renova*. Disponible en http://www.inti.gob.ar/e-renova/erSO/index.html (fecha de acceso: 16 de abril de 2012).

Katzer, L., 2009, "Razón gubernamental, Estado provincial y mecanismos de capitalización de las identificaciones y praxis huarpes en Mendoza, República Argentina", en RAM 2009, Reunión de Antropología del Mercosur, Diversidad y Poder en América Latina, Buenos Aires, 29 de septiembre al 2 de octubre.

Kozulj, R., 2011, "Energía y pobreza. Un análisis de nexos complejos", en *Voces en el Fénix*, año 2, n° 10, pp. 108-115.

Laboratorio TANDAR, 2001, "Departamento Energía Solar de la CNEA". Disponible en http://www.tandar.cnea.gov.ar/grupos/solar/sol_hpg.html (fecha de acceso: 14 de marzo de 2012).

Lara, M. A., Cortés, A., Gaspar, R. y Piacentini, R., 1978, "Secado solar de granos", trabajo presentado en la IV Reunión de Trabajo de ASADES, La Plata, 31 de julio al 3 de agosto.

Laría, P., Rama, V. y Cabezas, S., 2010, "Innovación y energía eólica en el norte de la Patagonia. Sistema regional y clúster para el desarrollo sustentable", ponencia presentada en las VIII Jornadas ESOCITE, Buenos Aires, 20 al 23 de julio.

Lezcano, M. Á. y Sarasola, M., 2009, "Generación de energía y aprovechamiento de los residuos de la industria maderera", en *Sumario CINNTEC, Revista Digital de Innovación*, año 2, n° 7.

Mattio, H., Bonati, A. y Cirelli, H., 1993, "Parque eólico Río Mayo, Chubut-Argentina. Segundo año de operación", CREE, Rawson.

Ministerio de Economía, 2010, PERMER. Disponible en http://www.mecon.gov.ar/peconomica/basehome/dnpoic/7617_ar.pdf (fecha de acceso: 26 de septiembre de 2011).

Müller, C., 2004, "Aprovechamiento de la energía solar para el mejoramiento de las condiciones de vida en el altiplano argentino", en *Proyectos de aprovechamiento de energía solar*. Disponible en http://www.hc-solar.de/Argentina%202003.pdf (fecha de acceso: 30 de mayo de 2010).

Pedace, R. y Barney, E., 2007, "Escenario de alta utilización de biomasa en Misiones: competencia y complementariedad con la penetración de H_2", Segundo Congreso Nacional, Primer Congreso Iberoamericano: Hidrógeno y fuentes sustentables de energía, HYFUSEN 2007, Posadas, 12 al 15 de junio.

PERMER, 2009, "Proyecto de energías renovables en mercados rurales". Disponible en https://www.se.gob.ar/permer/PERMER.html (fecha de acceso: 26 de septiembre de 2011).

Raichijk, C., Grossi Gallegos, H. y Righini, R., 2008, "Cartas preliminares de irradiación directa para Argentina", en *Avances en Energías Renovables y Medio Ambiente*, vol. 12, pp. 11.01-11.07.

REN21, 2010, "Renewable Energy Policy Network for the 21st Century", Página Web. Disponible en http://www.ren21.net/ (fecha de acceso: 4 de noviembre de 2010).

Righini, R., Grossi Gallegos, H.y Raichijk, C., 2004, "Trazado de nuevas cartas de irradiación solar global para Argentina a partir de horas de brillo solar", en *Energías Renovables y Medio Ambiente*, vol. 14, pp. 23-31.

Rudolph, L. y Lenth, C., 1978, "Energy Options: Changing Views from India", en *Bulletin of the Atomic Scientists*, vol. 34, n° 6, pp. 6-9.

Russo, V., 2009, "Proyecto de Energías Renovables en Mercados Rurales (PERMER)", en *Petrotecnia*, año L, n° 4, pp. 40-46.

Samson, I., Echarri, R. y El Hasi, C., 2008, "Prototipo a pequeña escala de una nevera solar: primeros resultados", en *Ciencia y Sociedad*, vol. XXXIII, n° 2, pp. 237-245.

San Juan, G. y otros, 2007, "Curso teórico-práctico de colectores solares de bajo costo. Capacitación a capacitadores: grupo de productores del parque Pereyra Iraola", en *Avances en Energías Renovables y Medio Ambiente*, vol. 11, pp. 10.31-10.38.

Saravia, L., 2007, "La energía solar en la Argentina", en *Petrotecnia*, año XLVIII, n° 2, pp. 56-65.

Secretaría de Energía de la Nación, 2012, PERMER. Avance del proyecto. Disponible en https://www.se.gob.ar/contenidos/archivos/permer/avance_del_proyecto.pdf (fecha de acceso 12 de mayo de 2013).

Smils, V., 1977, "Intermediate Energy Technology in China", en *Bulletin of the Atomic Scientists*, vol. 33, n° 2, pp. 25-31.

Sogari, N., Reuss, M. y Busso, A., 2000, "Diseño de un biodigestor para obtener metano utilizando excremento de vacas y cerdos en la escuela agrotécnica de la UNNE", comunicación presentada en la XXIII Reunión de ASADES, Resistencia, 24 al 27 de octubre.

Torres, L. Ma., 2008, "Hilos de agua, lazos de sangre: enfrentando la escasez en el desierto de Lavalle (Mendoza, Argentina)", en *Ecosistemas. Revista Científica de Ecología y Medio Ambiente*, vol. 17, n° 1, pp. 46-59.

Entrevistas

Benito, Andrés, 2010, Becario del proyecto de investigación del Grupo Cliope (UTN-FRM) en Lavalle, entrevista realizada el 15 de abril de 2010, Mendoza.

Stanziola, María Marta, 2010, Investigadora del proyecto de investigación del Grupo Cliope (UTN-FRM) en Lavalle, entrevista realizada el 15 de abril de 2010, Mendoza.

Zóttola, Neli, 2010, Responsable del área de transferencia del Grupo Cliope (UTN-FRM), entrevista realizada el 15 de abril de 2010, Godoy Cruz.

PAULA JUAREZ

4 | Del granero del mundo a la huerta: aprendizajes de política tecnológica para la soberanía alimentaria en la Argentina (2001-2012)

Miriam Vilcay es promotora del Programa Nacional ProHuerta y vive en una modesta casa con su esposo y su pequeño hijo en el norte cordobés. Junto a otras 42 familias dice compartir el espíritu del monte y "el ser campesino".

Hace casi dos años que no llueve en la región. Las lagunas, arroyos y ríos se secaron y las pequeñas producciones de animales y verduras están muriendo paulatinamente. Hace rato que bañarse es un lujo que no consume más que una sola botella de agua. Para colmo, hace días que la comuna no manda el camión cisterna. Comprar agua es caro y agotador ya que implica una larga caminata hasta el pueblo o bien, la escuela.

Cuando la comunidad comenzó a tener problemas de sequía y escasez de alimentos, Miriam fue la primera en buscar ayuda y comenzó por los organismos públicos. En ese camino, descubrió que además del municipio, también las instituciones públicas de investigación y desarrollo (I+D) ofrecían una amplia gama de "soluciones": insumos, como semillas que servían para alimentar a las gallinas; capacitaciones técnicas con una oferta que no se condecía con sus prácticas productivas y culturales; asistencia técnica para mejorar la producción de pequeños animales que morían de sed; instrumentos de financiamientos de proyectos de agua que tardaban años en aprobarse y que exigían estudios hídricos inaccesibles para la pequeña comunidad... entre otras opciones.

En el proceso de lograr encontrar soluciones a las problemáticas de su región, Miriam aprendió mucho sobre la política pública, sobre el rol de las tecnologías en los procesos de desarrollo y sobre la importancia de los saberes comunitarios en las estrategias de soberanía alimentaria.

Finalmente, el viejo rabdomante y las prácticas ancestrales de ahorro de agua han sido los mejores aliados que Miriam[1] y la comunidad han tenido para sobrevivir en el monte seco.

Introducción

Al igual que Miriam, en la Argentina alrededor de cinco millones de personas enfrentan dificultades socio-productivas y económicas, un 6% de la población vive en condiciones de pobreza e indigencia (INDEC, 2012) y casi el 1% de la población vive con menos de 1,25 dólares diarios (medidos en términos de Paridad del Poder Adquisitivo) (Banco Mundial, 2011). Asimismo, la cobertura nacional de provisión de agua por red domiciliaria es de alrededor del 80% y el servicio de desagües cloacales es del 50,2% de la población cuando el estándar internacional es del 95% y el 90%, respectivamente (Presidencia de la Nación, 2007). A su vez, la problemática hídrica se agrava cuando se sopesan las necesidades de agua para producción agropecuaria e industrial. En algunas regiones del país no se cuenta con la infraestructura adecuada para proveer la cantidad y calidad de agua requerida.

Si bien los indicadores sociales han mejorado significativamente en los últimos años y la producción de alimentos en el país alcanzaría para una población diez veces mayor que la actual, la soberanía alimentaria es, probablemente, el mayor desafío sociopolítico, cognitivo y tecno-económico al que se enfrenta el Estado argentino. La soberanía alimentaria se entiende como el derecho de las comunidades a la alimentación suficiente, saludable y culturalmente apropiada; el control del territorio por parte de proveedores locales de alimento; el uso y valorización del conocimiento local de los proveedores alimentarios; el desarrollo de sistemas de investigación apropiados para respaldarlos y cuya sabiduría pueda ser transmitida a las generaciones futuras, entre otras cuestiones (Declaración de Nyéléni, 2007).

En este sentido, este capítulo aborda algunos nudos críticos vinculados a la producción y utilización de conocimiento científico y

---

[1] Miriam vive en la zona de Socavones, Córdoba, y continúa buscando soluciones para los problemas de su comunidad y han avanzado significativamente en el tema de acceso a agua segura. El relato describe la situación del año 2012.

tecnológico orientado a la soberanía alimentaria en la Argentina preguntándose:[2]

- ¿Cómo mejorar las estrategias y políticas de producción de alimentos basadas en el diseño e implementación de tecnologías para la inclusión social (TIS)?
- ¿Cómo optimizar los procesos de implementación de estas políticas?
- ¿De qué manera participan los diversos actores en la dinámica de diseño, desarrollo e implementación de las TIS?

Para comenzar a responder a esos interrogantes, el trabajo se desarrolla en dos niveles de análisis complementarios.

En el primer nivel, se relevó, mapeó y analizó el conjunto de políticas públicas que presentaron interacción con el sector científico y tecnológico o bien, utilización y aplicación de "tecnologías apropiadas", "tecnologías de apropiación colectiva" u otras concepciones orientadas a mejorar los procesos productivos y la alimentación de grupos sociales vulnerables (empresas recuperadas, cooperativas, agricultores familiares, huerteros, etc.). El análisis se concentra en tres cuestiones: a) cómo los organismos públicos generan soluciones tecnológicas; b) cómo construyen capacidades institucionales (problemas y ventajas); y c) cómo viabilizan la sustentabilidad de estas alternativas. El resultado de este análisis es un mapa de políticas y organismos públicos que permite visualizar las capacidades cognitivas y las estrategias de intervención estatales, así como también sus problemas y limitaciones.

En el segundo nivel, se realiza el análisis socio-técnico de un caso, el Programa Nacional ProHuerta. Este programa es la principal política alimentaria basada en el uso de tecnologías "apropiadas" que ha tenido el Estado argentino en los últimos veinte años y es considerado un "éxito" por las diferentes gestiones gubernamentales, e inclusive a nivel internacional. El estudio de sus instrumentos de gestión permite observar cómo opera en la política la relación *tecnología-inclusión social* (formas de concebir la tecnología, la toma de decisiones, el rol asignado a los usuarios, etc.) y sus implicancias en las dinámicas socio-económicas de desarrollo local.

---

[2] Se agradecen las lecturas y comentarios realizados por Sebastián Montaña y Facundo Picabea.

Finalmente, el capítulo concluye con reflexiones y recomendaciones de política pública para los tomadores de decisión y *policy makers*. Estas recomendaciones tienen el objetivo de aportar elementos para la mejora del diseño de estrategias de resolución de problemáticas alimentarias con base en Tecnologías para la Inclusión Social.

"Corriendo la coneja": el desafío alimentario de la última década (2001-2012)

La crisis social, económica y política que sufrió Argentina en los años 2001-2002 cristalizó un conjunto de problemas asociados a las políticas neoliberales de las décadas precedentes y puso en evidencia la falta de capacidades estatales para evitar un escenario de pobreza estructural.

La historia es conocida. Los sucesivos gobiernos nacionales, entre las décadas de los setenta y los noventa, impulsaron un régimen de acumulación de capital regido por un conjunto de políticas de índole neoliberal: apreciación del tipo de cambio real, reducción de las esferas de influencia del Estado, desregulación del mercado de trabajo. Estas políticas generaron procesos de precarización laboral, creciente redistribución negativa de los ingresos y concentración de la riqueza, aumento de los niveles de desempleo y pobreza en amplios sectores de la sociedad. Afectaron los niveles de ingreso de la población, sobre todo de aquellos sectores marginales o pobres, y modificaron gravemente la estructura de empleo del país, que hasta entonces consideraba la desocupación como un problema coyuntural (García Delgado y Casalis, 2005).

Al analizar los datos estadísticos del INDEC, se observa que en el año 1991, el 16,5% de la población sufría necesidades básicas insatisfechas y la tasa de desempleo no llegaba a los dos dígitos. Sin embargo, en el año 1999, el escenario socioeconómico había cambiado: la pobreza medida en el aglomerado de Gran Buenos Aires alcanzaba el 27,6% de la población (INDEC, 1991; 2001) y la situación se agravaba al observar algunas provincias de las regiones del norte del país.

El proceso de empobrecimiento de amplios sectores tuvo su punto más álgido en el año 2002, cuando se estima que casi la mitad de la población pasó a estar en situación de pobreza e indigencia. El reflejo más crudo de este cuadro fueron las muertes por problemas de nutrición deficiente o anemia cuyo pico más alto fue en el año 2003 con 1910 casos (CESNI, 2008).

A los fines de paliar los efectos de la crisis, el gobierno nacional implementó una serie de políticas tendientes a mejorar rápidamente los indicadores económicos y sociales, y generar condiciones de estabilidad institucional, en principio, a partir de políticas de transferencia de recursos (Plan Jefes y Jefas de Hogar y, posteriormente, Plan Familia). La cuestión alimentaria se tornó parte clave de los discursos gubernamentales y las nuevas políticas públicas.

En el plano socio-económico, sin ánimo de pecar de reduccionistas, un reflejo de la recuperación paulatina de las condiciones de la población fueron los índices de empleo y desempleo. Entre 2003 y 2011, según el INDEC, el empleo aumentó el 6,1% y se redujo el desempleo y subempleo en un 22,5% (cuadro 1).

Cuadro 1. Tasas de empleo y desempleo 2003-2011 (%)

	2003	2004	2005	2006	2007	2008	2009	2010	2011
Empleo	36,3	38,9	39,4	40,7	41, 7	42,0	42,3	42,2	42,4
Desocupación	20,4	14,4	13	11,4	9,8	8,5	7,9	8,7	7,4
Subocupación	17,7	15,7	12,7	11	9,3	8,2	9,1	9,2	8,2

Fuente: realizado tomando el primer trimestre de cada año de datos relevados por el INDEC (www.indec.gov.ar).
La variable "empleo" se calcula a partir de la población total del país y describe la población que tiene empleo. Las variables "desempleo" y "subocupación" se calculan sobre la base de la población económicamente activa.

La reactivación y el crecimiento económico observables desde el año 2004 fueron acompañados de un nuevo fenómeno social; aumentó considerablemente la distancia entre los ingresos de los más ricos y los más pobres, cada integrante de las familias más ricas recibe 32,8 veces más que uno de las familias más pobres (García Delgado y Casalis, 2005). Asimismo, a partir del año 2008, es posible observar que los índices de empleo y desempleo se mantuvieron constantes (figura 1). Esto implicó, entre otras cuestiones, que aproximadamente cinco millones de personas no dispusieran de empleo estable, es decir, ingresos suficientes para su alimentación y manutención.[3]

---

[3] Los bolsones de pobreza estructural generaron graves secuelas sociales. Como es sabido, una mala alimentación acarrea problemas de salud, nutrición y desarrollo

Figura 1. Tasas de empleo, desempleo y subocupación, 2003-2011 (%)

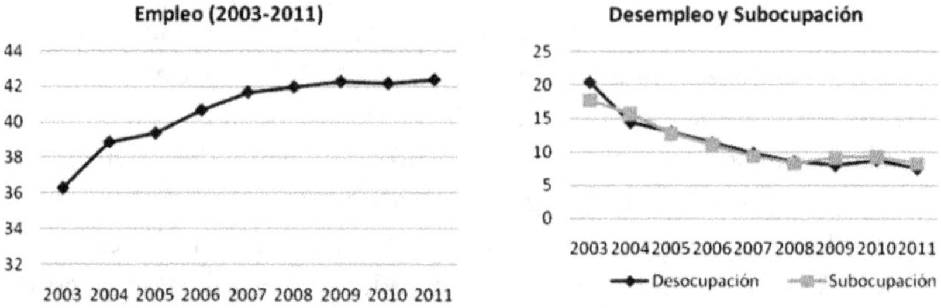

Fuente: elaboración propia a partir de datos muestrales de INDEC.

Asimismo, particularmente en los años noventa, el sistema agropecuario, agroalimentario y agroindustrial sufrió numerosos cambios socioeconómicos y tecno-productivos. La demanda internacional de los cultivos nacionales, las nuevas normativas y regulaciones, los nuevos desarrollos de investigación y desarrollo (I+D), la política cambiaria, tributaria y financiera, el progresivo endeudamiento de los pequeños y medianos productores, entre otras cuestiones, concentraron las capacidades tecno-productivas y las tierras en manos de algunos grupos en detrimento de otros (Bisang, 2008; Barsky, 2008; Brieva, 2006). Como resultado, en el año 2001, casi 150.000 pequeños productores, campesinos y comunidades originarias habían perdido sus tierras y su capacidad de producción de alimentos y ventas de excedentes (CIPAF, 2005).

Asimismo, los cambios en la producción agropecuaria se reflejan en la actual distribución de tierras y productores en el territorio. En la figura 2 se observa que el 66% de las explotaciones agropecuarias (EAP) pertenece a pequeños productores y agricultores familiares, los cuales ocupan el 13% de la superficie de las tierras productivas. Mientras los grandes y medianos productores representan sólo el 34% de las EAP, pero poseen el 87% de las tierras productivas.

---

cognitivo. En la Argentina, la desnutrición es uno de los factores importantes de una de cada dos muertes que suceden en niños menores de 5 años. Por cada niño que muere antes de los 5 años de edad, existen 6 niños que sobreviven y arrastran secuelas sobre su crecimiento y capacidades cognitivas y 23 niños a los que les falta hierro y desarrollan anemia. La desnutrición crónica, anemia y muerte por desnutrición fueron y continúan siendo alarmantes en la última década (CESNI, 2011).

Figura 2. Distribución de explotaciones agropecuarias y superficie de tierras

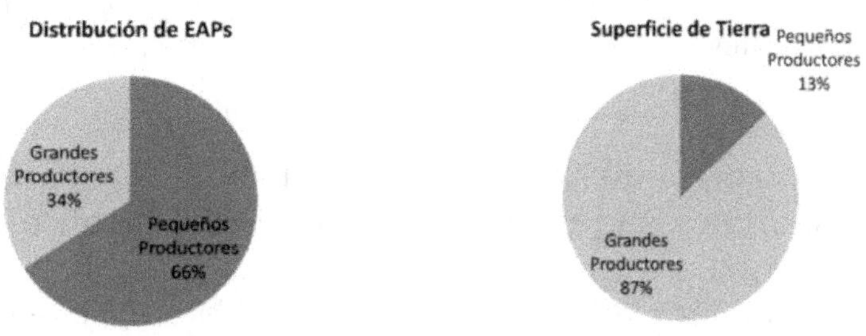

Fuente: elaboración propia a partir de datos de CNA, 2002, y Soverna, 2008.

En este escenario, desde el año 1996, los agronegocios y la producción de cultivos extensivos (en especial, organismos genéticamente modificados) tomaron preponderancia socioproductiva y llegaron a constituir el 84% de los productores. Entre los años 2003 y 2011 el país incrementó su producción de granos de 67 millones de toneladas a casi 100 millones de toneladas. Al mismo tiempo, las exportaciones agrícolas (*commodities* y manufacturas) se triplicaron al pasar de 13 mil millones a 37 mil millones de dólares.

Al mismo tiempo, el país se consolidó como uno de los principales exportadores de trigo y cereales junto con Australia, Canadá, la Unión Europea y Estados Unidos (FAO, 2010). Actualmente, es el primer exportador mundial de aceites de soja y girasol, y de harinas de soja. El 95% de la producción de soja se destina a la exportación y las exportaciones de girasol –principalmente aceite y, en menor medida, harina y grano– representan aproximadamente el 75% de la producción. En resumen, el proceso de concentración de la tierra estuvo asociado a una dinámica particular de producción y distribución de alimentos vinculada al mercado internacional.

La contratara de ese proceso fueron cambios en la procedencia de los alimentos que consumen las familias argentinas. Al analizar la canasta familiar se observa que, entre los años 1988 y 2011, disminuyó la participación de los pequeños productores y agricultores familiares en la producción de alimentos al pasar de un 52% a aproximadamente un 25% (Obstchatko, 1988; Soverna, 2008).

En conclusión, si quisiéramos la imagen dura de este escenario, la Argentina produce y exporta alimentos para aproximadamente 400 millones de personas; a pesar de eso, mueren de hambre cuatro personas por día (CESNI, 2008) y las capacidades socio-cognitivas y de recursos estratégicos se encuentra cada vez más concentradas.

"¿Cómo corremos?": políticas públicas y capacidades institucionales en provisión y producción de alimentos

En el presente apartado se señalan algunos cambios significativos en las estrategias, políticas e iniciativas que implementó el Estado argentino dirigidas a resolver déficits de empleo, desnutrición y anemia, dificultades tecno-productivas y otros problemas asociados durante el período de análisis.

En la figura 3, el mapa actual de organismos e instituciones públicas de I+D muestra una multiplicidad de políticas que relacionan tecnología y soberanía alimentaria. Al menos cuatro ministerios nacionales y los dos principales institutos de I+D implementan estas políticas: el Ministerio de Agricultura, Ganadería y Pesca (MAGyP), el Ministerio de Desarrollo Social (MDS), el Ministerio de Ciencia, Tecnología e Innovación Productiva (MINCyT), que incluye el Programa Consejo de la Demanda de Actores Sociales (PROCODAS), y el Ministerio de Planificación Federal, Inversión Pública y Servicios, el Instituto Nacional de Tecnología Agropecuaria (INTA) y el Instituto Nacional de Tecnología Industrial (INTI) (ver el detalle de políticas en el Anexo I).

En el abanico de políticas con tecnologías para la inclusión social (TIS) se observa el aumento significativo del número de planes, programas y proyectos públicos –de 8 a 25–, que fue acompañado de un incremento de los recursos humanos, financieros y materiales asignados a esta problemática. Estos cambios reflejan el apoyo incremental del gobierno nacional a este tipo de iniciativas orientadas a articular, interactuar y/o coordinar acciones con el sector científico y tecnológico, o bien, impulsar, usar y/o implementar TIS.

Ahora bien, ¿qué se observa en ese mapa de políticas?, ¿cuáles son las capacidades institucionales que se destacan?, ¿cuáles fueron las soluciones cognitivas propuestas?, ¿cómo circula el conocimiento?, ¿cómo participan los usuarios? En principio, en el conjunto de políticas públicas pueden diferenciarse dos grandes grupos:

1. aquellas políticas previas a la crisis del año 2001 –principalmente de finales de los años ochenta y noventa– que continúan en implementación y, en algunos casos, han readecuado algunos de sus objetivos, prácticas e instrumentos, y

2. aquellas políticas que buscan superar las perspectivas asistencialistas y fueron diseñadas y puestas en ejecución en el período 2002-2012 con la finalidad de cubrir las necesidades de sectores marginales o vulnerables, como el caso de la agricultura familiar.

En ambos casos, las capacidades institucionales y las formas de construir el conocimiento presentan algunas semejanzas y dificultades para cumplir con el objetivo de generar procesos de soberanía alimentaria.

Figura 3. Mapa de políticas públicas de TIS orientadas a la alimentación

Fuente: elaboración propia a partir del relevamiento de programas y proyectos.
El mapa refleja las políticas TIS alimentarias que continúan en implementación desde los años noventa (izquierda) y las nuevas políticas desarrolladas desde el año 2001 (derecha).

Continuidades en políticas TIS para alimentación

Ocho programas persistieron a la crisis socioeconómica; por un lado, el programa nacional ProHuerta, Unidad de Minifundios y Cambio Rural –ejecutados por el Instituto Nacional de Tecnología Agropecuaria (INTA)– y, por el otro lado, el Programa Social Agropecuario, PROINDER, PRODERNOA, PRODERNEA y PRODERPA, implementados por el Ministerio de Ganadería, Agricultura y Pesca de la Nación.

La trayectoria de estas políticas no cambió significativamente luego del año 2002, sus objetivos continuaron siendo de asistencia técnica, capacitación y/o financiamiento (para proyectos o insumos) para actividades de tipo productivo de pequeña o mediana escala. En términos generales, comparten una idea de desarrollo asociada a la inclusión de sectores vulnerables al mercado o bien, de autonomía individual socioproductiva.

La concepción de la tecnología en estos programas apuntó al diseño e implementación de artefactos o técnicas maduras, de baja escala, de bajo costo, fácil de usar y reparar, es decir, *tecnologías apropiadas*. Los "paquetes tecnológicos" impulsados presentaban bajos niveles de innovación, así como escasa o nula aplicación y uso de conocimiento científico y tecnológico (Juarez, 2011; Cáceres, 2005; Smith, 2007).

A su vez, las experiencias de tecnologías apropiadas para pequeñas producciones agropecuarias (por ejemplo, herramientas de zafra, pequeños sistemas de riego, etc.) fueron asociadas a prácticas de experimentación y validación de los artefactos, es decir, formas de empoderar y legitimar socialmente los conocimientos técnicos (Juarez y Serafim, 2010; Juarez, 2011). El aporte cognitivo de estos programas se centra en la capacitación de los usuarios o el apoyo técnico brindado por un profesional o técnico. En algunos casos, como el programa ProHuerta, los equipos técnicos articulan con promotores comunitarios y docentes para que éstos reproduzcan los contenidos del paquete tecnológico (Montaña, 2010).

A raíz de la implementación de estos programas, en algunos casos los usuarios de la política crearon *ad-hoc* algunas tecnologías organizacionales de carácter colectivo y solidario (ferias, grupos de productores agroecológicos, comercializadoras solidarias, entre otros). En casos aislados, luego del año 2001, estas tecnologías organizacionales fueron paulatinamente consolidándose en las políticas alimentarias nacionales.

Una característica básica que comparten esas políticas es la relación usuario-beneficiario, concebida en término de "audiencia"[4] –medianos y pequeños productores, minifundistas y grupos sociales vulnerables (urbanos y periurbanos)–, es decir, un usuario agregado que requiere ayuda técnica estandarizada para mejorar su productividad y rentabilidad. Generalmente, los usuarios fueron organizaciones institucionalizadas y asociativas (asociaciones de productores, cooperativas, organizaciones no gubernamentales, escuelas, comedores, municipios) que actuaban en la práctica como portavoces y representantes de un sector más amplio.[5]

En la práctica, hubo resultados interesantes; sin embargo, en general, las experiencias constituyeron principalmente formas de empoderar y legitimar socialmente los conocimientos de los técnicos y las visiones de las organizaciones antes que ser agentes dinamizadores de procesos de generación de desarrollo e integración social.

Otro tipo de política tecnoproductiva es el Programa de Desarrollo de Pequeños Productores Agropecuarios. El PROINDER tuvo por objetivo la formación y el diseño de instrumentos de gestión para los tomadores de decisión y *policy makers*. Este programa fortalece y replica las lógicas de trabajo de las políticas anteriormente descriptas.

El conjunto de estas políticas públicas de TIS fue diseñado para ser implementadas de forma autónoma del resto sin prever la coordinación y articulación entre iniciativas. Sin embargo, en la práctica, estas políticas se vincularon con programas y organismos provinciales, especialmente de las áreas de Salud, Acción Social, Educación y Asuntos Agrarios, y se realizaron convenios con otros programas nacionales de diferentes reparticiones (Carrera y otros, 2005). A su vez, la vinculación entre técnicos y funcionarios se desarrolló en el ámbito de aplicación territorial de las políticas. Se podría afirmar que, en la práctica, la articulación de capacidades y recursos se construye sobre la marcha sin una planificación desde el diseño de los programas y proyectos.

---

[4] La concepción de audiencia supone la agregación de usuarios según características generales homogéneas. Por ejemplo, la cantidad de hectáreas que dispone un productor sirve como parámetro para definir si es pequeño, mediano o gran productor.

[5] Los usuarios son definidos primero por un recorte conceptual de la política ("minifundistas") y luego por un recorte institucional ("cooperativas de productores minifundistas"). Esto permitió, por un lado, presentar políticas que cubren sectores enteros, pero que dejan fuera a aquellos grupos sociales que no entran dentro de ciertos parámetros como, por ejemplo, la asociación jurídica (Carrera y otros, 2005).

Las evaluaciones sobre los resultados de estas políticas públicas fueron realizadas por los mismos grupos de participantes, auditorías e informes de los técnicos o bien por consultorías externas. En general, la forma de medir los resultados fueron el número de capacitaciones, la cantidad de insumos entregados y los niveles de aceptación comunitarios, entre otros elementos. Son escasas las evaluaciones sobre los cambios socio-comunitarios y tecno-económicos que se impulsaron desde los programas y proyectos. En general, las relatorías son descriptivas pero no analíticas (Juarez y Serafim, 2010; Carrera y otros, 2005).

Las políticas públicas presentadas continúan en funcionamiento sin haber cambiado sustantivamente su orientación y forma de implementación de tecnologías. En otro apartado analizaremos el caso del Programa ProHuerta, que buscó readecuarse y constituirse como una nueva opción de solución posible para la agricultura familiar.

Nuevos procesos de *policy making* a partir del año 2002
Hubo dos momentos luego del año 2001. En un primer momento, entre los años 2002 y 2005, la agenda de política gubernamental estableció acciones para mitigar problemas alimentarios a partir de capacidades institucionales preexistentes (transferencia de recursos), algunas viejas "recetas" (principalmente desarrolladas por otros países u organizaciones internacionales) y otras vinculadas a los programas descriptos en el apartado anterior. En un segundo momento, a partir del año 2005 (y principalmente 2008), el Estado creó nuevos organismos, institucionalizó algunas políticas y se orientó a diseñar e implementar nuevas trayectorias de producción y uso de conocimiento científico y tecnológico.

La respuesta inmediata a la crisis fueron políticas de *transferencia de recursos* a un miembro de la familia. En estos casos, el Estado brindaba un aporte económico y los beneficiarios debían desarrollar una contraprestación laboral para el Estado (como la limpieza de espacios públicos). Estas políticas impulsaron una respuesta estandarizada a desigualdades múltiples y supusieron el compromiso de la familia (o un miembro de ella) para mejorar las condiciones de acumulación y reproducción del capital humano (por ejemplo, el Plan Jefes y Jefas de Hogar y la Asignación Universal por Hijo) (Carrera y otros, 2005).

Estas políticas fueron secundadas por otras ligadas a las soluciones técnicas "estándar" para resolver el problema puntual de desempleo: a) capacitación en oficios (opciones predefinidas por los organismos públicos); b) asistencia técnica para emprendimientos productivos; y c) financiamiento para compra de insumos o proyectos de emprendimiento (por ejemplo el Plan Nacional de Seguridad Alimentaria "El hambre más urgente" y el Plan Nacional de Desarrollo Local y Economía Solidaria "Manos a la Obra" del Ministerio de Desarrollo Social).[6]

Por otro lado, afloraron las nuevas políticas de TIS, que presentaron algunos cambios en las formas de toma de decisión, prácticas e instrumentos de gestión. Por ejemplo, en el Ministerio de Desarrollo Social se crearon las Mesas de Gestión Local para la cogestión comunitaria entre municipios, representantes comunitarios y organismos públicos nacionales; algunos ministerios se vincularon fuertemente con el INTA y el INTI como instituciones de asistencia técnica a emprendimientos productivos; se fortalecieron las universidades como proveedores cognitivos en los procesos de formación de las cooperativas y como asesores ministeriales; se conformaron registros interministeriales de personas e instituciones sociales[7] (Bargiela y otros, 2005). Estas iniciativas estaban imbuidas de nuevas concepciones acerca de la relación *política-tecnología-desarrollo* y las tecnologías organizacionales pasaron a ser clave, como en el caso de las "redes solidarias" en distintos niveles.

Los cambios también se dieron en el plano de disputa de poder. Por ejemplo, en el caso del INTA, se realizaron cambios socio-organizativos

---

[6] Así, por ejemplo, uno de los mecanismos fue la conformación de cooperativas de trabajo con personas desempleadas o en situación de vulnerabilidad social. El MDS y los municipios definieron la composición de las cooperativas (personas desempleadas y/o en situación de vulnerabilidad social), luego brindaron capacitación en "cooperativismo" y formación en oficio (definido por el municipio o a partir de una lista de opciones). El Estado nacional proveyó a las cooperativas de las herramientas para desempeñar la labor y el municipio generó una oferta de trabajo. Los resultados fueron erráticos, las cooperativas tuvieron numerosos problemas para consolidarse y sostener su viabilidad como grupo (no existían lazos de confianza, ni intereses compartidos, entre otras cuestiones), las capacidades municipales jugaron un rol importante para adecuar el programa a las condiciones locales y los técnicos del MDS dispusieron de pocos instrumentos de gestión y asesoramiento para los municipios y las cooperativas. El plan Manos a la Obra estuvo constituido por el Programa Regional de Emprendimientos Sociales "REDES", el Programa Productivo para la Seguridad Alimentaria, el Programa de Emprendimientos Productivos Solidarios, el Programa de Capacitación para el Desarrollo del Capital Social, los Bancos de la Buena Fe, el FOPAR (proyectos productivos), el Programa Desarrollo Comunitario Indígena, emprendimientos productivos unipersonales y familiares y el Fondo Solidario para el Desarrollo Descentralizado, entre otros. Estos programas estuvieron dirigidos a generar capacidades tecno-productivas en diferentes grupos sociales vulnerables.

[7] Por ejemplo, el Registro de Instituciones Prestadoras de Servicios Técnicos, Capacitación y Fortalecimiento Institucional (MDS).

para modificar la trayectoria institucional de producción de conocimiento científico-tecnológico hacia los sectores excluidos y, en esa dirección, el área de extensión fue revalorizada y asociada al área de investigación. Y en el plano organizacional, se buscó democratizar la toma de decisiones internas (hacia un sistema matricial) (Bochetto, 2004).

Entre las medidas tomadas, en el año 2003 se creó el Programa Federal de Apoyo al Desarrollo Rural Sustentable (PROFEDER). El objetivo era articular las capacidades institucionales de los diferentes programas y proyectos del INTA para abordar la cuestión alimentaria de forma integral atendiendo a las dinámicas territoriales y las necesidades de los grupos rurales vulnerables. En particular, el PROFEDER intentó coordinar acciones entre políticas y formas de producción de conocimiento para adecuarlos a aquellos sectores que no habían sido población objetivo institucional.

En ese sentido, en el año 2005, el INTA creó el primer programa y organismos orientados a la TIS: el Programa Nacional de Investigación y Desarrollo Tecnológico para la Pequeña Agricultura Familiar, el Centro de Investigación y Desarrollo de Tecnología para la Pequeña Agricultura Familiar (CIPAF) y sus institutos regionales (IPAF). Este centro y sus institutos fueron los primeros organismos estatales dirigidos a la concepción, diseño, desarrollo, implementación y evaluación de "tecnologías apropiadas" para la "agricultura familiar" (campesinos, pequeños productores, comunidades originarias).

Estos nuevos organismos tuvieron un desarrollo desigual signado por: la conformación de los equipos de investigación (fue contratado personal nuevo); las dinámicas tecno-productivas y económicas regionales (pampeana, noroeste, noreste, Cuyo, Patagonia); los procesos de negociación, las organizaciones y movimientos sociales territoriales, entre otras cuestiones. Sin embargo, compartieron una forma de pensar las estrategias regionales y nacionales: cada uno desarrolló un perfil disciplinar particular (agua, agroecología, biodiversidad, energía), construyó numerosas redes de apoyo social e institucional a nivel regional y nacional y generó formas particulares de coorganización de proyectos tecno-productivos con grupos de productores.

Los resultados en términos de producción de conocimiento científico y tecnológico fueron: innovaciones incrementales (por ejemplo, modificaciones sobre diseños de artefactos, copias de tecnologías, mejoras en procesos productivos), formación técnica (por ejemplo, enseñanza de autoconstrucción, cursos de agroecología, etc.), desarrollos tecnológicos de bajo conocimiento (cocinas solares, pequeños sistemas de riego, etc.), investigación-acción participativa para insumo de política y fortalecimiento de procesos productivos a partir de dinámicas de participación de las comunidades a través de sus representantes (Juarez, 2011; 2012).

En contraste con el caso del INTA, está la experiencia desarrollada por el INTI. En éste también se crearon nuevos programas y la coordinación de extensión a nivel nacional. Sin embargo, en esta institución no había una tradición consolidada de trabajo y articulación con organizaciones sociales y emprendimientos de la economía solidaria. Para ello se contrató nuevo personal con experiencia en iniciativas comunitarias y se trató de complementar las capacidades institucionales preexistentes, lo cual implicó una reestructuración interna. En la práctica, se pusieron en cuestión objetivos, metodologías y prácticas institucionales hegemónicas.

Las acciones y actividades de "inclusión social" del INTI estuvieron orientadas principalmente a capacitación, asistencia técnica y adecuación tecnológica para empresas recuperadas, cooperativas de trabajo, emprendedores y pequeños productores agropecuarios. La conformación y fortalecimiento de "redes" y "cadenas productivas" fue clave para los técnicos y funcionarios del INTI porque consideraban que las articulaciones sociales y tecno-productivas viabilizaban los procesos. A pesar de las intenciones, estos dos caminos fueron pensados e implementados por separado, lo cual redujo las potencialidades de esos modelos de gestión.

En el plano cognitivo, la tecnología de "apropiación colectiva" o "de base social" impulsada por el INTI no fue pensada necesariamente de baja escala (como en el caso del INTA); por el contrario, por ejemplo, impulsaron la construcción de una red de frigoríficos para pequeños productores (cabriteros, porcinos, etc.) o la conformación de redes de comercialización.[8] Sin embargo, esta trayectoria para grupos sociales

---

[8] Ambos casos tuvieron problemas en la concepción de los proyectos; en general, no se tuvieron en cuenta las características culturales de las pequeñas producciones, las normativas y regulaciones vigentes, las necesidades de apoyo político local y la logística necesaria para esos procesos, entre otras cuestiones.

vulnerables en el INTI no logró consolidarse en términos político-institucionales. El cambio en la dirección nacional retomó la trayectoria previa del Instituto orientada a las grandes y medianas empresas.

Durante el período 2005-2012, algunos cambios organizacionales fueron claves para comprender el nuevo rol de las tecnologías para resolver problemáticas alimentarias. Tanto la Secretaría de Agricultura, Ganadería, Pesca y Alimentación (SAGPyA) como el INTA continuaron siendo los organismos estatales con mayor cantidad de recursos materiales y financieros orientados a esta temática.

El PROINDER (SAGPyA) cambió su estrategia y se orientó a fortalecer procesos organizacionales en términos de "redes" de investigación, desarrollo tecnológico e innovación sobre producción agropecuaria en grupos sociales vulnerables –pequeños productores, especialmente–. En este sentido, por ejemplo, impulsó la creación de la Red de Técnicos e Investigadores sobre Tecnologías para la Agricultura Familiar (RedTAF) y participó en la puesta en marcha de la Cámara de Fabricantes de Maquinarias y Herramientas para la Agricultura Familiar (CAMAF). Las redes estaban constituidas por actores sociales posicionados como productores de conocimientos y/o tecnologías.

Con la creación del Ministerio de Agricultura, Ganadería y Pesca (2008), el PROINDER pasó a ser parte de la nueva Secretaría de Agricultura Familiar de la Nación, y el Programa Social Agropecuario se reconvirtió de programa nacional a Subsecretarías Provinciales de Agricultura Familiar. Según los decisores políticos, estos procesos de institucionalización permitieron consolidar las políticas públicas para agricultores familiares en el escenario nacional.

Estos procesos fueron acompañados por la creación y el apoyo al Foro Nacional de Agricultura Familiar (FONAF), algunos cambios normativos en la tenencia de tierras y en las regulaciones sanitarias para pequeños productores, así como modificaciones en la política agropecuaria nacional.

Asimismo, el Ministerio de Ciencia, Tecnología e Innovación Productiva (creado en el año 2008) generó un organismo dedicado a la relación innovación e inclusión social, el Programa Consejo de la Demanda de Actores Sociales (PROCODAS).[9] Este programa-consejo

---

[9] Este organismo apoyó algunas iniciativas de desarrollo tecnológico *high-tech* (conocimiento intensivo) como el proyecto Yogurito. Este proyecto de I+D desarrollado

tuvo por objetivo financiar el diseño y el desarrollo de tecnologías de las organizaciones de la sociedad civil (ONG, cooperativas, etc.). En este sentido, en el año 2011, pusieron en funcionamiento el concurso de Proyectos Complementarios de Tecnologías para la Inclusión Social, un fondo concursable para implementar proyectos tecno-productivos dirigido a organizaciones no gubernamentales avaladas y acompaña-das por instituciones públicas de I+D. Los resultados de las primeras convocatorias mostraron escasos actores sociales con proyectos inno-vadores y numerosas organizaciones sociales con necesidades diver-sas (insumos cognitivos, financiamiento, asistencia técnica, recursos humanos, entre otros).

En el mismo sentido, la Agencia Nacional de Promoción Científica y Tecnológica (ANPCyT) puso en marcha en el año 2012 un Fondo Sectorial para Desarrollo Social, un instrumento de financiamiento para proyectos de innovación conocimiento intensivos para inclusión social. El formato de esta convocatoria aún está en discusión y es el único fondo que tardó cuatro años en entrar en funcionamiento (caso contrario de los fondos destinados a agroindustria, biotecnología y nanotecnología, entre otros).

Al mismo tiempo, en el Ministerio de Planificación Federal, Inversión Pública y Servicios se implementó una política socioproductiva inclusi-va denominada Programa de Provisión de Agua Potable, Ayuda Social y Saneamiento Básico (PROPASA). Este programa tiene por objetivo la asistencia técnica y financiera para el abastecimiento de agua potable y desagües cloacales para parajes rurales. El paquete tecnológico imple-mentado, en este caso, es decidido por los funcionarios del PROPASA con algún grado de participación del gobierno municipal.

Finalmente, otra de las invenciones estatales en el diseño y gestión de políticas tecnológicas sociales fue la creación del Consejo Nacional de Coordinación de Políticas Sociales (2008). Este organismo, con-formado por los ministros nacionales, tuvo el objetivo de articular y coordinar diferentes capacidades ministeriales para generar políticas sociales integrales.

---

por el CERELA-CONICET consiste en un yogur probiótico utilizado como suplemento dietario para comedores escolares de Tucumán, en el cual la cadena de producción es realizada por una pequeña cooperativas láctea y la logística de distribución está a cargo del gobierno provincial (Juarez y Montaña, 2011).

Los resultados de este Consejo aún son escasos y es posible señalar que tuvieron dificultades para generar productos interministeriales dadas las distintas culturas y lógicas organizacionales de los ministerios (no estaban acostumbrados a cooperar ni a coordinar acciones en conjunto), así como también hubo diferencias en el uso de los instrumentos de gestión y financiamiento, problemas por la distinta cobertura territorial de cada ministerio, entre otras cuestiones. Sin embargo, ésta es una de las principales apuestas estatales para generar estrategias de desarrollo inclusivo.

De todas las experiencias institucionales –programas y proyectos– del período de los años 2001 a 2012 se desprende que el mapa de políticas públicas de TIS relacionadas con los problemas alimentarios presenta:

1. Gran cantidad de esfuerzos públicos orientados a mejorar las condiciones alimentarias. Al menos hay 27 programas en funcionamiento y numerosas nuevas instituciones gubernamentales –a nivel nacional, regional y provincial– orientadas a mejorar la calidad de alimentación y producción de alimentos, principalmente, de la agricultura familiar a partir del uso de TIS.

2. La coordinación y articulación de acciones entre organismos públicos y entre organismos, instituciones públicas de I+D y organizaciones de la sociedad civil para el diseño e implementación de TIS para la alimentación es aún débil o está en construcción. Principalmente, se percibe una fuerte retórica gubernamental que busca conjugar la participación de diversos actores e instituciones, entre los que se destaca el sistema nacional de ciencia y tecnología, y que intenta establecer niveles de compromiso, financiamiento y sustentabilidad socioproductiva y económica.

3. La concepción de nuevas funciones estatales, la generación de inversiones y regulaciones para investigación, desarrollo e innovación (I+D+i) orientadas a la resolución de problemáticas de grupos sociales vulnerables, así como el diseño e implementación de tecnologías "apropiadas" u otras acepciones, se constituyen recientemente en objetivos de diversas instituciones.

Con todos estos esfuerzos cabe preguntarnos por qué Miriam y otras miles de personas continúan viviendo en condiciones de exclusión social y cómo es posible superar las limitaciones, deficiencias y efectos no deseados de las estrategias estatales de TIS en la Argentina.

Analizando la adecuación de las políticas públicas a la luz de los problemas sociales

No es posible explicar el escenario alimentario actual de forma mono-causal y autoevidente. Desde el análisis socio-técnico, se podría decir que es fruto de un conjunto de alianzas socio-técnicas, es decir, diversas coaliciones de elementos heterogéneos implicados en el proceso de construcción de funcionamiento de tecnología(s) o sistemas tecno-productivos, socio-económicos y políticos (Thomas, 2008).

En el apartado anterior se han señalado los esfuerzos gubernamentales para construir una estrategia "integral" o de resolución sistémica de la cuestión alimentaria, es decir, cierto tipo de alianzas socio-técnicas. Pero esas alianzas no consiguen aún ser tan efectivas como aquellas impulsadas por las empresas agroindustriales y exportadoras. Para ello es necesario indagar y profundizar sobre el plano cognitivo de estas políticas de TIS, especialmente sus problemas y limitaciones.

El análisis del conjunto de las políticas públicas permite señalar algunos rasgos generales, a saber:

1. *Capacidades, toma de decisiones y sinergias interinstitucionales:* Entre los cambios más significativos está el objetivo de articulación y coordinación de las políticas. Algunos organismos públicos comenzaron a compartir metas y acciones incentivando el aumento de sinergias entre los diferentes actores públicos y no públicos para construir soluciones tecnológicas a problemas alimentarios.

   A su vez, se generaron algunas "innovaciones organizacionales" que tomaron diferentes formas y dimensiones (Mesas de Gestión, ferias barriales, foros, etc.) y que fueron apoyadas política y financieramente desde el Estado.

   Sin embargo, los problemas de articulación entre políticas estuvieron signados por las diferencias de culturas organizacionales, distintos reglamentos internos, dificultades para definir áreas de incumbencia dentro de cada organismo, etc. Los esfuerzos de trabajo conjunto dependieron de voluntades políticas "individuales" y no fueron formalizados por la institución –más allá de los convenios estándar para financiar recursos humanos y materiales–, pero no en términos de colaboración en los procesos y estabilidad de éstos.

A su vez, al analizar el conjunto de las políticas, es posible definir la toma de decisiones como *top-down* (de arriba-abajo). Es decir, la forma de diseñar e implementar estas políticas fortaleció la toma de decisiones de los actores públicos: políticos, funcionarios, técnicos y *policy makers*. Si bien retóricamente se buscó que el usuario-beneficiario participara en las decisiones, no hubo herramientas claras para hacerlo.

2. *Concepción del conocimiento científico y tecnológico:* Las nuevas políticas apuntaron –principalmente– a desarrollar una oferta de tecnologías para el abanico de grupos rurales vulnerables. En este sentido, las "antiguas" políticas y las "nuevas" no se diferencian mucho.

Las tecnologías fueron concebidas como soluciones en términos de "tecnologías apropiadas" e "intermedias", es decir, soluciones parciales, de bajo conocimiento CyT, con escasa participación de los usuarios en el diseño de los artefactos y procesos, de baja escala. Se concibieron paquetes tecnológicos relativamente estandarizados por temática (energía, agua, agroecología). Y las prácticas de transferencia tecnológica continúan siendo la forma de pensar el conocimiento tecnológico; esto supone una relación asimétrica entre los técnicos y los usuarios, en la cual estos últimos son meros receptores de conocimiento.

El punto de partida de estas iniciativas son los problemas de "déficit e inadecuación de la oferta" tecnológica y, por lo tanto, las políticas se orientan a comprar y/o producir artefactos y tecnologías de proceso en las áreas temáticas consideradas por el Estado como prioritarias para cada sector. Además, la tecnología se transfiere a los usuarios en forma de una "capacitación técnica".

En resumidas cuentas, la investigación y transferencia tecnológica es especializada por productos y no por sistemas (Carballo, 2006). Entonces, por ejemplo, proveer "soluciones tecnológicas" en este escenario puede ser otorgar tractores a cooperativas de pequeños agricultores con el fin de brindar una respuesta a problemas de falta de maquinaria adecuada, baja productividad e insolvencia de las pequeñas unidades productivas. Pero esa solución no necesariamente resuelve las cuestiones de fondo ni prevé cuestiones asociadas para generar dinámicas de desarrollo como: quién conviene que produzca el tractor y con qué materiales (para estimular la industria nacional), qué nuevos insumos se requerirán y quién/es los proveerán, cómo se modifican los costos (dadas las nuevas necesidades de combustible, servicios, etc.) y qué implica eso en la organización de la cooperativa y de la producción, entre otras cuestiones.

En términos de desarrollo cognitivo, el nivel de innovación y desarrollo tecnológico presentado en las políticas es relativamente bajo, aunque es posible señalar que existen algunas excepciones. Éstas están ligadas a integrar en el diseño de las políticas a los usuarios, construir redes interinstitucionales y generar soluciones integrales a los problemas productivos de los grupos vulnerables (construcción de cadenas productivas).

3. *Circulación del conocimiento*: Los espacios de vinculación entre instituciones productoras de conocimiento (institutos de I+D, universidades) y organizaciones productoras de bienes y servicios (cooperativas de base social, ONG, organizaciones populares) estuvieron presentes en algunos casos, pero no hubo pautas claras sobre cómo impulsar el diálogo de saberes y decodificar los procesos de aprendizaje de los diferentes actores. Los usuarios tuvieron una intervención limitada de acción en los procesos científico-tecnológicos.

4. *Relación usuario-productor*: Hay que subrayar que desde el año 2003 la "participación ciudadana" es parte de la retórica de toda política pública. Y se constituyeron espacios para que los actores sociales pudieran expresar sus necesidades e intereses. En el caso de las políticas sociales y tecnológicas, esto también se observa como fenómeno político.

Sin embargo, en las políticas descriptas, la participación de los usuarios-beneficiarios es requerida en los procesos decisorios para validar la selección tecnológica o para realizar adaptaciones menores en los desarrollos tecnológicos. Es decir, los usuarios deciden sobre ciertas adecuaciones marginales de la tecnología seleccionada por funcionarios y técnicos públicos. Pero los beneficiarios no pudieron decidir sobre la dotación tecnológica que requerían ni sobre sus características intrínsecas (según cuestiones, por ejemplo, culturales).

5. *Financiamiento público:* Una de las señales claras que evidencian el interés gubernamental en la importancia de la innovación, desarrollo tecnológico y/o utilización de TIS es la inversión generada. Estas políticas presentan fuentes de financiamiento diversas entre sí (los

principales aportes económicos son de fondos del Banco Mundial, el Banco Interamericano de Desarrollo, aportes gubernamentales, etc.) y con montos generalmente considerados por los funcionarios públicos como "altos".

Sin embargo, no parece existir una correspondencia con los esfuerzos económicos hechos para impulsar la agricultura empresarial y tampoco parece haber una preocupación sobre cómo mantener la viabilidad de este tipo de gasto social en el tiempo y cómo ampliarlo.

Por otro lado, en el caso de los mecanismos de financiamiento brindados por el Estado directamente a grupos sociales vulnerables (cooperativas, pequeños productores, empresas recuperadas, etc.), los requerimientos solicitados fueron altos y los montos de aporte a los proyectos, relativamente bajos.

Observando estas características, es posible sostener que las políticas públicas han apuntado –o al menos intentado– construir nuevas prácticas sobre la relación Tecnología-Inclusión Social, como clave en los procesos de producción, elaboración y distribución de alimentos desde el Estado. Sin embargo, estos procesos aún generan alianzas socio-técnicas cortas, inestables y con funcionamiento muy restrictivo.

Para comprender mejor estos límites, en el apartado siguiente se analizará el caso del Programa Nacional ProHuerta, en comparación con el sistema de agricultura empresarial argentino, con el objetivo de generar algunos insumos y recomendaciones de política pensando en el sistema agroalimentario orientado a la soberanía alimentaria y el desarrollo inclusivo.

La huerta como política social y tecnológica

Como se señaló en el primer apartado, el sistema agropecuario y agroindustrial argentino (SAA)[10] es fuerte en términos de competiti-

[10] Según el Plan Estratégico del INTA (2004), el concepto SAA abarca el entramado empresario que sustenta la producción agrícola, ganadera y forestal, la producción de alimentos y la agroindustria. Involucra una dilatada y heterogénea cantidad de actores, redes, marcos normativos y regulatorios, relaciones funcionales e interrelaciones complejas, tanto en la producción primaria, que incluye la provisión de insumos y servicios, como en los agentes involucrados en las diversas fases de elaboración e industrialización.

vidad, cadenas productivas, capacidades cognitivas y articulaciones institucionales. Esto contrasta con las políticas sociales alimentarias que hemos analizado, que aún no consiguen cambios estructurales en la producción y distribución de alimentos: ¿por qué? Para entender cómo funcionan las políticas TIS analizaremos el Programa Nacional ProHuerta en contraste con el SAA.

El SAA se consolidó en las últimas décadas a partir de la configuración de una alianza socio-técnica fuerte y estable en la cual el sistema nacional de ciencia y tecnología tuvo y tiene un papel clave (Brieva, 2006; Bisang, 2003; Bisang y otros, 2009). En una versión estilizada, se puede caracterizar el SAA como una alianza integrada por elementos heterogéneos como:

- *Paquete tecnológico* que asocia semillas genéticamente modificadas (OGM), insumos agroquímicos, siembra directa, etc.
- *Servicios agropecuarios* tales como servicio de maquinaria agrícola (tractores, cosechadoras), servicios ingenieriles y técnicos, acopiadoras y cerealeras, servicios de logística y laboratorios, entre otros.
- *Normativas y regulaciones* que permiten y viabilizan la producción de cultivos OGM de forma extensiva, y la concentración de capital y de producción; posibilita la ampliación de las fronteras de producción; las regulaciones estimulan la exportación de granos y productos alimentarios, etc.
- *Políticas públicas y actores estatales* ligados al sector rural, que generan apoyo político y fortalecen los *pools* de siembra, el sistema agroexportador y la producción en manos de grandes empresas. En este caso, las instituciones públicas de ciencia y tecnología, como el INTA, han diseñado y desarrollado insumos cognitivos importantes para mejorar y organizar la producción.
- *Redes y organizaciones empresariales* que articulan objetivos, capacidades y recursos marcando la dirección del SAA, constituyen espacios de intercambio de saberes y de recursos, generan *lobby*, coordinan acciones con redes y organizaciones a nivel internacional.
- *Sistema de crédito y subsidios* accesibles para las medianas y grandes empresas y que estimulan principalmente el uso del "paquete tecnológico" agropecuario, la producción extensiva y para exportación.

- *Sistema financiero* que habilita a actores capitalizados a participar de estos sistemas productivos a través de diferentes instrumentos, como fondos de inversión, fideicomisos agropecuarios o uniones transitorias de empresas.
- *Innovación, desarrollo tecnológico e investigación* orientada a mejorar los procesos del SAA a partir de la capacitación y formación técnica, generación de nuevos conocimientos, etc.
- *Cadena productiva* que enlaza desde productores agrícolas hasta empresas exportadoras.

Ese conjunto de elementos heterogéneos actúa de forma articulada y coordinada dando cuenta de la complejidad de la construcción del funcionamiento de una alianza socio-productiva particular (figura 4).

Figura 4. Alianza socio-técnica del sistema agropecuario y agroindustrial exportador

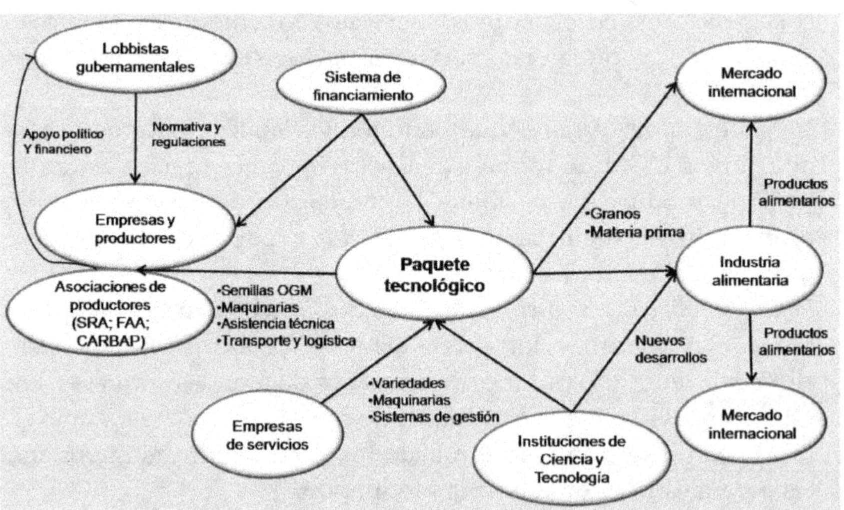

Los elementos heterogéneos de esta alianza se fortalecen unos a otros, lo que le da mayor estabilidad y sinergia al proceso. Si bien algunos actores son más relevantes que otros y de distinta escala de acuerdo con su capacidad de alinear, coordinar y poner en circulación determinados elementos, ninguno tiene el control total del sistema tecnoproductivo. No hay un solo proveedor de insumos, ni un solo dueño de las tierras, ni un solo financiador, el conocimiento no está en las manos de un solo actor. Si en el interior de alguno de los elementos de la alianza desapareciera algún actor específico, el SAA no se desestabilizaría.

Sin embargo, en este escenario de la agricultura nacional, ¿es posible revertir o generar otros modelos de gestión social y tecno-productiva? En contraste con la alianza socio-técnica del SAA, podemos observar el caso del Programa Nacional ProHuerta, dirigido a impulsar la soberanía alimentaria por medio de la producción de huertas orgánicas y granjas.

El Programa ProHuerta surgió para ofrecer respuesta a una situación alimentaria extremadamente crítica en el año 1989, cuando los niveles de pobreza alcanzaban el 47,8% al finalizar el año. Desde su puesta en marcha en 1990 es una política implementada por el INTA y rápidamente fue financiada por el Ministerio de Desarrollo Social de la Nación.

Desde su creación, el objetivo principal del programa es la promoción de huertas familiares, escolares y comunitarias entre las poblaciones en situación de pobreza con la finalidad de contribuir a mejorar el acceso básico a alimentos. El programa se desarrolla a partir de la dirección y coordinación de técnicos del INTA más un conjunto de actores, denominados "promotores", que se encargan de trabajar con la comunidad.

Actualmente se destaca por su cobertura territorial, estabilidad temporal, visibilidad pública y cantidad de usuarios implicados. De acuerdo con datos del propio INTA, el ProHuerta está coordinado por 700 técnicos de la institución, a los que se suman alrededor de 19.000 promotores o agentes multiplicadores, que acompañaban el programa.

La red de articulación comprende más de 9.600 instituciones, que incluyen escuelas y entidades municipales, provinciales y nacionales. A través de la acción de técnicos y promotores, el ProHuerta promueve en la actualidad unas 630.000 huertas familiares y 148.000 granjas, de las cuales el 33% se encuentra en áreas rurales, el 40% en áreas urbanas y el 27% en grandes ciudades (ProHuerta, 2010).

Luego de dos décadas de implementación, es posible señalar que el Programa Nacional ProHuerta se posicionó políticamente como actor responsable de la coordinación y alineamiento de elementos humanos y no humanos en una poderosa alianza socio-técnica:

- *Paquete tecnológico*[11] para familias, escuelas u organizaciones sociales (usuarios-beneficiarios), que consiste en insumos básicos como semillas, manuales de capacitación y herramientas básicas de zafra (Alemany, 2009).
- *Servicios e insumos*. Las semillas que provee el ProHuerta son producidas por un proveedor, un grupo de ex peones rurales desocupados transformados en cooperativistas gracias al apoyo del programa Minifundios del INTA, denominado Federación de Cooperativas Agrícolas de San Juan (FECOAGRO).[12] Durante casi 15 años, el paquete de semillas fue similar en todo el país; sin embargo, en los últimos años se diversificó y diferenció la oferta según el territorio. El principal proveedor de servicios de asistencia técnica para pequeños emprendimientos productivos (pollos, cabritos, etc.) son los técnicos del INTA. Y existen algunas ONG que colaboran en el apoyo técnico, en general financiadas por el Estado –caso del PROINDER–. Algunas escuelas técnicas rurales han desarrollado capacidades en este sentido.
- Los *insumos cognitivos* provistos por el programa son: a) las cartillas didácticas dirigidas a técnicos y usuarios sobre cómo desarrollar la "huerta orgánica intensiva" y la "chacra"; b) la capacitación masiva a desocupados con bajo nivel educativo y escasos recursos económicos; c) la capacitación a técnicos extensionistas de INTA y a grupos de voluntarios en comunidades de Buenos Aires y otras provincias para integrarlos a las actividades del programa, denominados "promotores"; d) algunas "unidades demostrativas" en las estaciones experimentales del INTA para realizar capacitaciones prácticas con los beneficiarios; y e) distintos formatos de comunicación: radios, videos, folletos.

  En las capacitaciones se dictan contenidos teóricos y se ensayan actividades de preparación, siembra y mantenimiento de las huertas en unidades demostrativas tipo. Luego de la crisis del año

---

[11] El programa ProHuerta tuvo origen en una serie de modelos tecnológicos denominados "huerta orgánica intensiva" y "chacra" para la pequeña producción realizados por el Centro de Promoción e Investigación Educativa y Social. El programa recuperó esos modelos y los hizo la pieza clave de la nueva política nacional.

[12] Consiguieron terrenos fiscales para producir en el marco de la política de Diferimientos Impositivos que se comenzaba a aplicar en San Juan a inicios de los años noventa (Montaña, 2010).

2001, la retórica política del programa se orientó a trabajar con los enfoques teóricos de la economía social y solidaria, la agroecología y las perspectivas de investigación-acción participativa para la agricultura familiar. Esto problematizó nuevas cuestiones, como la comercialización, la logística de transporte, la financiación de insumos, la sanidad y salubridad de los productos, la calidad y cantidad, entre otras. Algunos grupos de técnicos comenzaron a trabajar en este sentido (ProHuerta, 2010). En términos de desarrollo tecnológico, el ProHuerta priorizó la visión de "tecnologías apropiadas" y la autoconstrucción. El programa no logró utilizar las capacidades de investigación del INTA; por ejemplo, sus lazos internos con el área de horticultura han sido casi inexistentes (Montaña, 2010).

- Las *políticas públicas y actores estatales* tuvieron un papel fundamental en la construcción de apoyos políticos. En sus inicios, el programa fue viabilizado por la firma de convenios entre el Ministerio de Salud, el Ministerio de Desarrollo Social de la Nación y el INTA. Progresivamente, integró distintos organismos regionales del INTA y contrató a tiempo parcial a técnicos de extensión rural. Después de la crisis de 2001, el ProHuerta fue priorizado por el INTA, tanto política como financieramente, en el marco del PROFEDER, lo cual le dio sustentabilidad y capacidades para ampliar su cobertura territorial. Sobresale la cooperación *interna* en el INTA con otros programas de PROFEDER. A su vez, cabe señalar que el ProHuerta comenzó a desarrollar asistencia técnica para utilizar su modelo de seguridad alimentaria en otros países en vías de desarrollo. Esto permitió posicionarlo políticamente.

- *Redes y movimientos sociales.* El programa consolidó la articulación con distintas organizaciones y movimientos sociales a nivel nacional e internacional y ganó visibilidad pública, legitimidad social y apoyo político. A nivel territorial, el programa consolidó un proyecto de "promotores" comunitarios que realizan actividades de capacitación y participación comunitaria. Los voluntarios pertenecen a instituciones locales, como escuelas, centros de salud, asociaciones vecinales o de congregaciones religiosas, y fueron capacitados por los técnicos de ProHuerta. Este modelo de promotores permitió ampliar la cobertura territorial y generar nodos de trabajo relativamente estables (Martín Pulido, 2005).

- El *financiamiento* es principalmente estatal. Los recursos financieros están orientados a organizaciones sociales o cooperativas para la compra de maquinaria y herramientas o insumos. En algunos casos se financian proyectos socioproductivos de organizaciones.
- *Cadenas productivas*. El ProHuerta tiene actualmente el objetivo de generar entramados comerciales solidarios pero aún sus "éxitos" son aislados. Uno de los problemas de la pequeña producción agrícola es su condición territorial fragmentada y aislada que no logra volumen de excedente para tener renta extraordinaria. En este sentido, luego de la crisis de 2001, el ProHuerta buscó actuar como agente de apoyo a ferias solidarias para ubicar localmente el excedente de producción de los emprendimientos de los huerteros, organizar la logística y reducir sus costos, mejorar la dotación tecnológica, etc. Si bien todos esos esfuerzos fueron importantes, no logró constituir ni consolidar sistemas productivos a escala regional. En el mejor de los casos, se dan algunas dinámicas socioproductivas locales y focalizadas.

El papel del programa es clave y central para el funcionamiento de la alianza socio-técnica construida por ProHuerta (figura 5). Este programa es tanto el principal proveedor de semillas y herramientas como el financiador de recursos humanos y materiales; es el responsable dinamizador y comunicador entre sus integrantes así como coordinador de los asesores técnicos, productor de conocimientos especializados, etc. Sin el ProHuerta, la alianza para la agricultura familiar se debilitaría, no tendría orientación ni sentido.

El análisis comparativo de las alianzas del sistema agropecuario y del ProHuerta permite establecer algunas diferencias y semejanzas entre ambas. Como se señaló anteriormente, el SAA produce alimentos para casi 400 millones de personas, mientras que el ProHuerta genera condiciones para complementar la alimentación de alrededor de unos tres millones de argentinos. La escala muestra que no juegan en el mismo nivel; sin embargo, hasta ahora ambas alianzas han sido estables.

Comparativamente, el SAA construyó relaciones fuertes a partir de la distribución de poder y conocimiento, la concentración de capital y tierras. El sistema generó cambios socio-técnicos estructurales que le permiten a la alianza ser difícil de desarticular porque no está en manos de actores o elementos individuales.

Figura 5. Alianza socio-técnica del Programa Nacional ProHuerta

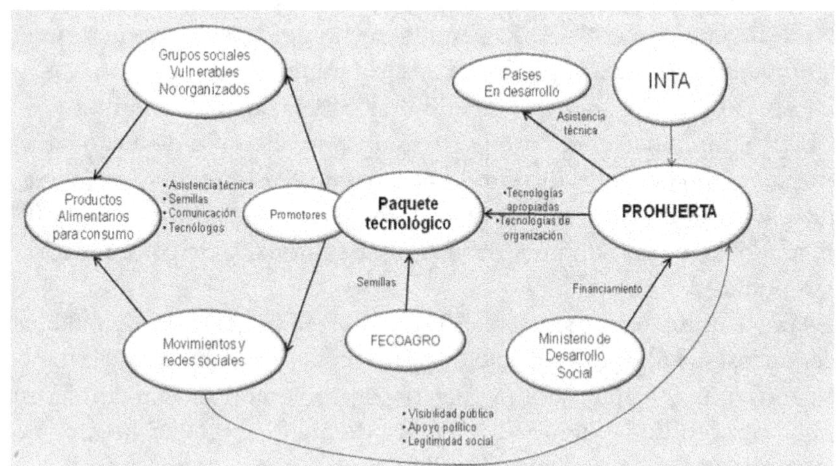

El ProHuerta, por su parte, dada la concentración de funciones del programa en relación con los otros grupos de actores, generó niveles significativos de dependencia de los usuarios con respecto al INTA. Para ser un programa que apunta a la soberanía alimentaria, sus acciones no apuntaron a constituir y formar actores socioproductivos con capacidades propias para plantear objetivos políticos para la agricultura argentina. Su objetivo quedó sujeto a resolver el problema alimentario como un problema puntual y de carácter privado-familiar u organizacional, no sistémico.

El SAA respaldó su crecimiento en el carácter intensivo de los conocimientos producidos, por lo que impulsó operaciones de I+D+i tendientes a mejorar su productividad, competitividad y cadenas productivas. Para los grupos integrantes de la alianza del SAA, la tecnología –de producto, de proceso y organizacional– está presente en todo el proceso socioproductivo. En ese sentido, los grupos que coordinan y alinean la alianza tienen plena conciencia del rol que cumple la innovación y la necesidad de controlarla.

Por su parte, el ProHuerta desarrolló un paquete tecnológico básico, de bajo componente cognitivo y que sufrió algunas variaciones en el tiempo. Si bien por su baja complejidad el paquete es fácil de escalar, no problematiza las cuestiones de fondo de la agricultura familiar como sector específico (y minoritario en importancia) dentro de la economía agropecuaria nacional, tampoco plantea claramente su integración o disputa con el SAA. El paquete tecnológico, sobre todo a nivel cognitivo, reproduce y estabiliza las diferencias socioeconómicas y tecno-productivas que pretende eliminar en sus objetivos normativos.

El programa nacional ProHuerta es un claro ejemplo de tecnologías apropiadas, en el cual el desarrollo de usuarios "estereotipados" obstaculiza la generación y adaptación de nuevas opciones (Montaña, 2010). Sus mayores logros son en términos organizativos y de comunicación de la política.

Aun cuando claramente el SAA y el ProHuerta tienen notables diferencias, en algunos aspectos negativos las limitaciones a la hora de configurar y actuar sobre situaciones problemáticas son similares; ambos carecen de flexibilidad a la hora de atender requerimientos no contemplados en la modelización de los usuarios. Cuando un actor o grupo de actores sale de la alianza socio-técnica del SAA, se supone que se debe a que el actor no supo adecuarse al sistema. En el caso del ProHuerta es igual, las potenciales fallas del sistema huertero atribuyen al usuario las responsabilidades por su propio emprendimiento. Si la huerta produce lo suficiente para alimentarse, depende de las capacidades y recursos del huertero u organización.

Ambas "agriculturas" tienen sus detractores y aun así se mantienen estables. El *agribusiness* ha sufrido numerosas críticas desde sectores ambientalistas y de movimientos y organizaciones sociales y políticas que reprueban el modelo de concentración productiva que promueve. Sin embargo, esos debates no afectan el modelo productivo del SAA. Por otro lado, en el INTA, algunos sectores de investigación y de extensión rural consideran el ProHuerta como una política asistencialista ajena a los fines institucionales de mejorar la productividad nacional agrícola. A su vez, ha sido cuestionado por su perfil *transferencista* y poco innovador.

En síntesis, en ambos casos, las alianzas socio-técnicas lograron estabilidad sostenida en el tiempo y el espacio a partir de la articulación virtuosa de actores sociales, diferentes tecnologías y conocimientos, normativas y regulaciones. Sin embargo, al pensar por qué el ProHuerta no genera cambios socioproductivos estructurales, es posible decir que su accionar es restringido a usuarios con escasa articulación entre sí y con escasa capacidad de apropiación de los procesos, lo que impide reproducir el sistema productivo sin la presencia del programa.

A pesar de estas observaciones, el ProHuerta es un excelente ejemplo de política pública que ha logrado atravesar crisis socioeconómicas e institucionales, ha mejorado y *exportado* un modelo de producción alimentaria de inclusión social, tiene amplia difusión y legitimidad social, articula actores sociales con un amplio alcance territorial y cuenta con un paquete tecnológico de fácil apropiación social.

Reflexiones finales

En los últimos años se produjeron algunos cambios en la orientación de la política agraria nacional, en particular a favor de iniciativas orientadas a la agricultura familiar y otros grupos sociales vulnerables. En la resolución del problema alimentario, el conocimiento científico y tecnológico jugó un rol clave para impulsar cambios en el modelo tecnoproductivo y socioeconómico.

A continuación se retoman algunas preguntas que fueron eje de este artículo y se destacan algunos aprendizajes acumulados a partir de las experiencias promovidas por las políticas tecnológicas alimentarias.

¿Cómo mejorar las estrategias y políticas de producción de alimentos basadas en el diseño e implementación de Tecnologías para la Inclusión Social (TIS)?
Al estudiar los planes, programas e iniciativas generados por la política agroalimentaria, se destaca que la problematización de la producción de I+D dirigida al desarrollo inclusivo aún se encuentra escasamente presente en la agenda pública nacional y, generalmente, de forma marginal. A veces aparece de forma intuitiva, pero sin reflexión sobre el peso que tiene en los procesos socioproductivos.

En ese sentido, es necesario generar incentivos para que los científicos y tecnólogos, en principio dedicados al sector agroalimentario, reorienten sus intereses de investigación hacia problemáticas complejas de desarrollo inclusivo y sostenible, y específicamente a aquellos grupos sociales más vulnerables de la agricultura rural, periurbana y urbana. Un ejemplo es la reorientación de las políticas de financiamiento de los investigadores públicos y los becarios de doctorado del Consejo Nacional de Investigaciones Científicas y Técnicas hacia estas áreas temáticas fortaleciendo el interés en la aplicación práctica para la resolución de problemas sociales locales.

Para mejorar las estrategias y políticas, es importante no confundir términos y acciones. Numerosos programas públicos afirman generar investigación; sin embargo, en muchos casos se trata de sistematización de información. Sistematizaciones que son realizadas sin que cumplan un papel en la toma de decisiones. A diferencia de la investigación que realiza un análisis y permite comprender las diferencias entre distintas opciones tecno-productivas, la sistematización pierde rápidamente su vigencia y es información muy básica.

Por otro lado, salvo en casos muy específicos, como PROINDER, las sistematizaciones, informes técnicos e investigaciones realizadas por el Estado y para él no están disponibles para todo tipo de usuario y dentro del mismo Estado se desconoce la clase de información que se dispone. Esto dificulta la acumulación de capacidades cognitivas para los tomadores de decisión.

Algo similar sucede cuando se habla de "innovación y desarrollo tecnológico" para la agricultura familiar, cooperativistas u otros grupos sociales. En general, en estos programas se trata de utilizar ciertas tecnologías "maduras" o "apropiadas" en nuevas comunidades o bien, de realizar algunas adaptaciones a ciertos artefactos disponibles. La I+D+i permite generar nuevas alternativas en la relación tecnología-pobreza. Existen ejemplos muy puntuales de innovación para resolver un problema alimentario, como el caso "Yogurito", un suplemento alimentario para niños que almuerzan en comedores públicos en Tucumán. En ese caso, no sólo se innovó en el producto y se construyó una red de proveedores cooperativistas para su producción y distribución, sino que se articularon capacidades estatales de diverso tipo para su realización.

La elaboración de estrategias y políticas alimentarias requiere la sistematización y el análisis de los aprendizajes de las experiencias desarrolladas así como el conocimiento profundo de las capacidades institucionales y tecnológicas acumuladas para saber cómo articularlas y coordinarlas.

¿Cómo optimizar los procesos de implementación de estas políticas?

Al analizar políticas públicas que vinculan el desarrollo tecnológico con la inclusión social, se observa una serie de dificultades y problemas en su proceso de implementación:

- la acumulación socio-cognitiva y las tecnologías utilizadas se basan predominantemente en concepciones de tecnologías "apropiadas" o bajo conocimiento intensivas;
- en general, estas iniciativas reproducen relaciones usuario-productor de carácter asistencialista y de transferencia de tecnología, en las que el rol del productor familiar es marginal; y
- el resultado de las intervenciones son soluciones puntuales cuando lo que enfrentan son problemas sistémicos.

En principio, estos aprendizajes muestran que los efectos de las políticas públicas sobre el modelo de producción y distribución de alimentos continúan siendo marginales o focalizados.

Para mejorar el proceso de implementación, es necesario promover la configuración de Sistemas Tecnológicos Sociales (STS); formas de diseñar, producir, implementar y evaluar tecnologías para la resolución sistémica de problemas sociales y ambientales. Estos STS pueden entenderse como alianzas socio-técnicas largas y estables que dinamicen la articulación y coordinación de elementos heterogéneos: diversos paquetes tecnológicos; servicios agropecuarios; normativas y regulaciones, políticas públicas y actores estatales; redes y organizaciones empresariales; sistema de crédito y subsidios; sistema financiero; innovación, desarrollo tecnológico e investigación; etc.

¿De qué manera participan los diversos actores en la dinámica de diseño, desarrollo e implementación de las TIS?

Tanto las estrategias como las experiencias de I+D implican repensar la relación usuario-productor en diversos niveles (beneficiario-productor estatal; beneficiario-productor estatal-redes de organismos estatales vinculados; productor estatal-productores privados; etc.)

Del beneficiario. En las iniciativas públicas de TIS suelen generarse espacios de presentación de los instrumentos de política y también talleres para adaptar algunos artefactos y/o procesos socioproductivos. Esto supone que el usuario está participando en el proceso decisorio. Sin embargo, esa "participación" suele estar ligada a la legitimación de decisiones tomadas por funcionarios y técnicos más que a la producción de aprendizajes colectivos.

En el mismo sentido, algunos instrumentos públicos de financiamiento suponen que el mercado de tecnologías dispone de la dotación tecnológica que el usuario requiere. A su vez, suponen que el usuario recibe sólo beneficios de su utilización sin prever los problemas de la adopción tecnológica. Por ejemplo, la compra de un tractor implica nuevos conocimientos, nuevos costos, nuevas tareas de mantenimiento, nuevos tiempos productivos, etc. En el caso de los pequeños productores familiares, no son correctos ni el primer supuesto ni el segundo.

Del productor estatal. Hasta ahora, las relaciones que priman en la toma de decisiones socio-técnicas de estos programas son de carácter *top-down* (de arriba abajo). En el diseño, los funcionarios estatales definen la orientación de la política y esta impronta se mantiene durante todo el trayecto del proceso de implementación.

A su vez, la articulación y coordinación de capacidades a nivel horizontal entre ministerios y organismos públicos tiene numerosos problemas (diferentes burocracias internas, voluntades políticas, etc.) que dificultan los aprendizajes por interacción y generan altos costos para el Estado.

Del productor privado. Los nichos de mercado conformados por la agricultura familiar y otros pequeños sectores alimentarios no constituyen un mercado interesante para las empresas con capacidades en I+D. Por lo cual, la relación beneficiario-productor privado para generar modificaciones o nuevos diseños tecnológicos adecuados para estos nichos está escasamente trabajada.

Sin embargo, la compra estatal y el apoyo público a cooperativas y empresas recuperadas están cambiando muy paulatinamente esa situación en algunos casos, aunque con escasas capacidades de escalamiento. La relación Estado-empresa-beneficiario es parte de los desafíos que enfrentan iniciativas como la CAMAF.

En este sentido, las relaciones usuario-productor requieren: a) articular y coordinar capacidades institucionales entre ministerios y organismos públicos para establecer acciones que permitan superar los problemas actuales de alimentación y desarrollo social; b) construir procesos estables de reflexión sobre las formas de complementación de lógicas de conocimiento y tecnológicas de técnicos y usuarios; c) el financiamiento público debe establecer señales claras que evidencien la comprensión gubernamental sobre la importancia de la innovación, el desarrollo tecnológico y/o la utilización de TIS para la resolución de la problemática de la exclusión; y d) en el mismo sentido, es necesario generar procesos de evaluación de conocimientos y formas de articulación de movimientos y organizaciones sociales (cooperativas y ONG) con organismos de ciencia y tecnología (laboratorios de I+D públicos y privados, universidades).

Es necesario que el Estado se focalice en construir estrategias y políticas que promuevan la creación de STS orientados a modificar estructuralmente el sistema agropecuario y agroindustrial nacional para generar dinámicas sociales inclusivas y ambientalmente sostenibles. Existen señales en ese camino, pero el desafío requiere repensar profundamente las estrategias socio-técnicas de producción y distribución de alimentos para una transformación de la sociedad.

Referencias bibliográficas

Alemany, C., 2009, "Los cambios de la extensión del INTA y su relación con los paradigmas del desarrollo", Buenos Aires: INTA.

Banco Mundial, 2011, *Perspectivas Económicas Mundiales: Mantener los avances en medio de la inestabilidad.* Disponible en: http://siteresources.worldbank.org/INTGEP/Resources/335315-1307471336123/7983902-1307479336019/GEP2011JunOverview_SP.pdf.

Bargiela, S., Heitz, M., Harburguer, D., Lladó, F. y Naranjo, R., 2005, *Plan Social "Manos a la Obra".* Buenos Aires: Gerencia Social para el Desarrollo Humano.

Barsky, O., 2008, "Conflicto rural-urbano y políticas públicas en Argentina", en Balsa, J., Mateo, G. y Hospital, M. S., *Pasado y presente en el agro argentino,* Buenos Aires: UNQ-Lumiere.

Bisang, R., 2003, "Apertura económica, innovación y estructura productiva", en *Desarrollo Económico. Revista de Ciencias Sociales,* 43(171), Buenos Aires: Instituto de Desarrollo Económico y Social, pp. 413-442.

————, 2008, "La agricultura argentina: Cambios recientes, desafíos futuros y conflictos latentes", España: Fundación Real Instituto Elcano.

Bisang, R., Anlló, G. y Campi, M., 2009, *Una revolución (no tan) silenciosa. Claves para repensar el agro en Argentina.* Disponible en: http://live.v1.udesa.edu.ar/files/UAAdministracion/SEMINARIOS/Bisang%20IDES6.pdf

Bochetto, R., 2004, "El INTA hoy", en *Revista Alimentos Argentinos*, nº 26, Buenos Aires: SAGPyA.

Brieva, S., 2006, *Dinámica socio-técnica de la producción agrícola en países periféricos: configuración y reconfiguración tecnológica en la producción de semillas de trigo y soja en Argentina, desde 1970 a la actualidad* (tesis doctoral), Buenos Aires: FLACSO.

Cáceres D., 2005, "Tecnología, sustentabilidad y trayectorias productivas", en Benencia, R. y Flood, C. (eds.), *Trayectorias y contextos. Organizaciones rurales en la Argentina de los noventa*, Buenos Aires: La Colmena.

CESNI, 2008, *Avances en la legislación alimentaria. Adopción de perfiles nutricionales aplicados a alimentos.* Disponible en http://biblioteca.cesni.org.ar/references/13ade904a73d4994171a0000

CIPAF, 2005, *Programa Nacional para la Pequeña Agricultura Familiar*, Buenos Aires: INTA.

Declaración de Nyéléni, 2007, Nyéléni, Selingue, Malí. Disponible en http://www.nyeleni.org/spip.php?article291

FAO, 2010, *Perspectiva de cosechas y situación alimentaria.* Disponible en http://www.fao.org/docrep/013/al972s/al972s00.pdf

García Delgado, D. y Casalis, A., 2005, "Desarrollo local protagónico y proyecto nacional", en *Desarrollo local y proyecto nacional.* Buenos Aires: Federación Argentina de Municipios.

INDEC, *Censos de Población 1980.* Disponible en www.indec.gov.ar.

———, *Censos de Población 1991.* Disponible en www.indec.gov.ar.

———, *Censos de Población 2001.* Disponible en www.indec.gov.ar.

———, *Línea de indigencia y pobreza 2012.* Disponible en www.indec. gov.ar.

INTA, 2004, *Plan estratégico institucional 2005-2015*, Buenos Aires: INTA.

Juarez, P., 2011, "El Estado frente al hambre: la política de investigación y desarrollo de tecnologías para la pequeña agricultura familiar del Instituto Nacional de Tecnología Agropecuaria (2005-2009)", en V Escuela de Jóvenes Investigadores (II Escuela Doctoral Iberoamericana) de Estudios Sociales y Políticos sobre la Ciencia y Tecnología, San José de Costa Rica, Costa Rica, 28 de junio al 1 de julio.

———, 2012, "Política tecnológica para el desarrollo inclusivo en instituciones públicas de I&D: ¿Cómo se construye su funcionamiento? (Argentina, 2004-2009)", en *Conocer para transformar II. Producción y reflexión sobre ciencia, tecnología e innovación en Iberoamérica*, Caracas: UNESCO-IESALC-ESOCITE-Universidad de Costa Rica.

Juarez, P. y Montaña, S., 2011, "El desafío de la innovación y el cambio tecnológico orientado a la Seguridad y Soberanía Alimentaria. Análisis socio-técnico del caso del probiótico *Yogurito*", Congreso Argentino de Ciencia y Tecnología de Alimentos.

Juarez, P. y Serafim, M., 2010, "Tecnologías para la inclusión social y políticas públicas en América Latina: la problemática alimentaria", Ciencia y Tecnología para la Inclusión Social ESOCITE 2010.

Martín Pulido, P., enero 2005, "El aporte del voluntariado en el Programa ProHuerta en la provincia de San Juan (Argentina). Las redes y el capital social", en *Revista Digital Rural, Educación, Cultura y Desarrollo Rural*, a. 2, n° 4. Disponible en http://educación.upa.cl/revistaerural/erural.htm

Montaña, S., 2010, "Procesos de co-construcción de usuarios del programa de auto-producción de alimentos ProHuerta de INTA. Análisis de dos manuales de usuario", en *Actas de las VIII Jornadas Latinoamericanas de Estudios Sociales de la Ciencia y la Tecnología, Ciencia y tecnología para la inclusión social*, Buenos Aires: ESOCITE.

Obstchatko, E., 1988, *La transformación económica y tecnológica de la agricultura pampeana. 1950-1984*, Buenos Aires: Ediciones Culturales Argentina.

ProHuerta, 2010, *Informe Plan Operativo Anual 2011 (incluye resultados 2010)*. Disponible en www.inta.gov.ar/extension/prohuerta.

Smith, A., 2007, "Translating Sustainabilities between Green Niches and Socio-technical Regimes", en *Technology Analysis & Strategic Management*, 19, pp. 427-450.

Soverna, S., 2008, *El desarrollo rural en Argentina: Situación de las políticas provinciales*, Serie Estudios e Investigaciones, n° 18, Buenos Aires: Secretaría de Agricultura, Ganadería, Pesca y Alimentos.

Thomas, H., 2008, "Estructuras cerradas vs. procesos dinámicos: trayectorias y estilos de innovación y cambio tecnológico", en Thomas, H. y Buch, A. (coords.), Fressoli, M. y Lalouf, A. (colabs.), *Actos, actores y artefactos. Sociología de la tecnología*, Bernal: UNQ.

Otra bibliografía sugerida

Carballo G., 2002, *Extensión y transferencia de tecnología en el sector agrario argentino*, Buenos Aires: Facultad de Agronomía.

Dagnino, R. (org.), 2010, *Tecnologia social: ferramenta para construir outra sociedade*, 2ª ed. (revisada y ampliada), Campinas: Komedi.

Juarez, P., Gisclard, M., Goulet, F. y otros, 2014, "Argentina: políticas de agricultura familiar y desarrollo rural", en Sabourin, Eric, Samper, Mario y Sotomayor, Octavio (orgs.), *Políticas públicas y agriculturas familiares en América Latina y el Caribe. Balance, desafíos y perspectivas*, Santiago de Chile: CEPAL.

Oudshoorn, N y Pinch, T., 2003, *How Users Matter: The Co-construction of Users and Technology*, Cambridge: MIT.

Presidencia de la Nación, 2007, *Objetivos del Milenio. Informe País.* Disponible en http://www.politicassociales.gov.ar/odm/pdf/ip2007.pdf.

PROINDER, 2003, *Los programas de desarrollo rural ejecutados en el ámbito de la SAGPYA*, Serie Estudios e Investigaciones, n° 1, Buenos Aires: PROINDER.

Thomas, H., 2009, *Tecnologías para la inclusión social y políticas públicas en América latina.* Disponible en http://tecnologiassociales.blogspot.com.ar/p/recursos-en-tecnologias-e-inclusion.html.

Anexo. Políticas públicas de TIS en producción de alimentos

Ministerio de Agricultura, Ganadería y Pesca

Programa Social Agropecuario (PSA). Actualmente Subsecretarías Provinciales de Agricultura Familiar. Inicio: 1993. Objetivo y acciones: Asistencia técnica y capacitación para pequeños productores. Desarrollo y/o implementación de "tecnologías apropiadas" para mejorar la producción. Líneas de crédito no bancario y apoyo al fortalecimiento de organizaciones de productores. Usuarios: Pequeños productores con límites de capital e ingresos.
Programa Federal de Reconversión Productiva para la Pequeña y Mediana Empresa Agropecuaria (Cambio Rural). Inicio: 1993. Objetivo y acciones: Asistencia técnica en mejoramiento de las capacidades institucionales. Búsqueda y acceso a créditos. Experimentación adaptativa según requieran los proyectos. Usuarios: Grupos y redes de pequeños y medianos productores.

Proyecto de Desarrollo de Pequeños Productores Agropecuarios y su adicional (PROINDER). Inicio: 1998.
Objetivo y acciones: Apoyar iniciativas rurales (obras de infraestructura comunitaria, autoconsumo, producción para el mercado, sistemas de comercialización) y generar fortalecimiento institucional de los gobiernos provinciales: apoyo técnico, capacitación de técnicos y contribución de soporte científico y técnico sobre "tecnologías apropiadas" orientadas a los pequeños productores agropecuarios.
Usuarios: Pequeños productores, trabajadores transitorios agropecuarios y no agropecuarios con NBI.

Programa de Desarrollo Rural del Noreste (PRODERNEA). Inicio: 1998.
Objetivo y acciones: Promueve autogestión de pobladores rurales e indígenas. Asistencia técnica y financiera, apoyo en la gestión de proyectos y capacitación para aumentar y diversificar las explotaciones existentes, facilitar cambios tecnológicos y capitalizar a las pequeñas unidades productivas y de negocios.
Usuarios: Pequeños productores en situación de pobreza rural.

Programa de Desarrollo Rural del Noroeste (PRODERNOA). Inicio: 1998.
Objetivo y acciones: Obras de infraestructura, principalmente de provisión de agua; proyectos productivos de autoconsumo; formar técnicos capacitados y sensibilizados acerca de la problemática regionales.
Usuarios: Pequeños productores con capacidad de gestión. Aborígenes y campesinos.

Programa de Desarrollo Rural de la Patagonia (PRODERPA). Inicio: 1998.
Objetivo y acciones: Mejorar las pequeñas unidades productivas y de negocios. Apoyo técnico centrado en actividades agrícolas, ganaderas, forestales, microempresariales y artesanales, en el marco de una estrategia operativa impulsada por la demanda, participativa y orientada al mercado.
Población rural pobre de más de 14 años.

Ley 26141. Régimen para la recuperación, fomento y desarrollo de la actividad caprina. Inicio: 2006.
Objetivo y acciones: Financiamiento (reintegrable o no reintegrable) para mejorar el sistema productivo y las condiciones de vida. Asistencia técnica en producción y comercialización caprina. Capacitación.
Usuarios: Productores caprinos (esp. por debajo de la líneas de pobreza).

Instituto Nacional de Tecnología Agropecuaria

Unidad de Planes y Proyecto de Investigación y Extensión para Pequeños Productores Minifundistas. Inicio: 1987.
Asistencia técnica a proyectos productivos. Acciones de experimentación adaptativa, fundamentalmente insumos para la realización de tareas de validación de tecnología. Se promueve la búsqueda y apoyo para la obtención de aportes crediticios a los proyectos asistidos.
Usuarios: Pequeños productores minifundistas.

Programa ProHuerta Promoción para la Autoproducción de Alimentos. Inicio: 1990.
Fortalecimiento de las capacidades de autoproducción en sectores socialmente vulnerables, tanto familias como redes prestacionales. Capacitación, apoyo técnico, desarrollo y/o implementación de "tecnologías apropiadas" para la producción de alimentos orgánicos.
Usuarios: Familias urbanas y rurales con necesidades básicas insatisfechas.

Programa Federal de Apoyo al Desarrollo Rural Sustentable (PROFEDER). Inicio: 2003.
El énfasis está puesto en la seguridad alimentaria, la modernización del sector agroalimentario y agroindustrial, la inclusión social de pequeños productores y el manejo sustentable de los recursos naturales.
Usuarios: Familias pobres, agricultores familiares, minifundistas y medianos, actores sociales y sectoriales.

Programa para Productores Familiares (PROFAM). Inicio: 2003.
Apoyo a iniciativas de grupos de productores familiares para generar e implementar proyectos productivos participativos. Asistencia técnica y desarrollo de experimentación adaptativa.
Usuarios: Productores familiares.

Programa Nacional de Investigación y Desarrollo Tecnológico para la Pequeña Agricultura Familiar (CIPAF e IPAFs). Inicio: 2005.
Con el objetivo de la seguridad y soberanía alimentaria subraya el papel del desarrollo de I+D, adaptación y/o validación de "tecnologías apropiadas" (y apropiables) para el desarrollo sostenible de la pequeña agricultura familiar. Es central el empoderamiento de los actores sociales de la AF. Fomentar la producción agroecológica.
Usuarios: Pequeña agricultura familiar.

Ministerio de Desarrollo Social

Plan Nacional de Seguridad Alimentaria "El hambre más urgente" (PNSA). Inicio: 2003.
Objetivos y acciones: Asistencia alimentaria; autoproducción de alimentos a las familias y redes prestacionales, gestión descentralizando fondos; educación alimentaria y nutricional. Capacitación y apoyo técnico a huertas y granjas entre otros.
Usuarios: Familias en situación de vulnerabilidad socioeconómica.

Plan Nacional de Desarrollo Local y Economía Solidaria "Manos a la Obra". Inicio: 2003.
Objetivos y acciones: Apoyo económico y financiero a emprendimientos productivos, encadenamientos productivos, servicios de apoyo a la producción y a la comercialización. Fortalecimiento institucional. Asistencia técnica y capacitación a los emprendedores.
Usuarios: Personas, familias y grupos en situación de pobreza, desocupación y/o vulnerabilidad social.

Coordinación de Políticas Sociales

Plan Nacional de Abordaje Integral "Ahí, con la gente". Inicio: 2008.
Objetivos y acciones: Asistencia técnica, capacitación y acompañamiento en el diseño e implementación de proyectos productivos en el marco de la economía social; puesta en marcha de cooperativas y cadenas productivas proveedoras del Estado; asistencia y financiamiento de producción familiar para el autoconsumo.
Usuarios: Familias en situación de vulnerabilidad socioeconómica.

Instituto Nacional de Tecnología Industrial

Programa de Abastecimiento Básico Comunitario. Inicio: 2005.
Objetivos y acciones: Aborda la problemática alimentaria a través de la implementación de un modelo de autogestión comunitaria fortalecido por un programa de transferencia tecnológica. Acompaña a las organizaciones e instituciones sociales en la búsqueda de recursos y la implementación de sistemas de producción alimentaria eficientes que se inserten como proveedores de alimentos saludables en la red alimentaria local y sean gestionados por miembros de la propia comunidad.
Usuarios: Población de bajos recursos. ONG, entidades educativas, y pequeños productores.

Subprograma de Apoyo al Trabajo Popular. Inicio: 2005.
Objetivos y acciones: Generar y transferir tecnología industrial de apropiación colectiva para que emprendedores, grupos, comunidades o sectores industriales eleven la calidad de su producción y, consecuentemente, su calidad de vida.
Usuarios: Emprendedores, grupos, comunidades o sectores industriales.

Subprograma Asistencia a Cooperativas y Empresas Recuperadas. Inicio: 2005.
Objetivos y acciones: Promover el desarrollo sustentable de las cooperativas y empresas recuperadas a partir de la transferencia de tecnologías y herramientas de apropiación colectiva que permita un crecimiento con autonomía en su proceso productivo.
Usuarios: Cooperativas productivas y empresas recuperadas.

Programa de Unidades Productivas Tipo. Inicio: 2005.
Objetivos y acciones: Diseñar y desarrollar modelos de emprendimientos económicamente sustentables para reinsertar a los desocupados en el sistema productivo. Replicación de experiencias UPT.
Usuarios: Población desocupada.

Programa de Calidad de Vida. Inicio: 2005.
Objetivos y acciones: Asesorar a proyectos productivos, de promoción del trabajo y hábitat. Asistir a las comunidades en sus demandas de información y en el desarrollo de alternativas de uso sostenible del recurso agua para bebida humana, animal y uso de riego.
Usuarios: Toda la comunidad.

Subprograma de Tecnologías Sostenibles
Objetivos y acciones: Asesorar, desarrollar y/o implementar tecnologías ecosostenibles para la producción agrícola.
Usuarios: Toda la comunidad.

Ministerio de Ciencia, Tecnología e Innovación Productiva

Fondo Sectorial para Desarrollo Social. Inicio: Primera convocatoria: 2012.
Objetivos y acciones: Financiamiento de proyectos de innovación y desarrollo tecnológico orientados a resolver problemáticas sociales.
Usuarios: Empresas y organismos públicos.

Programa Complementario de Tecnologías para la Inclusión Social. Inicio: 2011.
Objetivos y acciones: Financiamiento de pequeños proyectos de tecnologías para la inclusión social.
Usuarios: ONG, cooperativas e instituciones públicas de I+D (universidades).

Ministerio de Planificación Federal, Inversión Pública y Servicios

Programa de Provisión de Agua Potable, Ayuda Social y Saneamiento Básico (PROPASA)
Objetivo y acciones: Asistencia técnica y financiera para el abastecimiento de agua potable y desagües cloacales para parajes rurales de todos los municipios del país. En este programa se contempla la implementación y uso de diferentes tecnologías según las zonas y problemáticas.
Usuarios: Municipios.

Fuente: elaboración propia a partir de PROINDER (2003) y relevamiento documental.

FACUNDO PICABEA Y MARIANO FRESSOLI

5 | Modelos de intervención, escala y alcances de las estrategias socio-técnicas para la construcción social del hábitat en Argentina

Introducción

El acceso a una vivienda acondicionada, que permita el desarrollo pleno, justo, democrático y en condiciones dignas de la vida en sociedad, continúa siendo en el siglo XXI un problema de relevancia en América Latina. El derecho e inclusión al hábitat es universal, y por lo tanto una responsabilidad social que debe garantizar el Estado. Por ello, casi sin excepción, la construcción de viviendas de interés social en la región está asociada a políticas públicas de promoción, administración y financiamiento de planes específicos. El Estado (a nivel nacional, provincial y municipal) articula estrategias de intervención directa (y en menor medida, indirecta) para paliar el déficit habitacional cuantitativo y cualitativo

Las principales líneas de intervención para atender la problemática habitacional en el país han seguido un estilo tecnoproductivo centralizado y uniforme de abastecimiento de viviendas llave en mano a partir del financiamiento público y el otorgamiento a través de planes nacionales, provinciales y municipales. El estilo lineal favoreció la construcción de una "caja negra" (Whitley, 1972) en torno al sistema de diseño, construcción y financiamiento de las soluciones habitacionales, que terminó imponiendo procesos y productos con muy baja participación de los usuarios.

En ese sentido, uno de los mayores problemas que presenta la política actual de vivienda es su sesgo hacia el diseño e implementación de programas de vivienda a gran escala con escasas o nulas oportunidades de innovación y participación democrática.

El déficit habitacional en la Argentina requiere soluciones innovadoras tanto en términos de gestión pública como en tecnologías, sistemas constructivos y nuevos materiales adecuados socio-técnicamente. Sin embargo, el fenómeno del déficit no sólo debe considerarse en términos de capacidad financiera y/o de aumento de la tasa de construcción. Es preciso comenzar a modificar patrones actuales de construcción si se quiere mejorar el rendimiento energético de las viviendas y avanzar hacia formas de desarrollo sustentable.

¿Cuáles son las razones por las que el Estado no promueve una mayor proporción de investigación y desarrollo (I+D) en el sector de viviendas de interés social? ¿Es posible establecer modelos más participativos en las políticas públicas de viviendas sociales? ¿Qué recomendaciones de política pública pueden formularse para promover una innovación más inclusiva y democrática en el campo del hábitat popular?

Para responder a estas preguntas y proponer nuevas alternativas de política pública sobre el hábitat popular, este trabajo sigue cuatro objetivos.[1] El primero es analizar información estadística sobre el déficit habitacional y modelizar las políticas públicas y la intervención del Estado en el área. El segundo es describir y analizar las principales instituciones y experiencias que implementan tecnologías para la inclusión social en la Argentina. El tercer objetivo es analizar una propuesta alternativa de construcción de viviendas de interés social. El cuarto objetivo, como corolario de los anteriores, es formular algunas recomendaciones de política pública orientadas a resolver el problema del hábitat popular a través de estrategias y modelos más democráticos.

Este capítulo está organizado en cinco secciones. En la introducción se presenta la problemática del hábitat popular, los objetivos y la estructura del trabajo. La segunda sección plantea el acceso a la vivienda como problema social. Por un lado, se realiza un sucinto análisis del déficit habitacional en la Argentina en los últimos años; por otro lado, se describen y analizan las diferentes políticas habitacionales para poder modelizar las estrategias de intervención del Estado en la problemática. La tercera sección presenta el mapa argentino de las instituciones y experiencias de tecnologías para la inclusión social en

---

[1] El contenido de este trabajo constituye un resultado parcial de un programa de investigación financiado por IDRC (Canadá), CONICET, ANPCyT y UNQ.

el área de vivienda. El análisis del relevamiento destaca los principales alcances, límites y perspectivas. En la cuarta sección se presenta y analiza una propuesta alternativa de construcción de viviendas sociales en la ciudad de Villa Paranacito, llevada adelante por el Centro Experimental para la Vivienda Económica (CEVE), de la provincia de Córdoba. En la quinta sección se presentan algunas conclusiones sobre la problemática del hábitat popular y se formulan recomendaciones de política pública y estrategias de intervención alternativas que contemplen el fomento y desarrollo de tecnologías para la inclusión social.

El acceso a la vivienda como problema social

En la Argentina, la mayor parte de los fondos utilizados para realizar viviendas de interés social se concentra en los diferentes programas de la Subsecretaría de Desarrollo Urbano y Vivienda de la Nación (SSDUV).[2] De esta forma, la construcción de viviendas así como de urbanizaciones en el país está dominada en un 95% por la acción del Estado nacional a través del Sistema Federal de la Vivienda (SSDUV, 2010). Esto incluye los programas de instituciones como el FONAVI (Fondo Nacional de la Vivienda), los organismos ejecutores provinciales y de la Ciudad Autónoma de Buenos Aires (los cuales son responsables de la aplicación de la ley en sus respectivas jurisdicciones) y el Consejo Nacional de la Vivienda.[3] En muy pocos casos, las provincias o municipios tienen programas propios de desarrollo significativos. La centralización del financiamiento y del poder de control estatal en el tema de vivienda produce resultados ambivalentes. Por un lado, durante los últimos años, a partir de la recuperación de las capacidades estatales, se aumentó considerablemente la construcción de viviendas con fines sociales. Al mismo tiempo, el modelo de intervención estatal arrastra críticas por su carácter centralizado, lineal y de escasa partici-

---

[2] A ese respecto, Benjamín Nahoum, asesor de la Federación Uruguaya de Cooperativas de Vivienda por Ayuda sostiene: "He estado en muchos lugares y no conozco ninguno en que la vivienda social no la tenga que financiar el Estado. Estamos hablando de sectores que no tienen capacidad de pagar los costos y el Estado es el único que puede subsidiar" (entrevista de L. Rómboli, en *La Diaria*, 26/4/2012).

[3] Programa reglamentado a través de la ley nacional 24.464. El 5% restante corresponde a empresas, ONG y cooperativas que financian la construcción de viviendas directamente en el sistema financiero (CONAVI, 2010).

pación de los beneficiarios. El punto paradójico en este sentido es que el aumento de la construcción de viviendas sociales podría en realidad resultar contraproducente en relación con otros problemas, como accesibilidad, acceso a bienes y servicios básicos y sustentabilidad de los modelos constructivos. Esta sección analiza esa tensión entre el reciente incremento de la construcción de viviendas sociales y los mecanismos seleccionados para hacerlo.

El déficit habitacional: más que un problema cuantitativo

Según datos del censo nacional de 2010 realizado por el INDEC, la población aumentó un 10,6% en los últimos diez años hasta alcanzar los 40.117.096 habitantes.[4] En la actualidad, existen en la República Argentina 12.171.675 hogares que ocupan 11.317.507 viviendas particulares. De esta manera, la cantidad de viviendas aumentó el 16,5% respecto de 2001, mientras que la cantidad de hogares aumentó un 20,8% respecto del mismo período. Estos datos concluyen que aumentó un 3,5% el número de viviendas compartidas, a la vez que se redujo el tamaño de los hogares a un promedio de 3,3 habitantes (Hancevich y Steinbrun, 2009).

Cuadro 1. Viviendas particulares habitadas, hogares y población censada (2001-2010)

Total país	Año		Variación en% 2001-2010
	2001	2010	
Población	35.927.409	39.672.520	10,4
Viviendas	9.712.661	11.317.507	16,5
Hogares	10.075.814	12.171.675	20,8
Diferencia	363.153	854.168	135,2

Fuente: elaboración de la Dirección Nacional de Políticas Habitacionales e información del Censo 2001 y 2010 del INDEC, www.indec.gov.ar. Nota: Los datos de población total no incluyen a las personas censadas en calle.

A partir de la información disponible, puede concluirse que en la actualidad existe una necesidad bruta de 854.168 nuevas viviendas. Por otra parte, debe considerarse, de acuerdo con la clasificación de las viviendas según sus materiales y condición general, que existen

---

[4] Estos datos consideran la población censada en calle.

514.701 unidades que son consideradas irrecuperables y deben ser totalmente reemplazadas, de forma que, en la actualidad, al menos 1.368.869 hogares carecen de vivienda o requieren su reemplazo.[5] Finalmente, a este diagnóstico debe sumarse que 4.163.319 hogares requieren algún tipo de reparación o mejoras en las condiciones habitacionales en sus viviendas (figura 1).[6]

Figura 1. Hogares según calidad material de la vivienda

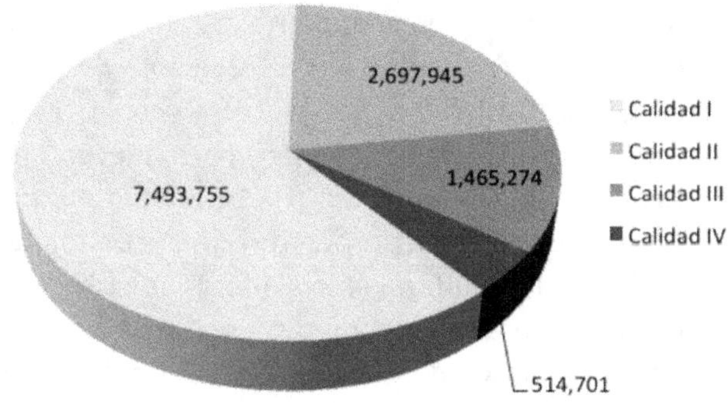

Fuente: elaboración propia a partir de datos del Censo 2010 y SSDUV, 2010.

Otro elemento que afecta la problemática habitacional es la concentración de la población en las grandes ciudades. La crisis económica de 2002, primero, y la recuperación, después, favorecieron un período de casi diez años de migraciones internas que aumentó la concentración urbana. Si bien en todo el país se generaron algunas nuevas urbanizaciones y se expandieron los ejidos periurbanos a través de la creación de nuevos barrios, en general, el destino de los migrantes de bajos recursos fueron las grandes ciudades, lo que favoreció la formación

---

[5] La información disponible en las publicaciones del Censo 2010 del INDEC sobre calidad de los materiales se calcula sobre hogares y no sobre viviendas.

[6] Con respecto a la calidad de los materiales con los que están construidas las viviendas, se considera aceptables aquellas viviendas en condiciones materiales satisfactorias y que no requieren reparación o ampliación para responder a las necesidades del hogar (calidad I). Las viviendas recuperables deben ser modificadas, ya sea ampliadas o reparadas, para que su calidad material se torne adecuada (calidad II y calidad III). Por último, la situación de las viviendas irrecuperables es tan precaria que impide realizarles alguna mejora y es necesario que sean reemplazadas por nuevas viviendas (calidad IV) (SSDUV, 2010).

de asentamientos y villas miseria (Cravino, Del Río y Duarte, 2008). La presión demográfica y la incorporación de tecnología han originado la expansión e intensidad de la utilización ambiental en los sitios urbanos con saldos de deterioro ambiental y crecientes factores de riesgo y exposición al peligro (Rodulfo, 2008). Este fenómeno aumentó significativamente en los últimos años la proporción de viviendas que carecen de condiciones mínimas para su ocupación, como materiales normalizados, instalaciones sanitarias, acceso seguro, etc.

Durante la mayor parte de la última década, el Estado nacional realizó una importante inversión en materia de viviendas sociales a través de diversos programas federales (Reactivación, Solidaridad, Plan Federal, FONAVI, etc.). Así, entre 2006 y 2010 se construyeron 813.360 viviendas, mientras que 114.816 viviendas permanecen en ejecución. De esta manera, si la población no creciera durante la próxima década, la política actual de construcción promedio de aproximadamente 185 mil viviendas por año demandaría sólo 4,6 años en cubrir la demanda.

No obstante, es necesario considerar que la información disponible se ocupa principalmente de los problemas más estructurales y puntuales de vivienda, en particular la necesidad de nuevas unidades habitacionales, pero no necesariamente da cuenta de temas asociados a la calidad del hábitat, tales como la calidad del entorno, la calidad de los servicios y la calidad de las instalaciones.[7] Sin desconocer la magnitud del esfuerzo de construcción reciente de nuevas viviendas, parece necesario analizar otras variables, como la calidad de ocupación, el uso social del espacio y la adecuación de las viviendas a las diversas situaciones geográficas y climáticas de nuestro país.

El derecho al hábitat no se limita a la vivienda en términos estrictos. Los procesos habitacionales deben contemplar también las necesidades de los habitantes en todas sus dimensiones, sus relaciones sociales y sus expectativas sobre el futuro, las posibilidades de convivir y acceder a la ciudad (AA. VV., 2004). Como sostiene Núñez:

> la vivienda es un sistema con escalas territoriales y socio-
> culturales interrelacionadas, que incluye la *vivienda* (edificio,

---

[7] Por ejemplo, tal como señala Carrión Mena: "La vivienda debe ser inscrita en un hábitat que tenga los servicios, los equipamientos, provea trabajo, tenga espacio público y potencie la identidad, entre otros" (2008).

terreno e infraestructura), su *entorno inmediato* (territorio entre lo público y lo privado), *el conjunto habitacional* (vías, equipamiento y espacios públicos), *el barrio* y el *contexto urbano mayor*. Así, la *habitabilidad* se determina por la relación y adecuación entre el hombre y su entorno, y refiere a cómo cada una de esas escalas es evaluada, según un conjunto de factores que se consideran relevantes, por el habitante (2011, p. 4).

Por ejemplo, en el caso de FONAVI, el programa más extendido y analizado dentro del campo de los estudios sobre hábitat, la producción y el otorgamiento de viviendas son centralizados (porque se encuentran a cargo de empresas constructoras que diseñan viviendas para ser construidas en serie) y cerrados (puesto que los usuarios no intervienen en el diseño ni la producción). De esta forma, en el modelo responsable de más del 95% de la construcción de viviendas del país, el usuario se convierte en un receptor pasivo que no participa en ningún nivel de la toma de decisiones (Fernández Wagner, 2007). El Programa Federal de Viviendas, reemplazante del FONAVI, se distribuye entre las provincias y municipios a partir de la asignación de "cupos" territoriales. A nivel constructivo, sigue un estilo similar a su antecesor: diseños rígidos de viviendas de mampostería de 45 m² (Fernández Wagner, 2008, p. 94).

Aun cuando el déficit habitacional en términos de producción de nuevas viviendas por parte del Estado puede considerarse adecuado, o al menos encaminado para este decenio. El problema no estaría entonces en la cantidad de viviendas producidas, sino en el modelo adoptado por el Estado para su construcción.

Políticas habitacionales: el modelo de intervención estatal
Desde mediados de la década de 1980 comenzó a constituirse dentro del campo de los estudios del hábitat y el urbanismo una visión crítica sobre diferentes aspectos de la política pública en el área de vivienda. Para algunos autores, la política habitacional descansa en una estrategia centrada en la interpretación de las *carencias* de determinados tipos de bienes y de servicios (Pelli, 1997).

La forma de construir la relación problema-solución del hábitat por parte del Estado conduce a una reducción del abordaje de la problemática social a la implementación "automática" de operaciones masivas sujetas a las reglas de un juego de tres caras caracterizado por el financiamiento público, la producción privada a través de empresas constructoras y la distribución asistencialista con escasa participación de los usuarios.

Este modelo de intervención estatal consolidó en los últimos años una estrategia caracterizada por el recurso exclusivo de lo que podría denominarse "la solución puntual" a través de la provisión de viviendas "llave en mano". Son numerosos los trabajos del campo de los estudios del hábitat (Fernández Wagner, 2007; Cravino, 2006; Núñez, 2011) que sostienen que las políticas habitacionales que promueven la construcción de viviendas "llave en mano" se caracterizan por la implementación masiva de diseños y materiales uniformes que no consideran las características locales, la dimensión urbana, social y mucho menos el desarrollo productivo y laboral.

Este tipo de intervención centralizada y puntual genera una serie de problemas complementarios, entre los que se encuentran:

- *Construcción de soluciones exógenas al territorio sobre el que se interviene.* El modelo de construcción de viviendas de interés social consolidó una gestión centralizada y sobre el soporte de procesos y productos uniformes impuestos a las ciudades y a los beneficiarios (Rodulfo, 2008). En la práctica, esto implica la imposición de diseños, materiales y formas constructivas que no necesariamente son las más adecuadas al territorio y que difícilmente se adaptan a las condiciones locales.[8]
- *Consolidación de la participación como usuarios o consumidores (pero no como actores activos en el diseño o la construcción).* La construcción de planes prediseñados y centralizados impide la participación real de los actores locales en la determinación de las necesidades y soluciones disponibles. Esta forma de intervención produce asimetrías en los procesos de decisión y las formas de uso del conocimiento disponible. En muchos casos, además, la falta de participación de los usuarios en el diseño de las viviendas y barrios favorece luego el desarrollo urbano desarticulado y poco cohesionado, con redes

---

[8] Aun el Programa Federal Solidaridad Habitacional (menos del 5% de la producción total de la SSDUV), en el que se incorpora como mano de obra a los beneficiarios de los planes Jefes y Jefas de hogar, está bajo la ejecución de empresas constructoras privadas que proponen los diseños y dirección de las obras (http://www.vivienda.gov.ar/solidaridad/responsables.html).

sociales débiles, que conducen a la falta de referentes territoriales legitimados por la propia comunidad (Núñez, 2011).

- *Desconexión entre las soluciones habitacionales y la infraestructura local.* Si bien los espacios públicos son contemplados en la fase de diseño y construcción de los barrios, no existe una planificación del equipamiento ni el presupuesto necesario para su mantenimiento (Carrión Mena, 2008). La dinámica de los barrios no sigue ninguna planificación ni instrumento de control por parte del Estado, lo que conduce a una discontinuidad sociopolítica de las nuevas urbanizaciones (Núñez y Brieva, 2012).

En el campo de los estudios de ciencia, tecnología y sociedad (CTS), la construcción de artefactos o tecnologías prediseñados, que son considerados "universales", poco flexibles y que, por lo tanto, dificultan la intervención de los usuarios, se denomina "cajas negras". La construcción de cajas negras es, en realidad, un proceso histórico y sociotécnico por el cual un actor dominante define cuáles son los problemas, las soluciones y las prestaciones de la tecnología que se desarrolla y produce, en general, de forma masiva. En este sentido, debido a las características señaladas anteriormente, los planes de vivienda centralizados y masivos construidos por el Estado pueden considerarse una "caja negra".

Las cajas negras, en general, presentan dos características. En primer lugar, son una operación de poder: el que cierra el diseño, el que tapa la caja negra, implementa una forma hegemónica de construir un artefacto (Mackenzie, 2008). En segundo lugar, la construcción de cajas negras presenta un efecto "proyectivista" (Law, 2002) que implica el desconocimiento de otras opciones tecnológicas y sociales, y por lo tanto de políticas.

Si bien la conjunción de ambas características es problemática cuando se discuten problemas de inclusión social, en este caso es el efecto proyectivista el que presenta más dificultades para ser desarticulado. Esto se debe a que, por un lado, los planes de vivienda centralizados "funcionan" de acuerdo con los objetivos planteados por el Estado: proveen soluciones a la necesidad de vivienda y estimulan la generación de empleos. Las viviendas también funcionan como solución para los usuarios (aunque lo hacen en los términos de participación pasiva en calidad de usuarios). Sin embargo, tal como señalan las críticas citadas anteriormente, este "funcionamiento" implica la construcción de una trayectoria de políticas públicas en viviendas que desplaza la consideración de otras opciones tecnológicas (por ejemplo, experimentación con materiales y diseños alternativos) y sociales (construcción de capacidades y empoderamiento de los usuarios).

Pero ¿existen otras formas de intervención disponibles? ¿Son las tecnologías para la inclusión social adecuadas para este desafío? ¿Cuáles son las ventajas y los inconvenientes que tienen? ¿Qué aprendizajes pueden proporcionar estas experiencias a la hora de construir soluciones habitacionales?

Instituciones y experiencias de tecnologías para la inclusión social para la construcción de viviendas: alcances, límites y perspectivas

En el ámbito estatal existen numerosas instituciones públicas de I+D con capacidad para diseñar e implementar estrategias habitacionales alternativas. Estas instituciones, en general institutos de investigación dependientes de universidades nacionales, operan a una escala muy baja como para poder incidir, en el corto plazo, en el déficit habitacional. Sin embargo, las diferentes experiencias abordadas desde el sector científico-tecnológico del Estado muestran una importante acumulación de aprendizajes en el desarrollo de tecnologías para la inclusión social que pueden contribuir, a mediano y largo plazo, a una transformación en el modelo de intervención pública en el área de vivienda social.

Las instituciones

En la actualidad, se han identificado 24 instituciones argentinas que implementan proyectos en el área de vivienda vinculados al desarrollo de tecnologías para la inclusión social. De este grupo, sólo cinco instituciones no pertenecen a organismos gubernamentales (ONG como Hábitat Las Heras, Rosario Hábitat, etc.).[9] Las restantes corresponden a

---

[9] Existen numerosos movimientos y ONG, como Los Sin Techo y el Movimiento de Ocupantes e Inquilinos (MOI), que no son considerados en este relevamiento puesto que no están orientados explícitamente al desarrollo de tecnologías, sino que se trata de organizaciones sociales cuyo fin es la organización social para la demanda de viviendas.

centros e institutos de investigación públicos vinculados al Ministerio de Educación de la Nación o Universidades Nacionales (cuadro 2).

Uno de los primeros aspectos que pueden desatacarse del análisis de la información es que un importante número de las instituciones identificadas (70%) se encuentra concentrado en las provincias de Buenos Aires (Universidad de Buenos Aires, Universidad Nacional de La Plata y Universidad Nacional de Mar del Plata), Santa Fe (Universidad Nacional del Litoral y Universidad Nacional de Rosario) y Córdoba (Universidad Nacional de Córdoba y CEVE), aunque también se destacan las provincias de Mendoza y Tucumán (sólo la Universidad Nacional de Tucumán, pero es una de las universidades que tienen la mayor diversidad de programas e institutos que desarrollan tecnologías para la inclusión social).

Cuadro 2. Tecnologías para la inclusión social en el área de vivienda

Total de instituciones	24
Instituciones gubernamentales	5
Instituciones no gubernamentales	19

Estas instituciones conforman a nivel nacional un conjunto de actores bastante homogéneo en el que dominan los institutos universitarios (incluida la Universidad Tecnológica Nacional, que opera en todo el país), otros institutos dependientes del Consejo Nacional de Investigaciones Científicas y Técnicas (CONICET) y un programa provincial de viviendas asociado a la Universidad Nacional de Tucumán (figura 2).

La mayor parte de las instituciones que desarrollan proyectos de promoción de tecnologías para la inclusión social en el área de vivienda están articuladas en red con otras similares, ya sean unidades académicas, gubernamentales o no gubernamentales (cuadro 3). Esta interacción se refleja tanto en proyectos conjuntos (universidad-ONG; universidad-universidad y Estado-ONG) como en congresos y jornadas del campo de estudios del hábitat.

De acuerdo con el relevamiento, más de la mitad de las instituciones identificadas aborda, además de la problemática de la vivienda, otras necesidades sociales, como energía, producción alimentaria, urbanización, acceso al agua y otros (cuadro 4). En esa línea se puede destacar el caso del Laboratorio de Materiales y Elementos de Edificios (LEME), dependiente del Centro Regional de Investigación de Arquitectura de Tierra Cruda (CRIATiC), de la Facultad de Arquitectura y Urbanismo (Universidad Nacional de Tucumán). Este laboratorio se especializó en los últimos 15 años en la investigación, diseño, elaboración y producción de materiales para la arquitectura en tierra cruda. Esta tipología constructiva (extendida a través de técnicas ancestrales en el noroeste del país) combina los dos niveles de intervención: proveer una vivienda y estimular interrelaciones tecnoproductivas (Rapisarda, 2008).

Figura 2. Mapa de instituciones que desarrollan tecnologías para la inclusión social en el área de vivienda

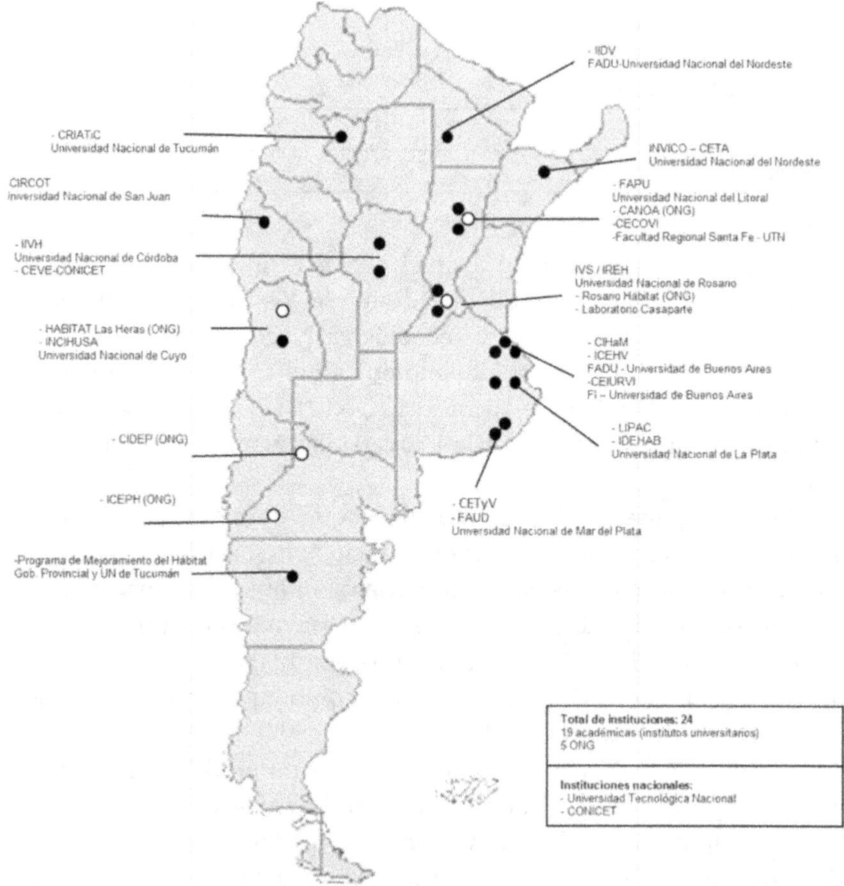

Cuadro 3. Instituciones que operan en red

Con más de dos instituciones	11
Sólo con una institución	9
No opera en red	4

Cuadro 4. Instituciones que abordan otros problemas

Más de dos problemas sociales	13
Sólo otro problema social	7
Sólo el específico	4

Dentro del LEME se identificó el sistema constructivo LAMARS (bloque comprimido, articulado de suelo-cemento estabilizado), propuesto para la resolución de cerramientos verticales estructurales en construcciones de tierra cruda. Esta tecnología es particularmente relevante puesto que resulta alternativa a los modelos lineales en tres niveles. En primer lugar, el sistema constituye una tecnología alternativa en términos del diseño y la construcción de viviendas de interés social puesto que se produce por fuera del mercado de materiales para la construcción. En segundo lugar, el sistema constructivo se desarrolla a partir de la capacitación de los futuros usuarios para la autoconstrucción. En tercer lugar, el sistema utiliza materiales locales (en general de amplia disponibilidad en todo el territorio nacional) y ecológicamente adecuados al entorno, lo que permite la reaplicabilidad con muy pocas adaptaciones en cada región (Latina, 2003).

Otra institución que articula universos problemáticos en relación con la inclusión social es el Grupo Interdisciplinario de Investigación-Acción sobre Urgencias del Hábitat (GIASUDH), de la Facultad de Arquitectura Urbanismo y Diseño de la Universidad Nacional de Mar del Plata. Desde hace más de cinco años, el GIASUDH lleva adelante un proyecto, denominado "Autoproducción de bloques comunitarios para vivienda", a través del cual el grupo articula la construcción de viviendas de interés social con el asesoramiento a organizaciones para la economía solidaria. Si bien el grupo está asociado claramente con la generación de proyectos vinculados al desarrollo del hábitat, entre sus objetivos también se destacan la capacitación en el nivel familiar y comunitario para la construcción, en perspectiva ecológica, a partir del capital social y humano disponible, y en el fomento de la producción familiar y comunitaria para autoconsumo y generación de microemprendimientos.

En el ámbito académico, son numerosas las instituciones que abordan sus proyectos de manera sistémica vinculando otras problemáticas al derecho al hábitat. El Centro de Investigación para la Racionalización de la Construcción Tradicional (CIRCoT) de la Facultad de Ingeniería de la Universidad Nacional de San Juan y el Instituto Provincial de la Vivienda y Desarrollo Urbano de Chubut desarrollan proyectos vinculados a biomateriales y adecuación local de los estilos constructivos a las condiciones locales. Este tipo de abordaje pone de relieve el interés de algunos grupos por desarrollar, por un lado, proyectos alternativos al diseño "universal" de viviendas de los programas públicos, mientras que, por otro lado, incorporan la dimensión sistémica como modelo de resolución de problemas.

En todos los casos destacados aquí se observa en las instituciones académicas (y algunas ONG) una línea de acción sobre la problemática del hábitat popular que trasciende la mera construcción de viviendas. En primer lugar, en los últimos años se han incrementado las especializaciones y maestrías en estudios sobre hábitat, desde las que se analizan críticamente las políticas públicas para el área y se realizan propuestas más integrales y democráticas. En segundo lugar, se pone de manifiesto un conjunto de estrategias que abordan simultáneamente dos o más problemas sociales (vivienda, empleo, sustento ecológico, adecuación de los materiales, etc.). En tercer lugar, se confirma un incipiente grado de vinculación interinstitucional entre las instituciones relevadas, organismos gubernamentales y actores de la sociedad civil, que da cuenta de nuevas formas de generación o implementación de viviendas para la inclusión social. Finalmente, la insistencia en el desarrollo de proyectos en los que se propone la participación de los usuarios en la construcción de sus propias viviendas representa una relativa oposición al modelo de "empresa constructora" implementado por los planes de vivienda públicos.

Las experiencias
Las diferentes experiencias identificadas en el campo de la vivienda social constituyen un segundo nivel de análisis sobre el estado actual

del desarrollo de alternativas tecnológicas que promuevan la inclusión social. El relevamiento realizado permite distinguir entre las experiencias diferentes ámbitos de acción e implementación de las tecnologías de producto y proceso que permitieron configurar cuatro áreas: generación y difusión de la problemática del hábitat; autoconstrucción y autoproducción de materiales; nuevos materiales; proyectos integrales como la bioconstrucción.

En primer lugar, como se mencionó en la sección anterior, se identificaron experiencias dedicadas a la generación y difusión de conocimientos, en las cuales se distinguen carreras y cursos de formación profesional en análisis y gestión de políticas públicas en el área del hábitat popular (Universidad Nacional de Rosario, Universidad de Buenos Aires, Universidad Nacional de Tucumán, Universidad Nacional del Noreste).En términos estrictos, la relativa novedad de estas propuestas ha producido muy pocas experiencias concretas debido principalmente a la falta de articulación entre el mundo académico y el gobierno. Sin embargo, en los últimos años, el área se convirtió en un espacio de crecimiento y definición del campo desde el cual se diseñan y discuten nuevos enfoques sobre política pública orientada al hábitat popular.

Una segunda área de implementación de tecnologías inclusivas es la que agrupa diferentes métodos de autoconstrucción y autoproducción de materiales en los que se pone el énfasis en el diálogo de saberes entre tecnólogos y usuarios (figura 3). En ambos casos se trata de interacciones universidad-sociedad civil y se trata de experiencias en las cuales se complementan los saberes académicos y tradicionales con el fin de formar a (y aprender de) los usuarios a través de diferentes técnicas constructivas para que participen activamente en la producción de sus propias viviendas.

El objetivo secundario de estos proyectos es la generación de capacidades tecnoproductivas para permitir que los usuarios accedan a empleos en el rubro de la construcción. Los aprendizajes que se desarrollan en el ámbito de la autoconstrucción y producción de materiales comprenden procesos de los más simples, como la preparación de morteros y la fabricación de bloques, losas y losetas a pie de obra, a otros complejos, como la colocación de carpintería o la instalación de artefactos.

Figura 3. Experiencias tecnológicas para la inclusión social en el área de vivienda

Entre estas experiencias se destaca la del Grupo de Investigación sobre Urgencias del Hábitat, dirigido por el arquitecto e investigador Fernando Cacopardo (UNMdP-CONICET). La experiencia se centra en la generación de conocimientos, utilización en la construcción de viviendas sociales y/o comercialización de un bloque autoelaborado de cemento. En la actualidad, el proyecto se encuentra en funcionamiento en los barrios Monte Terrabusi y Alto Camet y constituye una experiencia que vincula las tecnologías para la inclusión social y la economía solidaria.

El proyecto se propone desarrollar un emprendimiento comunitario con el objetivo de generar una red que permita la sinergia territorial, el apoyo técnico-científico a través de la participación activa de la universidad, a la vez que se busca la promoción de acuerdos con referentes barriales y vecinos para la conformación de un circuito de producción y venta de bloques. En general, este tipo de experiencias integrales son las que presentan un mayor nivel de articulación entre movimientos sociales, ONG e instituciones académicas. De esta forma, la generación de conocimientos técnicos de producción de materiales y construcción de viviendas apunta al mejoramiento de la condición laboral de los grupos involucrados, a reforzar los lazos territoriales y a contribuir con la organización comunitaria.

Arriba izquierda: jornada de capacitación "Costos de producción" en Bloquera Ramón, Alto Camet, para emprendedores de bloqueras comunitarias, 2012. Autoconstrucción asistida con bloques comunitarios. *Derecha:* Bloquera Aguirre, Monte Terrabusi. Flia. Maier, Monte Terrabusi, 2011. *Abajo:* Bloquera Ramón, Alto Camet. Flia. Farías, Alto Camet, 2011.

Fotos 1-3. Procesos de aprendizaje interactivo: autoconstrucción y producción comunitaria de bloques.

Una tercera área de experiencias muy extendida es la referente a tecnologías constructivas, entre las cuales existe una amplia variedad de nuevos materiales, pensados para diferentes escenarios y situaciones ecológicas y ambientales, y adaptados a ellos. Uno de los casos más destacados es el "ladrillo de PET" desarrollado por el CEVE de la provincia de Córdoba. Se trata de un ladrillo elaborado a partir del reciclado de botellas de plástico, las cuales se trituran y se incorporan a una mezcla con cemento portland.

Otra institución orientada al diseño e implementación de nuevos materiales es el Centro de Experimentación de Tecnologías Aplicadas (CETA) NEA, dependiente del Instituto para la Vivienda de Corrientes (INVICO). El CETA es un instituto encargado del ensayo de nuevos materiales así como del estudio de nuevos comportamientos de los ya existentes. Por otra parte, se dedica a investigar el mejoramiento de los componentes constructivos y de las materias primas básicas con fines productivos y, sobre todo, para la maximización de los niveles de habitabilidad. Entre sus tecnologías más destacadas se encuentra la construcción de casas con suelo de cemento, adobe y madera, y el desarrollo de un prototipo experimental de calefón solar.

Foto 4. PET molido.

Foto 5. Ladrillo de PET.

Fuente: CEVE (http://www.ceve.org.ar/ttplasticos.html)

Una cuarta área es la que agrupa diseños alternativos orientados a la articulación entre las áreas de vivienda y energía. Estas experiencias permiten analizar la interacción entre diferentes áreas de desarrollo de tecnologías inclusivas. En los últimos diez años se llevaron a cabo, principalmente en las provincias del sur argentino (Chubut y Río Negro), algunos proyectos de diseño habitacional en los que se valora especialmente el carácter bioclimático de las unidades.

El Programa de Viviendas Bioclimáticas está destinado a los campesinos del noroeste de Chubut y se desarrolla a partir de un enfoque multidisciplinario y una implementación interinstitucional. Con la coordinación de la Secretaría de Vivienda de la Provincia de Chubut, las viviendas fueron diseñadas y monitoreadas por un proyecto conjunto de la Universidad Nacional de Tucumán y la Universidad Nacional de Salta, al que se suman los aportes del Centro Regional de Energía Eólica y el Instituto Nacional de Tecnología Agropecuaria.

A partir de la iniciativa de una ONG, la provincia de Río Negro cuenta con dos experiencias significativas de diseño y construcción bioclimática. Un caso es el del Instituto Cordillerano de Estudios y Promoción Humana (ICEPH) de San Carlos de Bariloche, que desarrolla desde 2007 el Proyecto Promoción del Hábitat y la Vivienda Saludables de familias campesinas de la Patagonia norte argentina. El objetivo general del proyecto es el mejoramiento de viviendas y el ambiente escalando hacia el hábitat y la vivienda saludables mediante capacitación, asesoramiento técnico y aportes de facilidades crediticias para la compra de materiales, en un marco de acciones colectivas y participación igualitaria y equitativa de mujeres y hombres. El otro caso destacado de la provincia (en la localidad de El Bolsón), el Centro de Investigación, Desarrollo y Enseñanza de Permacultura (CIDEP), lleva a cabo diversos proyectos de "sistemas sustentables". Sus principales líneas de intervención son la permacultura, la construcción e introducción a la construcción natural, los baños secos, los colectores de agua solares, el tratamiento de aguas grises, los techos verdes o vivos, las aislaciones térmicas, etc.

De las soluciones alternativas a un nuevo modelo de intervención
El relevamiento de instituciones y experiencias de innovación y desarrollo de viviendas sociales permite observar una diversidad de propuestas alternativas (estrategias que combinan la utilización de materiales alternativos a la mampostería, la dimensión ecológica, el conocimiento local y la autoconstrucción) que contrastan, al menos en términos teóricos, con el modelo de intervención tipo "caja negra" implementado por los planes estatales. En particular, es posible señalar al menos tres diferencias relevantes:

- Las instituciones y experiencias relevadas se caracterizan por experimentar con materiales, conocimientos y tecnologías diversas adecuando socio-técnicamente las soluciones disponibles a los problemas y recursos locales. Esto implica, por ejemplo, la construcción de viviendas bioclimáticas para ambientes extremos, como viviendas que hacen uso de materiales disponibles en la región. La flexibilidad puede implicar también la reutilización de conocimientos tradicionales (como construcción en adobe) o la propuesta de soluciones novedosas (como materiales alternativos).
- En algunos casos, las experiencias impulsan la participación limitada de los usuarios. En particular a partir de procesos de

autoconstrucción de las viviendas, pero también a partir de la recuperación y puesta en valor de conocimientos locales.

- Por último, existe una porción limitada de casos que proponen considerar la vivienda como parte de una solución más sistémica incorporando otras tecnologías o prácticas a la construcción del hábitat como, por ejemplo, huertas y sistemas de energía.

No obstante, si bien en las últimas décadas se ha generado un interesante espacio experimental de diseño y producción de tecnologías para la inclusión social, el análisis del mapa de instituciones y experiencias también permite señalar algunos inconvenientes de estas últimas. En primer lugar, la escala de implementación de la mayoría de las iniciativas relevadas es baja y éstas se desarrollan a nivel local, cuando no se trata solamente de prototipos. En segundo lugar, y relacionado con este punto, la baja escala de implementación atenta contra la construcción de aprendizajes y nuevas capacidades (por ejemplo, la solución de inconvenientes en los diseños o materiales propuestos) e impide, de hecho, la rutinización de las prácticas. En este sentido, no es extraño que, debido a las dificultades señaladas, la mayoría de las instituciones busque refugio en el financiamiento y reconocimiento académico.

Entonces, ¿de qué manera es posible resolver estos problemas? ¿Cuáles son los inconvenientes que estas iniciativas enfrentan para aumentar la escala de experimentación? ¿Qué capacidades es necesario desarrollar y cuáles pueden resultar inconvenientes? Para comprender la importancia de los problemas de escala y aprendizaje a la hora de pensar soluciones alternativas en el campo de las viviendas sociales, es necesario analizar en mayor profundidad una de las iniciativas relevadas.

Más allá de las soluciones puntuales: el caso Paranacito

Como se observó antes, la mayoría de las viviendas sociales construidas por el Estado argentino padecen problemas de diseño e implementación asociados a lo que se ha denominado "soluciones puntuales". En esta sección analizamos en profundidad una de las experiencias de tecnologías para la inclusión social mapeadas. El objetivo es explorar brevemente la existencia de formas de construcción de alianzas sociotécnicas alternativas a las soluciones puntuales.

El caso seleccionado es la construcción de viviendas de madera de álamo en la localidad entrerriana de Villa Paranacito entre 2006 y 2010, realizada por el equipo de CEVE-CONICET dirigido por la doctora Paula Peyloubet.

La ciudad de Villa Paranacito forma parte de la región del Delta Entrerriano, a 185 kilómetros de la ciudad de Buenos Aires y con una población estable de aproximadamente cinco mil habitantes. Se caracteriza por una actividad económica basada principalmente en la producción forestal y, en menor medida, turística. Debido a su ubicación, sobre el río Paranacito y entre los ríos Paraná y Uruguay, la localidad sufre periódicamente inundaciones

La historia de la relación entre el CEVE y la localidad de Villa Paranacito se remonta a fines de la década de 1999. En 1998 se registró una de las inundaciones más graves en la región del Gran Paraná, que afectó 18 millones de hectáreas y hubo 120 habitantes evacuados. Miles de pobladores en la región perdieron sus casas como así también su producción forestal.

Frente a esta situación de emergencia, el Ministerio de Desarrollo Social, la Secretaría de Ciencia y Tecnología (en la actualidad es el Ministerio de Ciencia, Tecnología e Innovación Productiva) y la Institución AVE-CEVE-CONICET junto con la ONG SEHAS llevaron a cabo una intervención de urgencia a partir de la construcción de 315 viviendas para familias con necesidades básicas insatisfechas.

El objetivo primordial del Proyecto Litoral era la construcción de viviendas con recursos locales. Como objetivos paralelos, también se intentó promover el fortalecimiento de actores a partir de actividades de trabajo social y la transferencia de tecnología y capacidades de gestión a los actores locales. Las actividades de AVE-CEVE abarcaron seis localidades del litoral: General Vedia en la provincia del Chaco; Reconquista, Romang y Alejandra en la provincia de Santa Fe; Goya en Corrientes y Paranacito en la provincia de Entre Ríos. En el caso de Villa Paranacito, analizado en este trabajo, la experiencia consistió en la construcción de 20 viviendas "palafito".

A partir de esta experiencia, el equipo de investigación quedó vinculado a la localidad y sus actores: el municipio, la escuela técnica, los productores forestales y la población en general. La confianza adquirida, el reconocimiento de los recurso naturales disponibles y los problemas que el grupo enfrentó en la "transferencia" de la tecnología fueron los factores que impulsaron a los investigadores a desarrollar una segunda fase de construcción de hábitat.

Durante esta fase cambió levemente el énfasis del proyecto. Ya no se trataba de proveer una solución puntual "de emergencia", sino que se consideró la necesidad de utilizar la madera de álamo (un recurso típico de la localidad) y diversificar su producción a partir de la producción de viviendas. De esta manera, en esta fase la concepción y construcción de la tecnología se caracterizó por ser un proceso de co-construcción que buscó incorporar materiales y prácticas locales en el diseño y la implementación del hábitat.

Aprendizajes en la construcción de la solución

En el año 2006, a partir de los vínculos previos entre el CEVE y la municipalidad de Villa Paranacito, se comenzó a desarrollar un nuevo proyecto de investigación y construcción de hábitat. La idea era retomar la experiencia llevada a cabo para paliar la emergencia de la inundación de 1998, aunque modificando la estrategia de intervención y profundizando la dinámica de co-construcción de viviendas y capacidades.

En esta ocasión, el CEVE y la municipalidad no contaban con el apoyo directo de un fuerte aliado durante la primera etapa: el Ministerio de Desarrollo Social, que había provisto la mayor parte de los fondos para la construcción de viviendas en la fase anterior.

En este sentido, tal como les ocurrió a otras experiencias de viviendas para la inclusión social, la falta de fondos limitaba fuertemente la posibilidad de experimentar con nuevos diseños o tecnologías a mediana escala. Pero, al mismo tiempo, las características de Villa Paranacito dificultaban la implementación de soluciones puntuales tales como los planes de vivienda masivos construidos en mampostería.

En primer lugar, Villa Paranacito es una zona de islas que sufre inundaciones periódicas. La construcción de viviendas de mampostería es posible sólo sobre la base de palafitos o en levantamientos artificiales de tierra conocidos como cerros poblacionales. Además, la falta de caminos o su inutilidad durante la época de inundaciones encarece el traslado de materiales tradicionales de construcción.

En segundo lugar, Villa Paranacito es predominantemente una zona maderera dedicada al cultivo de álamo, una madera blanda que se utiliza para producción de pasta celulosa, cajones de fruta y ataúdes. Todas ellas, actividades consideradas de poco valor agregado. Por último, aunque las construcciones de mampostería son predominantes en el casco del pueblo, persiste también una larga tradición de construcción de vivienda en madera que varios actores locales intentaban revalorizar.

De esta manera, para la municipalidad de Villa Paranacito, la articulación de una nueva experiencia constructiva con el CEVE permitía considerar la posibilidad de elaborar una solución que utilizara materiales locales y, a su vez, revitalizara la industria local. En este escenario, el equipo del CEVE intentó construir una estrategia que buscara de manera más directa la producción integral del hábitat procurando una mayor integración entre el proceso de diseño y construcción de viviendas, la generación de capacidades locales y el aprovechamiento de los recursos naturales y la infraestructura existente en la localidad. Por si fuera poco, el proyecto también se planteó cumplir con los requisitos del Certificado de Aptitud Técnica otorgado por la Subsecretaría de Desarrollo Urbano y Vivienda de la Nación.

Aunque la falta de viviendas en Paranacito continuaba siendo una parte importante de la construcción de la relación problema-solución, no se consideró el foco principal de la estrategia de intervención. En lugar de eso, en la nueva relación problema-solución se buscó iniciar un proceso de revalorización de las capacidades y recursos locales a partir de la co-construcción de materiales, conocimientos y prácticas.

Uno de los pasos claves para iniciar esta estrategia fue la ausencia de un diseño o prototipo tecnológico predefinido. A pesar de que el CEVE disponía de una gran cantidad de tecnologías de construcción, en esta experiencia se privilegió la articulación de los elementos y materiales disponibles a partir de la participación de actores locales. De esta manera, se buscó utilizar expresamente los materiales de construcción disponibles a nivel local. Al utilizar el álamo como madera para la construcción de viviendas, se intentó valorizar y diversificar su producción y generar un nuevo circuito de producción alrededor de este recurso.

La nueva alianza socio-técnica propuesta era ambiciosa. Buscaba incorporar conocimientos y negociar las prácticas de varios actores heterogéneos, entre los que se incluían: el municipio, la escuela técnica, los productores de madera, los aserraderos y las familias con necesidad de vivienda. El financiamiento del proyecto estuvo a cargo del Ministerio de Ciencia y Tecnología (MINCyT), que proveyó financiamiento, y de AVE-CEVE-CONICET, que coordinó la red.

En términos analíticos se trataba de una alianza socio-técnica más compleja por su alto grado de heterogeneidad actoral e institucional, así como un mayor número de elementos circulantes, que el CEVE pretendía coordinar y alinear detrás de la construcción de viviendas de interés social.

En un primer nivel, el institucional, la alianza incluía cinco actores: 1) Municipalidad de Villa Paranacito: interesada en la propuesta especialmente por sus características sistémicas, es decir, tanto la construcción de viviendas como del circuito productivo interactoral; 2) Instituto de Vivienda Provincial: responsable de parte del financiamiento; 3) Secretaría de Ciencia y Tecnología: responsable de la alineación y coordinación interinstitucional a nivel tecno-productivo; 4) escuela técnica local: responsable de proveer, a través de sus alumnos, fuerza laboral calificada para el diseño y la producción de algunos componentes de las unidades habitacionales; 5) CEVE: principal impulsor del proyecto y actor central de la red en la alineación y coordinación general de todos los grupos sociales involucrados, la articulación de saberes académicos y locales, la capacitación de la fuerza laboral en diferentes niveles, la investigación socio-técnica sobre las materias primas y la asesoría técnica a la municipalidad.

Figura 4. Alianza socio-técnica para la producción de hábitat sustentable en Villa Paranacito

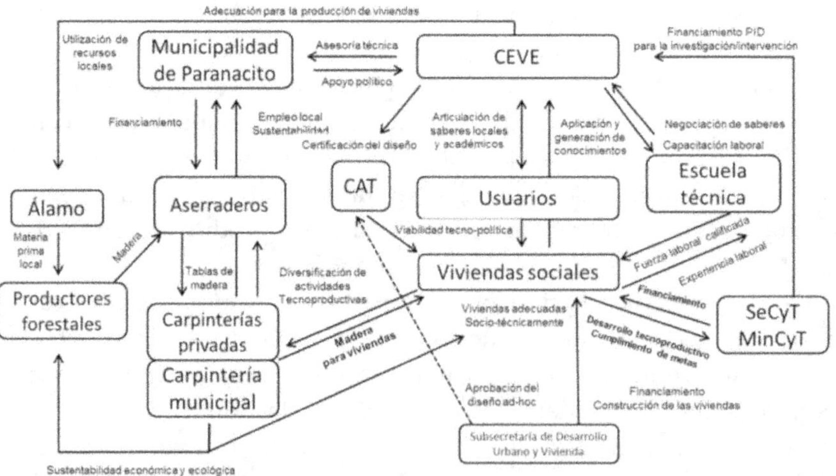

En un segundo nivel, se identificaron actores sociales no institucionales: 1) usuarios: receptores de las unidades habitacionales, incorporados en la toma de decisiones a través de un sistema de diseño participativo coordinado por el CEVE; 2) productores forestales locales: responsables de la producción de la materia prima principal para la construcción de las viviendas, movilizados positivamente a partir de la posibilidad de ampliar su actividad que implicaba el proyecto; 3) pymes locales: aserraderos, carpinterías privadas, herrerías, especialmente implicados frente a la posibilidad de diversificar su actividad a la producción de viviendas; 4) trabajadores independientes locales: interesados a partir de la posibilidad de desarrollar una nueva actividad productiva en un escenario de baja ocupación local.

Finalmente, en un tercer nivel, la alianza estaba integrada por elementos no humanos entre los que se destacaban: 1) madera de álamo: materia prima principal para la construcción de las viviendas; y 2) unidades habitacionales: artefacto complejo que constituía la principal demanda que movilizó el proyecto.

El Certificado de Aptitud Técnica (CAT)

En 1990, el gobierno nacional decidió que el acceso a créditos FONAVI para la construcción de viviendas de interés social con tecnologías no tradicionales debía estar mediado por un certificado de aptitud técnica, que se reglamentó a través de la resolución 288/90 de la Subsecretaría de Vivienda y Desarrollo Ambiental (SVOA). Este reglamento oficial estableció los alcances del CAT en relación con su definición, requerimientos para su solicitud y su concesión, usos, renovaciones, etc. En el capítulo 4, "Necesidad del certificado de aptitud técnica", se estableció que: "Todo material, elemento o sistema constructivo no tradicional a utilizarse en cualquiera de los planes de construcción que se realicen en el ámbito de la SVOA o con fondos suministrados por ella, deberá contar como condición ineludible, con su correspondiente CAT otorgado".

En el año 2001 creó el CAT, bajo el supuesto de que "Las sucesivas evaluaciones realizadas hasta ahora no dejan lugar a dudas sobre la inconveniencia de realizar obras de mala calidad donde a los pocos años el Estado se ve obligado a utilizar sus recursos siempre escasos frente a la magnitud del déficit, para repararlas o reemplazarlas por viviendas nuevas" (Ministerio de Planificación Federal, 2006).

El CAT incluye la definición de los parámetros básicos para la elección del terreno, el diseño de conjunto de las unidades familiares y sus partes componentes, así como aspectos centrales vinculados a seguridad, habitabilidad y durabilidad de la vivienda. Por este motivo, en la actualidad el CAT opera como el principal marco regulatorio de las tecnologías para la inclusión social que pretenden aplicar los créditos del sistema nacional de la vivienda. La obtención del certificado se volvió un paso fundamental para los diferentes centros de investigación universitarios y/u ONG como vía para el acceso a los fondos del Estado para construir viviendas de interés social.

En un primer momento, el CEVE realizó diversos ensayos de prototipos con madera de álamo para analizar su comportamiento y resistencia estructural y se analizaron técnicas de tratamiento de la madera. Luego, junto con la escuela técnica, se incorporaron nuevas variantes al desarrollo inicial aportadas por los alumnos y maestros carpinteros de la escuela. El resultado de este diseño fue un prototipo de casa partes que permitió el montaje de una vivienda nueva producida íntegramente en madera de álamo.[10]

En un segundo momento, se comenzó a trabajar con el municipio en la incorporación de los demás actores que iban a producir la madera (aserraderos y productores forestales), construir las partes (carpintería y herrería municipal) y finalmente habitar las viviendas (habitantes designados por el municipio). Este proceso se denominó Circuito Productivo Interactoral.

Así, el desarrollo del proyecto no se concibió como un proceso lineal y predefinido sino como un proceso de negociación gradual en el cual se fueron estableciendo el material que se utilizaría (álamo), el tratamiento de la madera (largo de tablas y curación), el diseño de la vivienda (parte húmeda y parte seca), el proceso de construcción y la disposición espacial (talleres participativos). En realidad, esta descripción no llega a dar cuenta del circuito de relaciones y de las transformaciones que se intentaron operar. Como se observa en la figura 4, en realidad, el proceso de co-construcción implica que los diferentes elementos de la alianza socio-técnica modificaron sus características, sus capacidades y hasta sus rasgos identitarios. De esta manera, durante la segunda fase del proyecto, la nueva alianza socio-técnica buscó redefinir el uso del álamo y su potencial comercial, crear un nuevo circuito productivo local basado en la construcción de viviendas de madera, fortalecer las capacidades de decisión de los habitantes y proveer al municipio una experiencia modelo que le permita negociar de otra forma planes de vivienda con el gobierno nacional y evitar el recurso a las soluciones habitacionales puntuales, masivas y uniformes.

---

[10] Uno de los obstáculos que debieron resolverse al principio fue la corta extensión de las tablas de álamo disponible (alrededor de 2,2 metros). Ante la imposibilidad de obtener madera de mayores longitudes, se construyó un sistema de cabestrillos para permitir extender la altura del techo a unos razonables 2,7 metros.

Acumulación de capacidades a partir de un abordaje socio-técnico

A fines de 2009 se terminó la construcción de cinco casas que fueron entregadas a los habitantes locales. En noviembre de 2010, un técnico de la Subsecretaría de Vivienda visitó las viviendas con el objetivo de evaluar su aptitud técnica. En la actualidad, se espera la aprobación del CAT que otorga dicho organismo, lo cual le permitiría al municipio obtener financiamiento del Estado nacional para construir viviendas de acuerdo con el diseño y los materiales que se utilizaron en las viviendas prototipo.

Al final del proceso, los actores locales salieron fortalecidos, los habitantes obtuvieron sus casas y el municipio espera recibir el Certificado de Aptitud Técnica que le permita negociar nuevos recursos financieros para la construcción de viviendas sociales, pero ahora a partir de un diseño propio y de la utilización de materiales y mano de obra local. En términos generales, la estrategia integral de construcción social del hábitat demostró la viabilidad del proceso de co-construcción de hábitat y capacidades y materiales locales.[11]

El análisis de la segunda fase de la experiencia de Paranacito muestra un modo diferente de construir relaciones problema-solución. Se trata de un abordaje integral que busca negociar de manera horizontal las distintas fases de diseño e implementación de las tecnologías. Este enfoque tiene ventajas evidentes sobre las soluciones puntuales analizadas (convencionales y apropiadas): a) en lugar de construir soluciones para pobres, busca generar circuitos productivos y dinámicas de inclusión para todos (de esta forma, busca evitar la recurrencia a las carencias; b) permite fortalecer a los actores locales a la vez que se democratiza el diseño y el uso de las tecnologías; y c) permite incorporar materiales y conocimientos locales contribuyendo a la sustentabilidad de las soluciones implementadas.

Al abordar la problemática del hábitat y sus relaciones problema-solución en términos socio-técnicos como un complejo proceso de co-construcción, se configura, en la práctica, una visión sistémica en la que difícilmente exista una solución puntual para un problema

---

[11] Este hecho quedó reforzado, además, por la repercusión de la experiencia en otras localidades de la zona de Entre Ríos. En 2011 la municipalidad de la ciudad de Concordia interesó al equipo de Paula Peyloubet para reaplicar la experiencia de construcción de un prototipo de vivienda con el objetivo explícito de construir capacidades constructivas en madera y obtener el CAT para el municipio.

puntual. Por el contrario, esta visión sistémica posibilita la aparición de una nueva forma de concebir soluciones socio-técnicas (combinando, por ejemplo, la resolución del déficit habitacional con la gestación de un nuevo circuito productivo de explotación de la madera, vinculado, a su vez, a programas de investigación y capacitación forestal, I+D en control de plagas de madera, etc.).

En este sentido, parece necesario comenzar a concebir estas nuevas formas de intervención como soluciones integrales o "sistemas tecnológicos sociales", antes que como tecnologías para la inclusión social puntuales. Nuevos modos de desarrollar e implementar sistemas socio-técnicos heterogéneos (de producto, proceso y organización) focalizados en la generación de dinámicas de inclusión social y económica, democratización y desarrollo sustentable.

Por supuesto, esta propuesta de acción no carece de inconvenientes y dudas. La experiencia del caso Paranacito permite visualizar al menos dos aspectos problemáticos comunes a muchas de las iniciativas de tecnologías para la inclusión social.

El primer aspecto es la fragilidad de las alianzas socio-técnicas establecidas en esta experiencia y otras similares en tecnologías para la inclusión social (ver Picabea 2015; Fressoli, Smith y Thomas, 2011). La dificultad para consolidar las redes entre actores sociales y materiales heterogéneos no está sólo en las inevitables diferencias entre los intereses y prácticas que se encuentran en estas iniciativas, sino también en factores como: continuidad, alcance y pertinencia del financiamiento, dificultades para obtener reconocimiento y validación por parte de normativas locales y/o disciplinarias (por ejemplo, en el caso del CAT).[12]

En segundo lugar, debido a que estas experiencias, en general, se construyen y financian a partir de proyectos concursables, es realmente

[12] Uno de los principales problemas asociados a la aplicación del CAT es que la normativa que regula los ensayos (laboratorios oficiales centralizados en grandes ciudades y con altos costos de las pruebas) está diseñada de una forma que favorece a las empresas constructoras y grandes estudios de arquitectura, en detrimento de los institutos de investigación universitarios o las ONG. En la actualidad, se encuentran vigentes 65 CAT, divididos en tres categorías: 18 corresponden a elementos constructivos (principalmente), uno a materiales de construcción y 46 a sistemas constructivos (livianos, semipesados, pesados e *in situ*). En general, los actores que aprueban el CAT son empresas constructoras y estudios de arquitectura que orientan sus desarrollos luego de suscribir contratos especiales para la construcción de viviendas de interés social con la SSDUV. De los 65 certificados, sólo siete corresponden a institutos universitarios y organismos públicos: tres a elementos constructivos y cuatro a sistemas constructivos (SSDUV, 2011).

difícil asegurar procesos de acumulación de capacidades y aprendizajes que permitan una resolución de los inconvenientes que se presentan de experiencia en experiencia. De esta manera, salvo que se proponga la existencia de planes a largo plazo, los equipos de intervención no logran estabilizar y consolidar los procedimientos adecuados para enfrentarse a problemas recurrentes.

Un punto adicional es la necesidad de intervenir de forma flexible en el territorio de acuerdo con las redes y materiales existentes. Esta premisa que permite construir alianzas y tecnologías adecuadas al territorio no siempre es compatible con la estandarización de procesos. De esta manera, parece existir un *trade-off* entre la necesidad de flexibilizar los enfoques de intervención y la necesidad de consolidar los aprendizajes en alguna forma de diseño estandarizado. Aunque no parece imposible coordinar ambas necesidades, es patente que los procesos de aprendizaje y la construcción de modelos de gestión de las tecnologías para la inclusión social son todavía un tema que no ha sido suficientemente abordado.

En este sentido, el análisis de la experiencia de Villa Paranacito permite poner en foco uno de los problemas presentados antes: los inconvenientes que tiene la construcción de soluciones alternativas a las soluciones puntuales y masivas en viviendas sociales no residen solamente en la ausencia de financiamiento (aunque ciertamente este punto continúa siendo crucial). También es necesario considerar las dificultades que tienen los grupos de I+D para consolidar sus capacidades y modelos de gestión a mayor escala.

La conjunción de ambos puntos genera un círculo vicioso en el campo de la experimentación en viviendas sociales: la ausencia de incentivos y financiamiento externo impide la experimentación a mayor escala y la pequeña escala de experimentación impide consolidar los aprendizajes y las soluciones tecnológicas adoptadas.

Pensando nuevas estrategias de intervención para la construcción social del hábitat

A lo largo de este trabajo se describieron y analizaron un conjunto de políticas, instituciones y experiencias vinculadas a la generación (o no) de tecnologías para la inclusión social en el área de vivienda. Por ello, es posible indicar algunos temas puntuales de discusión sobre las políticas públicas y la investigación-acción en el campo del hábitat popular.

Por un lado, puede concluirse que la ampliación de los programas del Estado como agente de intervención "masivo" evidencia un refuerzo de la política pública de este modelo que condiciona la implementación de estas estrategias de menor escala. El argumento conduce a que las nuevas iniciativas, como aquellas relevadas en el mapa, no sean consideradas ni utilizadas por los organismos de gobierno. Por otro lado, se observa que se acumulan capacidades que conforman en el ámbito académico un vasto corpus de *conocimiento aplicable no aplicado*, característico de los entornos periféricos (Kreimer y Thomas, 2002). En este sentido, los intentos de abrir espacios de participación son útiles, pero su escasa implementación no constituye en la actualidad una solución para resolver el déficit habitacional.

Estas reflexiones instalan la idea de un dilema entre los límites de la política de gran escala del modelo de intervención del Estado (tercerizado a través de empresas constructoras) y las soluciones democráticas y heterogéneas de los institutos de I+D locales. Por un lado, en la actualidad resulta impensable una solución cuantitativa para reducir el déficit habitacional por fuera de los programas masivos estatales. Por otro lado, los proyectos alternativos desarrollados en el ámbito académico generan intensos procesos de aprendizaje y dan cuenta de un conjunto de necesidades sociales no contempladas en los programas masivos, pero su alcance en la actualidad es limitado y en algunos casos sólo logra la fase de prototipo. Sin embargo, el dilema del presente no debe conducir en el futuro a un círculo vicioso que perpetúe el contraste entre ambos modelos. La identificación de estas limitaciones puede contribuir para realizar modificaciones en la política pública en tres niveles:

1. *Utilizar los recursos de I+D disponibles.* Es necesario diseñar nuevas políticas públicas que incorporen en los programas de construcción masiva de viviendas las tecnologías para la inclusión social desarrolladas desde el sistema académico y los organismos no gubernamentales. El relevamiento de instituciones y experiencias puso de manifiesto un universo de al menos 25 grupos locales dedicados a la problemática del hábitat popular. Esto significa que ya existe un conjunto de experiencias en marcha que pueden modificar los

modelos de intervención vinculando articuladamente los organismos ejecutivos del gobierno con el sistema universitario y la sociedad civil. Estos procesos crean sinergias que conducen a...

2. *Incorporar nuevos conocimientos y tecnologías al desarrollo de viviendas sociales.* La articulación de los programas públicos con los proyectos académicos permitiría contar con estrategias más complejas que contemplen la diversidad cultural y regional en la construcción de viviendas. En ese sentido, tanto los institutos universitarios como las ONG llevan años abriendo las cajas negras de la tecnología a través de la reflexión-acción permanente. La diversidad de tecnologías para la inclusión social, que abarcan desde el análisis de las políticas públicas hasta procesos de diseño y construcción viviendas, pasando por nuevos materiales, representa alternativas más democráticas que permitirían...

3. *Incorporar a los usuarios en los procesos de diseño y construcción de viviendas.* En la región existen iniciativas que ponen de manifiesto las ventajas de la participación de los usuarios en el diseño y construcción de viviendas populares. La Federación Uruguaya de Cooperativas de Vivienda por Ayuda Mutua (FUCVAM) lleva más de cuarenta años diseñando y construyendo viviendas y complejos habitacionales a partir de un sistema multidisciplinario que articula el trabajo de arquitectos, psicólogos y asistentes sociales que diseñan junto con los usuarios las soluciones habitacionales. El análisis de la experiencia de Villa Paranacito, aunque en pequeña escala, permite afirmar la importancia de trayectorias tecnoproductivas no lineales, en las cuales el diseño de las viviendas es producto de un proceso de negociación de saberes y sentidos entre usuarios y técnicos, que permite acumular capacidades y conocimientos.

Referencias bibliográficas

AA. VV., 2004, *Bienestar habitacional. Guía de diseño para un hábitat residencial sustentable*, Santiago: Universidad de Chile-FAU-INVI/ Universidad Técnica Federico Santa María/Fundación Chile.

Carrión Mena, F., octubre 2008, *Relatoría General-Conclusiones*, 52nd World Congress Habitat International Coalition, San Juan de Puerto Rico

CONAVI (Consejo Nacional de la Vivienda), 2010, *Revista del Consejo Nacional de la Vivienda*, n° 32, diciembre.

Cravino, C., 2006, *Las villas de la ciudad. Mercado e informalidad urbana*, Los Polvorines: UNGS.

Cravino, C., Del Río J. P. y Duarte, J. I., 2008, "Magnitud y crecimiento de las villas y asentamientos en el Área Metropolitana de Buenos Aires en los últimos 25 años". XIV Encuentro de la Red Universitaria Latinoamericana de Cátedras de Vivienda, Facultad de Arquitectura, Diseño y Urbanismo, Universidad de Buenos Aires, 1 al 4 de octubre.

Fernández Wagner, R., 2007, "Elementos para un revisión crítica de las políticas habitacionales en América Latina", en *Assentamentos informais e moradia popular: subsidios para politicas habitacionais mais inclusivas*, Instituto de Pesquisa Economica Aplicada (IPEA), Ministerio de Planejamento, Orcamento e Gestio, Brasil.

————, 2008, *Democracia y ciudad: Procesos y políticas urbanas en las ciudades argentinas (1983-2008)*, Los Polvorines: UNGS.

Hancevich, M. y Steinbrun, N., 2009, "Construcción de indicadores para la medición del déficit habitacional hacia la caracterización urbano-habitacional", en V Jornada de Jóvenes Investigadores, Instituto Gino Germani.

INDEC, 2010, Censo. Disponible en www.indec.gov.ar.

Kreimer, P. y Thomas, H., 2002, "Producción y uso social de conocimientos", en *Estudios de sociología de la ciencia y la tecnología en América Latina*. Bernal: UNQ.

Latina, S. M., 2003, "Arquitectura de tierra en el siglo XXI", en *Libro de resúmenes del II SIACOT (Seminario Iberoamericano de Construcción con Tierra)*, Madrid: Mairea.

Law, J., 2002, "Economic as Interference", en Du Gay, P. y Prike, M., *Cultural Economy*, Londres: Sage.

Mackenzie, D., 2008, "Abriendo las cajas negras de las finanzas globales", en *Redes. Revista de Estudios Sociales de la Ciencia*, 14(27).

Núñez, A., 2013, "Indicadores del derecho a una vivienda adecuada, en la interpretación autorizada del pacto desc. Evaluación del Programa de viviendas IX- Dignidad, en Mar del Plata (1998-2011)", en *Arquisur*, n° 4.

Núñez, A. y Brieva, S., 2012, "Vivienda e inclusión social: tensiones y conflictos en torno al problema habitacional. El caso de las

Familias Sin Techo (Mar del Plata, 2008-2010)", IX Jornadas Latinoamericanas de Estudios Sociales de la Ciencia y la Tecnología (ESOCITE), México.

Picabea, F., 2015, "Sistemas tecnológicos sociales como herramienta para orientar procesos inclusivos de innovación y desarrollo. Una aproximación empírica desde el campo del hábitat", en Thomas, H., Gordon, A., Picabea, F. y Juarez, P. (orgs.), *Tecnología, innovación y desarrollo inclusivo*. Buenos Aires: Ministerio de Ciencia, Tecnología e Innovación Productiva de la Nación.

Pelli, V., 1997, "La integración social como objetivo de las políticas habitacionales", en revistainvi.uchile.cl. [En línea]

Rapisarda, M., 2008, "Sistema constructivo LAMARS", en Segundo Encuentro de Jóvenes Investigadores en Ciencia y Tecnología de Materiales, Posadas, Misiones, 16 y 17 de octubre.

Rodulfo, M. B., 2008, "Políticas habitacionales en Argentina. Estrategias y desafíos", en Programa Capacitación Técnicos y Profesionales del IVPBA, septiembre.

SSDUV (Subsecretaría de Desarrollo Urbano y Vivienda), 2010, "Evolución de la situación habitacional 2001-2010. Informe Preliminar", Ministerio de Planificación Federal, Inversión Pública y Servicios.

Whitley, R., 1972, "Black Boxism and the Sociology of Science", en Halmos, P. (ed.), *The Sociology of Science*, pp. 61-92. Keele: University of Keele.

Otra bibliografía sugerida

Thomas, H., Albornoz, B. y Picabea, F. (orgs.), 2015, *Políticas tecnológicas y tecnologías políticas. Dinámicas de inclusión, desarrollo e innovación en América Latina*, Buenos Aires: UNQ-FLACSO Ecuador.

Thomas, H., Becerra, L. y Picabea, F., 2014, "Colaboración, producción e innovación: una propuesta analítica y normativa para el desarrollo inclusivo", en *Astrolabio*, Nueva Época, n° 12.

Garrido, S., Fressoli, M., Picabea, F. y Lalouf, A., 2014, "Nuevas perspectivas para el desarrollo de tecnologías para la inclusión social. De las soluciones puntuales a los sistemas tecnológicos sociales", en ESOCITE 2014, Caracas: UNESCO-IESALC.

GUILLERMO SANTOS
Y LUCAS BECERRA

6 | La producción pública de medicamentos como parte de una estrategia de política de salud integrada. Reflexiones y recomendaciones para el desarrollo inclusivo en salud

Introducción

El presente capítulo se propone pensar a la producción pública de medicamentos (PPM) en cuanto tecnología organizacional y política pública como un medio para dinamizar procesos de desarrollo inclusivo.

Concretamente, se buscará responder las siguientes preguntas-problema:

- En el plano del análisis de las capacidades existentes y la potencialidad de desplegar políticas públicas transformadoras: ¿cómo se articulan la política de salud y el mercado de medicamentos?, ¿qué capacidades tiene el actual sector público de productores de medicamentos?
- En el plano del diseño y la implementación de políticas públicas: ¿cómo se articulan las unidades productoras de medicamentos con el resto del aparato burocrático-normativo en cuanto política pública?, ¿cuáles son los mecanismos para lidiar con los limitantes existentes?, ¿es posible implementar una política integral de producción pública de medicamentos como alternativa a la compra privada de medicamentos?
- En el plano del desarrollo y la inclusión: ¿cómo pensar la PPM en términos de sistemas tecnológicos sociales?, ¿bajo qué condiciones una política pública de PPM puede desplegar dinámicas concretas de desarrollo inclusivo?

Para dar respuesta a estas preguntas-problema, el capítulo se divide en cuatro secciones. En la primera se caracteriza el sistema de salud argentino y cómo la industria privada farmacéutica se apropia de los esfuerzos presupuestarios del sector público.

Luego se presenta un perfil del sector en general a los fines de poder tener una primera aproximación sobre las complejidades y oportunidades que éste tiene.

En la tercera sección se presentan tres estudios de casos (Talleres Protegidos de la Ciudad de Buenos Aires, Laboratorio Industrial Farmacéutico S.E. de la provincia de Santa Fe y Laboratorio de Hemoderivados de la Universidad Nacional de Córdoba). Estos estudios de base empírica se utilizan para generar un conjunto de hechos estilizados que, junto con la información provista en el relevamiento sectorial, se traducen en un conjunto de recomendaciones de política pública que se presentan en la última sección.

Caracterización del sistema de salud argentino: dinámicas del gasto en salud y del mercado de medicamentos

En la Argentina, el sistema de salud descansa sobre una configuración de prestación de servicios públicos y privados. En este sentido, esta prestación se realiza mediante la provisión de servicios privados (prepagas y profesionales médicos), completamente públicos (hospitales públicos nacionales, provinciales y municipales) e instituciones mixtas (obras sociales).

El sistema en su conjunto constituye un componente significativo del gasto agregado (público y privado) de la sociedad argentina y, como se observa en la figura 1, posiciona al país en una relación muy ventajosa en comparación con otros países de ingreso medio –cercano a los ratios de gasto como porcentaje del PIB de los países de ingreso alto.

Otra característica sobresaliente del sistema de salud argentino es la preponderancia que tiene el sector público sobre el total del gasto. Durante la última década, la participación del gasto público en salud ha superado sostenidamente el 50% y cuando éste cayó (ver el dato del año 2010 de la figura 2), también lo hizo la participación del gasto en salud respecto del PIB (ver el dato del año 2010 de la figura 1).

Figura 1. Gasto total en salud (en porcentaje del PIB)

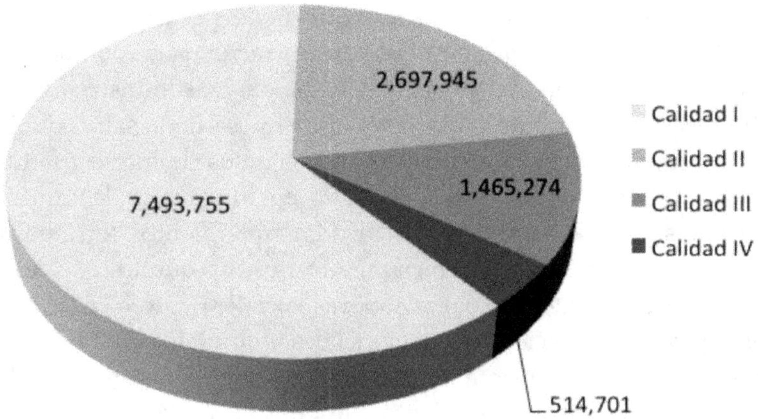

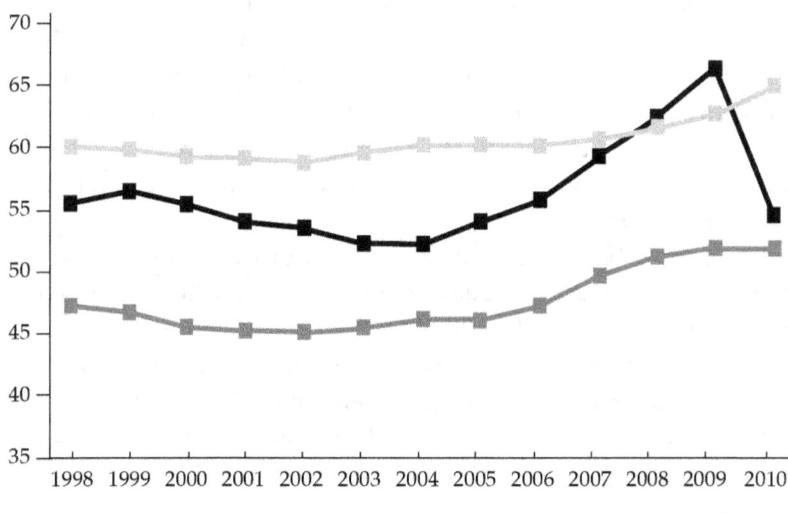

Fuente: elaboración propia a partir de datos de World Bank Data Indicators.

Figura 2. Gasto público en salud (porcentaje del gasto total en salud)

Fuente: elaboración propia a partir de datos de World Bank Data Indicators.

En este sentido, la dinámica del sistema de salud argentino se aproxima más a la de los países de ingreso alto que a sus pares de ingreso medio. Esto demuestra la relevancia que tiene para el Estado y la sociedad argentina la salud, aun cuando los recursos disponibles son significativamente menores que los de los países más industrializados.

Otra forma de medir cuantitativamente el peso de la salud pública en la agenda política es la disposición de recursos de infraestructura. Si se mide el sistema de salud argentino en función de la cantidad de camas (es decir, la capacidad de brindar tratamientos con internación) y según el origen de financiamiento, resulta que un 53% es de origen privado y mixto (prepagas y obras sociales) y un 47%, público (hospitales públicos nacionales, provinciales y municipales).[1] En forma complementaria y consistente, cuando se cuantifica el sistema de salud según la cantidad de establecimientos sin internación y según el origen de financiamiento, la prestación de esta subcategoría de servicios de salud es 55% pública y 45% privada y mixta.[2]

La importancia de la salud en la agenda política tiene su correlato en el esfuerzo presupuestario que esta prestación conlleva. El gasto público corriente del sector público nacional en salud en 2010 fue de $ 3.516.989.600, aproximadamente el 3% del presupuesto público nacional. Adicionalmente, la inversión real (infraestructura y servicios conexos) del gobierno nacional en el sector salud fue de $ 123.525.200 para el mismo año, alrededor del 1% de la inversión real total realizada.[3]

Finalmente, es importante destacar la fuerte recuperación que ha mostrado el gasto *per capita* en salud (medido en dólares corrientes) luego de la crisis económica, política y social que atravesó la Argentina en los años 2001-2002.

Como se observa en la figura 3, este indicador ha crecido en forma sostenida desde el año 2003, especialmente gracias al esfuerzo del sector público para el período 2003-2009.

Ahora bien, la pregunta que queda por hacerse es cuál es la importancia de los medicamentos en el gasto en salud. Según la *Encuesta de utilización y gasto en servicios de salud* (año 2005) realizada por el

---

[1] Fuente: Sistema Integrado de Información Sanitaria Argentina, datos al 30 de agosto de 2011.
[2] Ibíd.
[3] Ibíd.

Ministerio de Salud de la Nación, el gasto privado en medicamentos para personas con afiliación (a prepaga u obra social) representaba el 39,8% del gasto total en salud, mientras que para aquellas sin afiliación era del 50,6%.

Figura 3. Evolución del gasto per cápita en salud (público y privado) (en dólares corrientes)

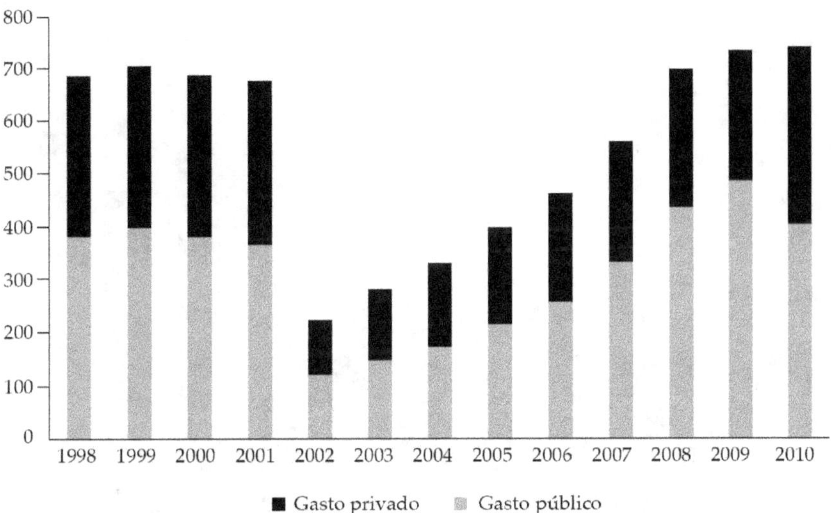

Fuente: elaboración propia a partir de datos de World Bank Data Indicators.

Una evaluación rápida del desempeño de la industria farmacéutica durante los últimos diez años demuestra claramente cómo el aumento del *gasto per capita* en salud se trasladó a ventas (figura 4). La facturación de la industria farmacéutica ha crecido en forma sostenida durante el período analizado; la mayor fuente de ingresos ha sido el mercado interno y la reventa local de productos importados muy por detrás (con las exportaciones como un componente prácticamente marginal).

Una última evaluación puede extraerse al comparar las figuras 3 y 4. En el bienio 2001-2002 puede observárse que el gasto en dólares *per capita* sufrió una abrupta caída (figura 3); sin embargo, para el mismo período, la facturación en pesos mostró un leve aumento. Esto da cuenta de la dinámica del mercado de medicamentos. Aun frente a una fuerte caída de la capacidad de compra, las ventas (es decir, las cantidades vendidas multiplicadas por el precio de venta) mantuvieron su sendero alcista. Pero también implica que los esfuerzos presupuestarios de las arcas públicas son absorbidos por la industria privada; producto de la propia dinámica del sistema de salud argentino.

Figura 4. Evolución de la industria farmacéutica (facturación en pesos corrientes)

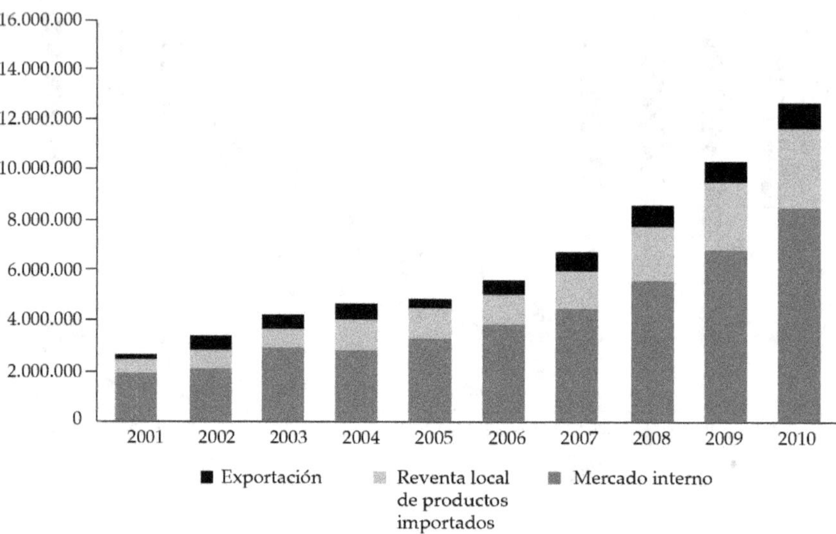

Fuente: elaboración propia a partir de datos de INDEC, 2011.

Esta dinámica tiene tres explicaciones:

- Por el tipo de bien:
  - El medicamento es un bien altamente inelástico en su demanda. El no consumo de medicamentos implica no solucionar la condición de la persona enferma.
  - La sustitución de bienes sólo puede darse entre productos que provean el mismo tipo acción terapéutica (competencia entre empresas que producen el mismo producto).
- Por la estructura de mercado:
  - Según un informe de BDO sobre el mercado de medicamentos argentino, la oferta de estos bienes se encuentra altamente

concentrada: "en Argentina los primeros 20 laboratorios (10 de ellos, de capitales argentinos) representan el 63% de la facturación total. Por su parte, los 50 primeros concentran el 89%. Finalmente, el 96% de las ventas totales es explicado por los primeros 80 laboratorios" (2008).

- Desde el 2000 se observa una creciente participación en las ventas de los laboratorios nacionales respecto a los laboratorios de capital extranjero. En 2010 los primeros representaron el 60% de las ventas (SPE, 2011).

• Por la formación de precios:

- Precios crecientes: para el período 2006-2010, la canasta representativa conformada por los diez medicamentos más vendidos mostró un crecimiento anual promedio del 6,1%, levemente por debajo de la variación de precios a "salida del laboratorio", del 7,6% (SPE, 2011).

- Componentes del precio según segmento: tomando como base 100 el precio de "salida del laboratorio", las sucesivas etapas de la cadena de comercialización mayorista (droguerías) y minorista (farmacias) llevan el precio a entre 170 y 180, es decir, entre un 70% y 80% más (BDO, 2008; SPE, 2011; CEP, 1999).

La política pública de salud en términos de garantizar el acceso a medicamentos ha estado sesgada en las últimas tres décadas hacia la dimensión de la provisión de productos. El Plan Remediar es un claro ejemplo de una política pública orientada a garantizar el acceso mediante su provisión pública.

Sin embargo, es momento de iniciar una discusión relativa a la adquisición o producción de estos medicamentos. Está claro, por lo señalado hasta aquí, que la política actual de medicamentos implica que el esfuerzo presupuestario público es apropiado por el sector farmacéutico privado nacional y transnacional altamente concentrado; esta condición permite el control sobre la determinación de precios, lo que, a su vez, retorna en la forma de mayor concentración y nuevamente mayor control sobre los precios.

Adicionalmente, ese proceso de concentración del ingreso y la producción tiene implicancias negativas sobre la solidez del sistema dado que, frente a caídas en la capacidad adquisitiva de la población, las ventas (en términos de cantidad de bienes) caen, mientras que la población enferma no, y ese diferencial es cubierto nuevamente por el esfuerzo público. Así pues, nuevamente, el sector público es el que responde en estas circunstancias con medidas paliativas.[4] Recuperada la actividad económica, el desempeño de la producción privada mejora rápidamente, se incrementa fuertemente la facturación y el costo de la crisis es absorbido totalmente por el sector público (ver las figuras 3 y 4).

Ahora, si bien garantizar la provisión de medicamentos es una obligación del Estado y es una prioridad en términos de la agenda pública, esto no implica necesariamente que estos bienes sean comprados a privados. En otras palabras, la política pública de medicamentos puede estar vinculada a una estrategia de producción y no de compra directa.

La elaboración de especialidades medicinales en laboratorios estatales puede romper con la lógica del medicamento como bien de mercado. La PPM tiene la potencialidad de quebrar racionalidades del tipo oferta-demanda en la determinación de precios y reconfigurar materialmente (y no sólo retóricamente) los medicamentos como bienes sociales, sustraídos de la lógica que mercantiliza la salud.

Adicionalmente, un sistema nacional de laboratorios públicos productores de medicamentos puede ser pensado como una plataforma estratégica para el país en lo que respecta al desarrollo científico y tecnológico ya que promueve la utilización de infraestructura tecnocognitiva instalada, la independencia tecnológica y el empleo de recursos humanos altamente calificados.

La producción pública de medicamentos en la Argentina: una mirada global sobre la complejidad del sector

Pensar la PPM como un instrumento de política pública, más allá de la mera provisión de medicamentos, implica lidiar con un conjunto de complejidades que el sector presenta hoy en día. Complejidades que se despliegan en dos niveles de implicancias: i) por un lado, vuelven trabajosa la articulación de una política pública integrada; y ii) por el

---

[4] Debido al problema del acceso a los medicamentos producto de la crisis, el Estado nacional lanzó en el año 2002 el Plan Remediar, mediante el cual buscó garantizar el acceso a medicamentos para 15 millones de personas mediante la provisión gratuita.

otro, la heterogeneidad del sector permite pensar un conjunto amplio de estrategias que alienten la producción de medicamentos con un aumento de la eficiencia del gasto (público y privado), la igualación de derechos en materia de acceso a la salud, y el desarrollo de nuevas dinámicas innovativas orientadas al desarrollo inclusivo.

Como resultado de las actividades de relevamiento realizadas en el marco del Programa de Investigación "Tecnologías para la Inclusión Social y Políticas Públicas en América Latina" en el IESCT-UNQ, en la presente sección se presenta un perfil del sector de la PPM en la Argentina. Este perfil es utilizado como un instrumento analítico que permite caracterizar el sector en términos de potencialidades y limitantes; y brinda un marco general de referencia para el despliegue de los estudios de caso de la sección siguiente.

Perfil del sector de Producción Pública de Medicamentos

Tipos de unidades productoras de medicamentos y dependencia institucional
Hoy en día, dos tipos de unidades productoras de medicamentos (UPM) conforman el sector de la PPM en la Argentina. El primer tipo de UPM es el constituido por los laboratorios públicos y el segundo son las farmacias hospitalarias. Aunque ambos tipos de UPM producen medicamentos, la población objetivo es distinta. En términos generales, las farmacias hospitalarias confinan su producción a la población atendida en el hospital al cual pertenecen, mientras que los laboratorios públicos producen y distribuyen especialidades medicinales en los sistemas de salud (nacionales, provinciales y municipales), los cuales pueden incluir o no los hospitales públicos, los programas de provisión pública de medicamentos y la venta minorista en farmacias.

Según esta tipología, actualmente en la Argentina existen 30 laboratorios públicos activos, cuatro inactivos y uno en proyecto; junto con 16 farmacias hospitalarias en operación (cuadro 1).

En términos de su dependencia institucional, cuatro laboratorio activos dependen del gobierno nacional; siete, de universidades nacionales; once, de gobiernos provinciales y ocho, de municipios. En cuanto a los inactivos, uno es universitario, dos son provinciales y uno, municipal; además, existe uno proyectado en la provincia de La Rioja.

En cuanto a las farmacias hospitalarias, una tiene dependencia nacional; diez son provinciales y cinco, municipales.

Cobertura geográfica de las unidades productoras de medicamentos
La cobertura geográfica efectiva que tiene cualquier UPM depende de dos condiciones:

- Habilitación de la Administración Nacional de Medicamentos, Alimentos y Tecnología Médica (ANMAT) de instalaciones y producción: La habilitación ANMAT es condición necesaria para que las UPM puedan circular sus productos entre provincias y ofrecerlos para venta minorista. Si no tienen este tipo de habilitación, la producción queda confinada a la jurisdicción provincial, municipal o al hospital al que la unidad pertenece.
- Una excepción a esta regla es que la producción se ajuste a la Resolución 2086 de la ANMAT debido a su condición de medicamento esencial huérfano, es decir, no provisto en el mercado interno por laboratorios privados autorizados.

Cuando se filtra la producción de medicamentos y vacunas por el primer criterio, según datos de la ANMAT al 31 de diciembre de 2011, se encuentra que existen sólo nueve laboratorios públicos que cumplen con la habilitación ANMAT necesaria para distribuir parte de su producción:

- Laboratorio Industrial Farmacéutico Sociedad del Estado (provincia de Santa Fe);
- Laboratorio de Hemoderivados de la Universidad Nacional de Córdoba;
- Instituto Nacional de Enfermedades Virales Humanas Dr. Julio Maiztegui, perteneciente al ANLIS;
- Complejo Médico Churruca Visca de la Policía Federal Argentina;
- Laboratorios Puntanos S.E. (provincia de San Luis);
- Laboratorio Central de Salud Pública de la Provincia de Buenos Aires;
- Laformed S.E. (provincia de Formosa);
- Laboratorio de Especialidades Medicinales (LEM);
- Laboratorio Conjunto de las Fuerzas Armadas de Argentina.

Por otro lado, del relevamiento de campo se destaca que tres laboratorios se encuadran en el segundo criterio, es decir, producen medicamentos que de otra forma no estarían disponibles en calidad y cantidad suficiente para el mercado interno:

- Laboratorio Industrial Farmacéutico Sociedad del Estado (LIF S.E.) de la provincia de Santa Fe (elaboración de medicamentos para el tratamiento de la miastenia congénita);
- PROZOME de la provincia de Río Negro (praziquantel 50 mg);
- UPM de Talleres Protegidos de Rehabilitación Psiquiátrica de la Ciudad Autónoma de Buenos Aires (P-amino salicilato de sodio 500 mg y etionamida 250 mg).

Sin embargo, en la práctica se observa que aun pudiendo transitar interprovincialmente estos medicamentos, sólo ocurre en el caso del LIF. El PROZOME sólo produce praziquantel 50 mg para el Programa Provincial de Hidatidosis y la UPM de Talleres Protegido abastece de tuberculostáticos sólo a la Red para la Atención de la Tuberculosis de la Ciudad de Buenos Aires.

En conclusión, en términos de alcance geográfico de la producción pública, nueve UPM tienen cobertura nacional efectiva; dos tienen habilitación de la ANMAT para sus instalaciones, pero no para su producción (potencialidad de cobertura nacional) y una tiene habilitación parcial (el ANLIS sólo tiene habilitación ANMAT del Instituto Maistegui); 11 tienen cobertura provincial efectiva; nueve tienen cobertura municipal y 16 producen y fraccionan medicamentos para los hospitales públicos a los cuales pertenecen.

Oferta potencial y efectiva de medicamentos
Según se pudo constatar mediante el relevamiento, las UPM se encuentran en condiciones tecnocognitivas de producir en calidad y cantidad suficiente la totalidad de los productos de la lista básica y complementaria de medicamentos esenciales de la Organización Mundial de la Salud (OMS) y, por extensión, del Plan Remediar.

Sin embargo, para que esta potencialidad se convierta en producción efectiva en términos de poder abastecer a los efectores de salud (públicos y privados), es necesario resolver un conjunto de limitantes.

En primer lugar, se presentan las restricciones de la normativa ANMAT sobre la capacidad efectiva de las UPM de distribuir su producción. En este sentido, parece evidente la necesidad de articular dentro de una misma política pública de salud la adecuación de las instalaciones de las UPM a estos requerimientos.

En segunda instancia, emerge el problema de las patentes sobre la producción de especialidades medicinales. En pocas palabras, la gran mayoría de las UPM fabrican sus medicamentos a partir de las fórmulas y protocolos con patentes vencidas y no pueden elaborar productos protegidos por patentes vigentes.

Una tercera limitante asociada a la anterior es la orientación de los esfuerzos de desarrollo de especialidades medicinales. Al igual que el sector farmacéutico privado, las UPM adquieren los principios activos en el exterior (no hay prácticamente producción local), lo que da como resultado que las actividades de investigación y desarrollo (I+D) se concentren en elaboración del producto en su forma farmacéutica. A partir de las fórmulas, se adquieren los principios activos y los excipientes; así, se deja para "desarrollo propio" la combinación de estos elementos y los procesos necesarios para obtener el medicamento final.

Esta escasa actividad de I+D del sector en general no es una excepción. La dinámica innovativa local en términos generales sufre el mismo mal. La causa del problema es la misma: racionalidades que imperan en las políticas y programas de ciencia y tecnología (CyT) que responden al modelo lineal de innovación. Existe un número significativo de institutos y centros de investigación médica, pero tienen bajos niveles de interacción con las unidades de producción, excepto en el caso de los laboratorios que pertenecen a las universidades nacionales. Pero, aun considerando las excepciones de las universidades, los niveles de interacción y trabajo conjunto a nivel del sistema son reducidos.

Como resultado de estas dinámicas, según datos de 2010, existen 194 productos registrados ante la ANMAT pertenecientes a nueve laboratorios públicos. Sin embargo, las habilitaciones están muy concentradas en cinco UPM: el 43% es del Laboratorio de las Fuerzas Armadas, el 19% es de Laboratorio Puntanos, el 14% es de Hemoderivados de Córdoba, el 9% es del LIF y el 8% es de LAFORMED.

La producción con habilitación de estos laboratorios cubre 36 de los 43 medicamentos incluidos en el vademécum de Remediar+Redes y esa cifra se extiende a 40 si se considera la producción sin habilitación.

La Red de Productores Públicos de Medicamentos y la nueva ley nacional
Dos últimos elementos son relevantes para entender los niveles de alineación y coordinación efectiva de la producción pública.

Por un lado, un grupo de 20 UPM ha constituido en 2009 la Red Nacional de Productores Públicos de Medicamentos con el objetivo de coordinar estrategias y articular esfuerzos en materia de producción conjunta de medicamentos. Sin embargo, en la práctica, esta red no ha podido llevar adelante acciones concretas ni en materia de producción ni en términos de ejercicio de poder de *lobby* para posicionar la producción pública como tema prioritario de la agenda política de salud pública.

Ahora bien, el 29 de junio de 2011 se aprobó la ley nacional 26.688, que declara de interés nacional la investigación y producción pública de medicamentos, materias primas para la producción de medicamentos, vacunas y productos médicos. Es interesante resaltar dos aspectos de este proceso legislativo: Por un lado, la ley todavía no ha sido reglamentada, por lo que, en la práctica, aún no tiene implicancias concretas sobre el sector de PPM. En segundo lugar, los esfuerzos para concretar esta ley han sido llevados adelante por el Grupo de Gestión de Políticas de Estado en Ciencia y Tecnología con la participación de unos pocos directores de UPM; lo que indica, en principio, una acción política por parte de los propios laboratorios de carácter más defensiva que proactiva.

En pocas palabras, la ley nacional 26.688 abarca cuatro niveles complementarios de acción:

1. Generación de información necesaria para la toma de decisiones:
   * establecer un registro de los laboratorios de producción pública, que debe contener como datos mínimos situación de funcionamiento, capacidad instalada y condiciones registrales;
   * establecer como marco de referencia de la producción de medicamentos la propuesta de medicamentos esenciales de la OMS.
2. Definición de líneas estratégicas de acción:
   * definir prioridades en líneas estratégicas de producción teniendo en cuenta los perfiles epidemiológicos y estacionales de las regiones de nuestro país;
   * promover la provisión de medicamentos, vacunas y productos médicos que demande el primer nivel de atención en el marco de la estrategia de atención primaria de la salud;

- promover la investigación, desarrollo y producción de medicamentos huérfanos.
3. Actividades de I+D:
   - promover la articulación con instituciones académicas y científicas y organizaciones de trabajadores y usuarios.
4. Eficiencia del uso de los recursos:
   - promover una mejor utilización de los recursos disponibles en cada ámbito institucional evitando la superposición de producción.

Reflexiones sobre las complejidades del sector público de producción de medicamentos

La evaluación de la PPM como posible instrumento para una política pública de salud integrada revela un conjunto de desafíos político-prácticos:

- En primer lugar, la diversidad de regímenes legales y normativos que se entrelazan producto de la propia actividad y de la diversidad de jurisdicciones a las cuales pertenecen las UPM.
- En segunda instancia, la reducida certificación de laboratorios y producción por parte de la ANMAT plantea limitantes en cuanto al poder efectivo que tiene la PPM como instrumento de política pública.
- Ahora bien, tal como está planteado hoy el sector en términos de sus bajos niveles de coordinación y articulación, una habilitación masiva por parte de la ANMAT llevaría a procesos de competencia entre los propios productores públicos.
- La cuestión de la competencia intrapública no es menor dado que la producción de medicamentos presenta una alta dispersión en cuanto a su valor final, por lo que una competencia entre unidades similares terminaría generando las mismas dinámicas que se observan en el mercado privado abierto. Esto llevaría a la concentración de la producción en los medicamentos más "rentables".
- Aun existiendo 51 UPM públicas y una red de 20 de ellas, es escasa la capacidad de injerencia que muestran en las etapas de diseño y tomas de decisiones de la política pública de salud en general y en la de adquisición de medicamentos en particular.
- Finalmente, en términos de iniciativas de I+D, los laboratorios públicos que efectivamente las llevan a cabo muestran una racionalidad muy similar a la de sus comparables privados: importación de los principios

activos e inversión focalizada solamente en la etapa de desarrollo final del producto. Este patrón en materia de actividades de I+D no permite que el sector de PPM se diferencie a partir de la producción de nuevas especialidades medicinales, lo que en la práctica convierte a estas unidades en fábricas de genéricos con patentes vencidas. Esto reproduce una dinámica por la cual la PPM se mantiene como un instrumento paliativo durante momentos de crisis o como proveedor esencialmente de los sistemas de salud locales y provinciales.

Tres casos de estudio para pensar la política pública de PPM a partir del análisis de dinámicas concretas y trayectorias socio-técnicas

La elección de la UPM de Talleres Protegidos de la Ciudad Autónoma de Buenos Aires, el Laboratorio de Hemoderivados de la UNC y el Laboratorio Industrial Farmacéutico de la provincia de Santa Fe como casos de análisis responde a la necesidad de abarcar un conjunto de dimensiones analíticas que posibiliten generar insumos de conocimiento necesarios para la formulación de políticas públicas de PPM.

Estas dimensiones que se utilizan para deconstruir analíticamente los tres casos de estudio se derivan del enfoque socio-técnico que motiva el espíritu de las investigaciones contenidas en este libro. Desde el punto de vista metodológico, el propósito de estas dimensiones es permitir la extrapolación de conclusiones generales a partir de la construcción de "hechos estilizados" a partir de análisis de base empírica.

De los conceptos a las dimensiones explicativas

El concepto de "trayectoria socio-técnica" posibilita explicar la relación (sobre un eje diacrónico) existente entre elementos heterogéneos (normativas; entidades públicas y privadas; producción de especialidades medicinales; insumos de la producción y políticas públicas nacionales, provinciales y municipales) que han conformado y conforman las particularidades concretas de la producción de las UPM seleccionadas.

La noción de "dinámicas problema-solución" permite determinar cómo las tres UPM seleccionadas significan los medicamentos en cuanto "bienes sociales" y, a partir de dicha significación, constituyen ciertos conjuntos de prácticas y estrategias de acción.

Cuadro 1. Perfil del sector público de producción de medicamentos

Tipo de pertinencia Institucional/ Nombre de la UPM	Ubicación	Condición de actividad	Habilitación ANMAT instalaciones	Habilitación ANMAT producción	Pertenence a la Red
1.1 Laboratorios Nacionales					
Administración Nacional de Laboratorios e Institutos de Salud (ANLIS)	CABA	Activo	Parcial (Ins. Maiztegui)	No	Sí
Laboratorio Conjunto de las FF.AA.	CABA	Activo	Sí	Sí	No
Laboratorio Industrial Farmacéutico de la Armada Argentina	CABA	Activo	Sí	Sí	No
Complejo Médico Churruca Visca de la Policía Federal Argentina	CABA	Activo	Sí	Sí	No
1.2 Laboratorios Universitarios					
Laboratorio Universitario de la Universidad Nacional de Rosario	Santa Fe	Activo	No	No	No
Laboratorio Universitario de la UTN – Tucumán	Tucumán	Activo	No	No	No
Laboratorio Universitario de la Universidad Nacional del Chaco Austral	Chaco	Activo	No	No	No
Laboratorio Universitario de UTN Pacheco	Buenos Aires	Activo	No	No	No
Laboratorios de Hemoderivados de la Universidad Nacional de Córdoba	Córdoba	Activo	Sí	Sí	Sí
Laboratorio de Control de Calidad de Medicamentos de la Univ. Nacional de San Luis	San Luis	Activo	No	No	Sí
Unidad Productora de Medicamentos de la Facultad de Ciencias Exactas de la Universidad Nacional de la Plata	Buenos Aires	Activo	No	No	Sí
Laboratorio ELMETEC	Buenos Aires	Inactivo	Sí	No	Sí
1.3 Laboratorios Provinciales					
Laboratorio Productor de Medicamentos de la Provincia de Chubut	Chubut	Inactivo	No	No	No
Laboratorio Productor de Medicamentos de Río Negro (PROZOME)	Rio Negro	Activo	En proceso	En proceso	Sí
Laboratorio Provincial Ciudad de Corrientes	Corrientes	Activo	No	No	No
Laboratorio Provincial: Farmacia Oficial del Siprosa	Tucumán	Activo	No	No	No
Laboratorio Provincial: Laboratorio Central de Salud Pública de Chaco (Laprobi)	Chaco	Activo	No	No	Sí
Laboratorio Provincial Lapromed	Mendoza	Inactivo	No	No	Sí
Laboratorios Puntanos S.E.	San Luis	Activo	Sí	Sí	No
Laformed S.E.	Formosa	Activo	Sí	Sí	Sí
Unidad Productora de Medicamentos de Talleres Protegidos de Rehabilitación Psiquiátrica de la Ciudad Autónoma de Buenos Aires	CABA	Activo	No	No	No
Laboratorio de Especialidades Medicinales del Ministerio de Salud Pública de Misiones (LEMIS)	Misiones	Activo	Sí	No	Sí
Laboratorio Farmacéutico Sociedad del Estado (LIF)	Santa Fe	Activo	Sí	Sí	No

Continuación Cuadro 1

Tipo de pertinencia Institucional/ Nombre de la UPM	Ubicación	Condición de actividad	Habilitación ANMAT instalaciones	Habilitación ANMAT producción	Pertenence a la Red
Laboratorio Central de Salud Pública de la Provincia de Buenos Aires "Dr. Thomas Perón"	Buenos Aires	Activo	En proceso	En proceso	Sí
Laboratorio Provincial de La Rioja	La Rioja	Proyecto	No	No	Sí
Laboratorio de Análisis Farmacéutico de la Unidad CEPROCOR de la Agencia Córdoba de Ciencia S.E.	Córdoba	Activo	No	No	Sí
1.4 Laboratorios Municipales					
Laboratorio Especialidades Medicinales de Hurlingham	Buenos Aires	Activo	No	No	Sí
Laboratorio de Especialidades Medicinales (LEM) Sociedad del Estado Municipal	Santa Fe	Activo	Sí	Sí	Sí
Laboratorio Farmacia Municipal de Córdoba	Córdoba	Activo	No	No	Sí
Laboratorio Ciudad de Balcarce	Buenos Aires	Activo	No	No	No
Laboratorio Municipal de Bragado	Buenos Aires	Activo	No	No	Sí
Laboratorio Municipal de Río Cuarto	Córdoba	Inactivo	No	No	Sí
Laboratorio Municipal de Trenque Lauquen	Buenos Aires	Activo	No	No	No
Laboratorio del Municipio de San Francisco	Córdoba	Activo	Pedido de habilitación	No	No
Laboratorio de Medicamentos Genéricos Pampeano de General Pico	La Pampa	Activo	No	No	Sí
2.1 Farmacia Hospitalaria Nacional					
Laboratorio de Hospital Posadas	Buenos Aires	Activo	No	No	No
2.2 Farmacia Hospitalaria Provincial					
Laboratorio Hospital Materno Infantil de la Prov. de Salta	Salta	Activo	No	No	No
Laboratorio Hospital Notti Guaymallen de la Prov. de Mendoza	Mendoza	Activo	No	No	No
Laboratorio Hospital Pena de Bahía Blanca	Buenos Aires	Activo	No	No	No
Laboratorio Hospital Pte. Perón	Buenos Aires	Activo	No	No	No
Laboratorio Hospital Eva Perón	Buenos Aires	Activo	No	No	No
Laboratorio Hospital Baliña	Misiones	Activo	No	No	No
Laboratorio Hospital Heras Azodeco	Entre Ríos	Activo	No	No	No
Laboratorio Hospital Centenario Gualeguaychu	Entre Ríos	Activo	No	No	No
Laboratorio Hospital Gandulfo "Dr Floreal Ferrara"	Buenos Aires	Activo	No	No	No
Laboratorio Hospital Irurzun de Necochea	Buenos Aires	Activo	No	No	No
2.3 Farmacia Hospitalaria Municipal					
Hospital Municipal de Olavarría	Buenos Aires	Activo	No	No	Sí
Laboratorio Hospital Concepción del Uruguay	Entre Ríos	Activo	No	No	No
Laboratorio Hospital Concordia	Entre Ríos	Activo	No	No	No
Laboratorio Hospital de Olavarría	Buenos Aires	Activo	No	No	No
Laboratorio Hospital Regional San José de Diamante	Entre Ríos	Activo	No	No	No

Finalmente, la noción de "alianza socio-técnica" revela en el análisis la construcción de formas de funcionamiento/no funcionamiento de las UPM. A partir de la utilización de este concepto, se pueden extraer conclusiones en términos de las potencialidades de la PPM, sus limitaciones socio-técnicas y las medidas que se deben tomar con el fin de construir sistemas tecnológicos sociales.

La reconversión para la supervivencia o sobre cómo un laboratorio dedicado a la producción de psicofármacos se especializó en tuberculostáticos: el caso de la UPM de Talleres Protegidos

Breve historia de la UPM de Talleres Protegidos
La UPM de Talleres Protegidos tiene sus orígenes en el laboratorio EMESTA (Especialidades Medicinales del Estado), que fue creado por el doctor Ramón Carrillo durante la primera presidencia de Juan Domingo Perón (1946-1952) y tenía por objetivo la producción de medicamentos baratos para el sistema de salud nacional. Durante el gobierno de facto del general Onganía (1966-1970), este laboratorio nacional se integró al complejo de rehabilitación psiquiátrica nacional como proveedor de psicofármacos para todo el país.

En el año 1992 esta UPM fue transferida a la órbita de la ciudad de Buenos Aires junto con los Talleres Protegidos de Rehabilitación y los hospitales psiquiátricos Tobar García, Braulio Moyano y José Tiburcio Borda.

El resultado inmediato de la transferencia fue un aumento de la capacidad ociosa de la UPM de Talleres Protegidos dado que no tenía (ni tiene actualmente) una habilitación por parte de la ANMAT, lo que le impide ofrecer su producción fuera del sistema de salud público de la ciudad de Buenos Aires.

Ante este nuevo escenario, la UPM buscó articular una nueva estrategia para ampliar su producción mediante la incorporación de nuevas líneas de producción: los Talleres Protegidos se vincularon entonces con la Red para la Atención de la Tuberculosis de la Ciudad de Buenos Aires, que tiene su sede en el Hospital de Infecciosas Dr. Francisco Javier Muñiz.

A partir de esta vinculación, el laboratorio comenzó a producir medicamentos tuberculostáticos denominados de primera línea (etambutol clorhidrato, isoniazida y pirazinamida) y produce a pedido de la propia Red de Atención de la Tuberculosis dos medicamentos necesarios para el tratamiento de tuberculosis multirresistentes (P-amino salicilato de sodio y etionamida), y es el único laboratorio que los produce en la Argentina.

Por otro lado, a partir de la crisis económica e institucional de 2001-2002 que afectó a la República Argentina, la UPM de Talleres Protegidos recibió una donación de la entonces Legislatura de la Ciudad de Buenos Aires para mejorar el equipamiento con la finalidad de proveer de medicamentos baratos al sistema de salud de la ciudad. Así, se sumó a la producción la denominada línea de medicamentos generales, que incluyó, entre otros, paracetamol, ibuprofeno, ácido acetilsalicílico, etc.

Capacidades tecnoproductivas de la UPM
El año 2011 encuentra a la UPM con una capacidad de producción potencial (con su actual matriz tecnocognitiva) de 15 millones de comprimidos anuales en tres grandes líneas de producción:

- psicofármacos que abastecen al complejo de salud mental de la ciudad de Buenos Aires, entre los que se destacan halopedirol 10 mg y levomepromazina maleato 25 mg;
- medicamentos básicos para la atención primaria de la salud, entre ellos cabe destacar diazepán 10 mg y ácido acetilsalicílico 100 mg;
- medicamentos indispensables para el tratamiento de la tuberculosis, que incluyen P-amino salicilato de sodio 500 mg y etionamida 250 mg, que no son producidos por ningún otro laboratorio público o privado de la Argentina y cuya importación es en general dificultosa o imposible.

Sin embargo, lo que se desprende de la evaluación de los datos de producción es que la UPM de Talleres Protegidos depende fuertemente de la demanda de tuberculostáticos, que pasó de representar el 39% de la producción total en el año 2004 al 54% en el 2009 y un más que significativo 78% en el año 2010.

La construcción del medicamento como bien social
Para la UPM de Talleres Protegidos, el medicamento es un bien social y en su carácter de tal debe garantizarse su provisión a toda persona

enferma que lo necesite. Así pues, cuando el sentido de bien social se constituye en términos de provisión, en principio resultaría indistinto si su producción es realizada por un ente privado o uno público.

Sin embargo, existe un conjunto de medicamentos que no son producidos debido a su escaso valor de venta o a su muy reducida demanda; los denominados medicamentos huérfanos. En esta línea, la UPM de Talleres Protegidos ha buscado articular sus estrategias de producción: no confrontar con la producción de la industria privada y complementar la provisión en calidad y cantidad suficiente de medicamentos huérfanos.

Las estrategias de funcionamiento y la generación de alianzas socio-técnicas
Ahora bien, dicho esto, es necesario resaltar que el caso de esta UPM es una situación extrema de no alineación con la política pública local que supuestamente la contiene. No porque sea decisión de la UPM, sino porque la política pública de salud de la ciudad de Buenos Aires descansa principalmente en la compra de medicamentos a un consorcio de empresas denominado PROGEN S.A.[5] Este procedimiento es resultado de la aprobación en el año 2005 de la ley de compras y contrataciones de la Ciudad Autónoma de Buenos Aires (ley 2.095), en la que quedan establecidos los lineamientos que debe observar el Sector Público de la Ciudad Autónoma de Buenos Aires en los procesos de compras, ventas y contrataciones de bienes y servicios, y la regulación de las obligaciones y derechos que se derivan de ellos.

En términos de las compras públicas de medicamentos por parte de la ciudad de Buenos Aires, la ley 2.095 se tradujo en el Decreto N° 1093/2009 que aprueba la Licitación Pública de Etapa Única N° 18/DGCyC/09. Esta orden de compra abierta tiene duración de un año corrido y es por un monto presupuestado de 150 millones de pesos (con un ajuste posible de +/-15%) asignado a PROGEN S.A.

Adicionalmente, como ya se señaló, esta UPM no cuenta con certificación ANMAT de su producción por lo que sólo puede ofrecer su producción dentro de los confines de la ciudad de Buenos Aires.

---

[5] Desde el 15 de enero de 2010, una orden de compra abierta ha sido adjudicada a la firma PROGEN S.A. PROGEN es una empresa que actúa en representación de 26 laboratorios privados nacionales y está dedicada a la comercialización de medicamentos genéricos. No sólo provee al Ministerio de Salud de la CABA, sino también a la red de Farmacias Privadas de la Ciudad.

Así constituida esta trayectoria socio-técnica, la UPM de Talleres Protegidos se encontraba en 2011 en una alianza socio-técnica corta que le permitía sobrevivir frente a otra alianza que construye no funcionamiento.

Con la aprobación de la ley 2.095 se genera un nuevo componente de la red socio-técnica que construye no funcionamiento de la UPM y modifica la trayectoria socio-técnica previa. La tercera alianza socio-técnica que contiene la ley 2.095 también alinea al Ministerio de Salud de la Ciudad y a PROGEN. Esta alianza restringe las posibilidades de adquisición de medicamentos a la UPM por parte de los hospitales Borda y Moyano y los CESAC, es decir, construye el no funcionamiento de la UPM como proveedor de psicofármacos y medicamentos generales; mientras que, a la vez, sí construye funcionamiento de PROGEN como proveedor de dichos medicamentos.

Ahora bien, esa alianza no logra construir no funcionamiento de la UPM en cuanto proveedor de tuberculostáticos dado que estos medicamentos pertenecen ahora a otra alianza. Alianza que alinea y coordina los tuberculostáticos con la Red de Atención de Tuberculosis de la Ciudad de Buenos Aires con la UPM de Talleres Protegidos. O, en otras palabras, los tuberculostáticos ejercen un tipo de agencia (su no muy bajo valor de mercado) que permite que la UPM funcione para la Red de Atención como proveedor de dichos medicamentos y excluya a los actores de la otra alianza.

Finalmente, la actual capacidad para la producción de tuberculostáticos (medicamentos considerados huérfanos o cuasi huérfanos) genera un fenómeno singular: para la ANMAT, la UPM funciona como medio para viabilizar existencias de tuberculostáticos para el sistema de salud público, pero no funciona como proveedor nacional para la totalidad de su producción.

El rol del laboratorio y su alianza en materia de políticas públicas de salud
Aun con todas las dificultades señaladas, esta UPM cumple un rol importante en la prestación de servicios de salud:

1. En primer lugar, produce medicamentos que de otra forma no estarían disponibles para su utilización en el mercado interno.
2. Muestra capacidad de adaptación a cambios políticos, económicos y normativo-administrativos al poder readecuar su producción frente a cambios en las dinámicas socio-técnicas. Tanto para ampliar

su producción, como durante la crisis de 2001-2002, como para reorientarla hacia productos huérfanos.

3. Finalmente, la alianza que conforma la UPM, su producción de tuberculostáticos y la Red de Atención de la Tuberculosis permite proveer tratamientos a una población enferma que de otra manera no los tendría. Es más, dado que la inmensa mayoría de los enfermos con tuberculosis (TBC) de toda la Argentina se atienden en los hospitales públicos de la ciudad de Buenos Aires, la producción de esta UPM, aunque no circula a nivel nacional, sí tiene alcance efectivo sobre la población enferma con TBC de prácticamente todo el país.

Pensando la política pública de salud desde la producción: el caso del Laboratorio Industrial Farmacéutico de la provincia de Santa Fe

Breve historia del LIF

El Laboratorio Industrial Farmacéutico (LIF) fue creado en el marco de la política de creación de farmacias hospitalarias, impulsada a nivel nacional en el año 1947 por el doctor Ramón Carrillo, quien fuera ministro de Salud del gobierno del general Juan Domingo Perón.

Adhiriendo a esta política de salud, el entonces gobernador de la provincia de Santa Fe, Waldino Suárez, dio orden de instalar un establecimiento elaborador de medicamentos con el objetivo de abastecer a las recientemente creadas farmacias hospitalarias de la provincia. Este establecimiento fue denominado Laboratorio Industrial Farmacéutico (LIF).

Aunque no existen registros oficiales de su creación, el LIF se mantuvo funcionando como tal hasta que en el año 1987 la legislatura provincial sancionó la ley 10.069 a través de la cual se establecía la creación oficial del Laboratorio Productor de Fármacos Medicinales (LPFM).

Posteriormente, en el año 1989, el LPFM pasó a tener el rango de Dirección General de Producción de Fármacos Medicinales y a partir de ese momento comenzó a participar del presupuesto del Ministerio de Salud de la Provincia de Santa Fe como un programa independiente de dicho ministerio, lo que le permitió contar con una planta productora propia y proveer medicamentos para la atención primaria de la salud en la provincia.

Luego, en el año 1999, la estructura jurídica del laboratorio fue modificada en virtud de la ley provincial 11.657, por la cual se autorizó al Poder Ejecutivo provincial a transformar el LPFM en una sociedad del Estado. Finalmente, en el año 2007, el laboratorio volvió a adoptar su primera denominación: Laboratorio Industrial Farmacéutico S.E.

Capacidades tecnoproductivas del LIF

El Laboratorio Industrial Farmacéutico (LIF) es una sociedad del Estado de la que el Estado santafecino es único accionista. Esta sociedad es conducida por un directorio presidido por el ministro de Salud de la provincia de Santa Fe y otros cuatro directores designados por el gobernador provincial. En su conjunto, el LIF cuenta con más de 90 integrantes y se dedica a producir y proveer productos farmacéuticos tanto a nivel provincial como nacional.

El LIF provee aproximadamente el 64% de las unidades farmacológicas utilizadas por el sistema público de salud provincial y el 95% de las unidades aportadas por el Estado provincial para la atención primaria de la salud. Este aporte lo hace utilizando aproximadamente el 14% del presupuesto destinado por la provincia a la compra de medicamentos.

En la actualidad, el laboratorio cuenta con cuatro áreas de producción: comprimidos betalactámicos (con certificación ANMAT), suspensiones pediátricas betalactámicas extemporáneas (con certificación ANMAT), comprimidos generales y un área de producción de semisólidos. En el año 2010, el LIF produjo 93.417.328 comprimidos, 433.737 frascos de suspensiones extemporáneas, 147.821 pomos de crema y 929.401 unidades de líquidos (ampollas, goteros y frascos).

La construcción del medicamento como bien social

Para este laboratorio, el medicamento se significa como bien social en términos de garantizar el acceso. Los responsables del laboratorio consideran el medicamento como un bien social, que debe ser accesible para todos sin importar la capacidad de pago que puedan o no tener.

Las prácticas del LIF asociadas a esta forma de significar su producción se manifiestan en la producción de medicamentos para los efectores públicos de salud, que los distribuyen a la comunidad; procura abastecer productos cubriendo los costos de producción; es decir, sin obtención de ganancias.

Así pues, excluidos de la lógica de mercado, el aumento de la eficiencia se entiende como la reducción de costos, que se traduce en una menor carga presupuestaria para el gobierno provincial y no, como en el caso de la empresa privada tipo, en una ampliación del margen de ganancia.

Las estrategias de funcionamiento y la generación de alianzas socio-técnicas
El LIF podría definirse en primera instancia como el caso perfectamente opuesto al de la UPM de Talleres Protegidos. En este sentido, este laboratorio se encuentra plenamente integrado a la política pública de la provincia de Santa Fe y, por lo tanto, la alianza socio-técnica que construye su funcionamiento como unidad productora y abastecedora de medicamentos para el sector salud en la provincia es mucho más larga y robusta que en el caso de Talleres Protegidos.

Además de pertenecer a una misma alianza, en la cual se encuentra el Estado de la provincia de Santa Fe, el LIF integra en su alianza otras instituciones y programas:

- Entre Ríos: El LIF abastece los requerimientos de demanda de medicamentos del Ministerio de Salud de la Provincia de Entre Ríos en virtud de un acuerdo marco de colaboración y asistencia mutua firmado por ambas provincias.
- PROZOME: Desde 2010, el LIF y el laboratorio de la provincia de Río Negro, PROZOME, llevan adelante actividades conjuntas de capacitación de recursos humanos, intercambio de información y medicamentos, planificación estratégica regional de la producción y relevamientos periódicos. Por su parte, el LIF proveyó al PROZOME de amoxicilina 500 mg comprimidos y amoxicilina 250 mg x 90 ml suspensión.
- Red provincial para la Producción, Investigación y Tecnología Farmacéutica: Conformada en noviembre de 2009, los objetivos de la Red son coordinar la producción pública de medicamentos y estimular la investigación e innovación en la materia por parte del sistema científico de la provincia de Santa Fe. La red está formada por instituciones públicas del gobierno nacional y provincial, universidades y municipios: CONICET (Santa Fe), Secretaría de Estado de Ciencia, Tecnología e Innovación de la provincia de Santa Fe, el Laboratorio de Especialidades Medicinales (LEM) de la Municipalidad de Rosario, la facultad de Ciencias Bioquímicas y Farmacéuticas de la Universidad Nacional de Rosario (UNR) y

la Facultad de Bioquímica y Ciencias Biológicas de la Universidad Nacional del Litoral (UNL).

- Laboratorio de Especialidades Medicinales (LEM): Desde el año 2004, ambos laboratorios realizan actividades conjuntas de integración y coordinación, que incluyen intercambio de productos fabricados específicamente por cada uno de ellos. Así, el LIF aporta al LEM cuatro antibióticos, mientras que el LEM entrega al LIF salbutamol gotas para nebulizador, hidroclorotiazida, ácido fólico y fenobarbital. Este acuerdo constituye un ejemplo de las ventajas para la producción pública de medicamentos de las alianzas a nivel nacional que permiten a cada laboratorio producir líneas específicas y así, mejorar la calidad de producción y reducir costos operativos.
- Universidad Nacional del Litoral (UNL): Las Facultades de Bioquímica e Ingeniería Química brindan servicios al LIF tanto de determinaciones analíticas como de capacitación. Además, alumnos avanzados participan de un programa de pasantías que consiste en desarrollar prácticas en el LIF.
- Universidad Nacional de Rosario (UNR): En el marco de un convenio suscripto con la Facultad de Bioquímica y Farmacia se están llevando a cabo de manera conjunta estudios de estabilidad de medicamentos y desarrollo de nuevas fórmulas farmacotécnicas y especialidades huérfanas, como benznidazol destinado al tratamiento de la enfermedad de Chagas.

El rol del laboratorio y su alianza en materia de políticas públicas de salud
Esta alianza socio-técnica articulada en torno al LIF ha permitido en términos de resultados para el sistema de salud de la provincia de Santa Fe:

- Mejorar la disponibilidad:
  - Sistema de Gestión de la Demanda (SISGEDEM). El LIF ha desarrollado un complejo sistema informático de seguimiento constante de la demanda y uso de medicamentos en el Sistema Público Provincial de Salud. Para ello, registra con precisión los consumos y compras de 18 efectores provinciales seleccionados con criterio muestral. De esta forma, el laboratorio puede anticipar el volumen o tipo de producción con suficiente antelación y,

a la vez, hacer un uso racional de los recursos del Estado produciendo aquellos que el sistema provincial requiere.

- Anticonceptivos. El LIF produce anticonceptivos de marca estatal, lo que constituye una experiencia única para el sistema de salud nacional. Hasta 2009, los centros de salud de la provincia de Santa Fe dependían de las partidas que enviaba la nación desde el Programa Nacional de Salud Sexual y Procreación Responsable, cuya provisión, no obstante, se daba de manera irregular. Por esta razón, el Estado provincial decidió encarar la elaboración de estos productos, lo que significó un ahorro de un 38% respecto del costo que se debía pagar por licitación a proveedores privados.
- Medicamentos para el tratamiento de la miastenia congénita. Por pedido y con autorización de la ANMAT, el LIF produjo en el año 2010 un medicamento huérfano e inexistente en el país. Se estima que en la Argentina hay 200 pacientes con miastenia congénita. Hasta ahora, quienes necesitaban tratamiento con efedrina debían recurrir al stock de los hospitales o conformarse con un preparado magistral. Este es el primer caso en el que se autoriza, por excepción, a que un laboratorio brinde los comprimidos.

- Mejorar la accesibilidad:
  - El LIF participa desde el año 2008 en el Programa Nacional Remediar+Redes, que suministra medicamentos a los centros de salud de atención primaria en todo el país. El LIF ha producido y entregado a Remediar 10 millones de comprimidos de cefalexina 500 mg. Luego, en el año 2009, ha provisto a dicho programa de 23 millones de amoxicilina 500 mg y 5,5 millones de cefalexina 500 mg; en el año 2010, 14 millones de comprimidos de glibenclamida 5 mg, 6,8 de paracetamol 500 mg y 65 mil frascos de suspensión pediátrica de cefalexina 250 mg.

- Aumentar la eficiencia del gasto público:
  - Generando capacidad de ahorro al Estado provincial en cuanto empresa de carácter público. La producción del LIF se ofrece a alrededor del 20 al 25% del precio definido por los productores privados, lo cual genera ahorros presupuestarios significativos.
  - Interviniendo en el mercado como agente formador de precios. Mediante la presión que ejerce la alianza en su conjunto tanto sobre las cantidades demandadas de medicamentos privados como de los precios de referencia del mercado.

Sobre cómo un laboratorio público regula los mercados: el caso del Laboratorio de Hemoderivados de la Universidad Nacional de Córdoba

Breve historia del Laboratorio de Hemoderivados de la UNC

El Laboratorio de Hemoderivados de la Universidad Nacional de Córdoba fue creado en 1963 durante el gobierno del doctor Arturo Humberto Illia, quien donó sus fondos reservados para llevar a cabo el proyecto de construcción con el objetivo de producir medicamentos a bajo costo, sustituir importaciones y regular los precios del mercado.

La idea de montar una planta productora de derivados plasmáticos fue concebida por un grupo de profesionales de la Cátedra de Farmacología de la Facultad de Medicina de la UNC, bajo el amparo de las políticas públicas de salud del gobierno de Illia, en especial la ley nacional 16.462, en la cual se declaraba que: "las drogas, medicamentos y todo otro producto de uso y aplicación en la medicina humana se consideren bienes sociales al servicio de la salud pública".

En 1971 comenzaron los trabajos en el desarrollo de los primeros medicamentos y la puesta a punto de los procesos de producción. El 22 de agosto de 1974, la Secretaría de Salud del Ministerio de Bienestar Social de la Nación habilitó la planta. Ese mismo año comenzó la producción de medicamentos con el primer lote de albúmina sérica humana pasteurizada.

En 1987 el laboratorio firmó un convenio de intercambio con la República Oriental del Uruguay; a partir de él, ese país envía a la planta industrial en la UNC el plasma que colecta y recibe a cambio los hemoderivados elaborados con su materia prima. En el mismo año, se refuncionalizó el Área de Investigación y Desarrollo con el objetivo de desarrollar productos, optimizar metodologías y poner en marcha nuevas técnicas de control.

La década del noventa implicó un cambio general en la trayectoria de la empresa. Esta década estuvo signada por una nueva estrategia orientada a lograr el autofinanciamiento en la medida en que la UNC reducía paulatinamente los fondos presupuestarios que le asignaba al laboratorio. Este objetivo de autofinanciamiento implicó, en términos de las estrategias desplegadas por el laboratorio, aumentar la captación de plasma humano (insumo básico de la producción), diversificar la producción, mejorar la competitividad de los productos y generar nuevos mercados en los que colocar su producción (por ejemplo, en 1994 se firmó un convenio de intercambio de plasma por hemoderivados con Chile). Está dinámica que se inició durante la década del noventa se prolongó durante los años 2000 y consolidó una UPM activa, con una amplia gama de productos, departamento de I+D y que, como se mostrará más adelante, ha podido cumplir con sus objetivos fundacionales.

En esta última década, los productos del Laboratorio de Hemoderivados comenzaron a distribuirse en varios países de América: Uruguay, Chile, Perú, Paraguay, Bolivia, República Dominicana, Ecuador y Guatemala.

En 2002 (al igual que en el caso de la UPM de Talleres Protegidos), se inauguró UNC Fármacos, planta productora de medicamentos inyectables genéricos y en 2003 se puso en marcha UNC Biotecnia, planta procesadora industrial de tejidos humanos. En esta planta se lleva a cabo el procesamiento de tejidos óseos para obtener productos médicos de uso terapéutico en la práctica odontológica y traumatológica.

Capacidades tecnoproductivas del Laboratorio de Hemoderivados
Hoy en día, el Laboratorio de Hemoderivados cuenta con una planta de 900 metros cuadrados y tiene capacidad para procesar 150 toneladas de plasma humano por año. La división UNC Hemoderivados produce (con certificación ANMAT): albumina sérica humana, antitrombina III pasteurizada, complejo protrombínico, factor VIII antihemofílico, gammaglobulina T, gamma anti-RHO, gamma antitetánica, gamma antitetánica plus e inmunoglobulina G endovenosa.

Como ya se señaló, a principios de los años 2000, se sumaron dos nuevas divisiones. UNC Biotecnia, que produce y distribuye matrices óseas en polvo, gránulos, cubos, láminas, tablas, rodajas, membrana y bloques. Y UNC Fármacos (planta con certificación ANMAT), cuya línea de productos está compuesta por: agua bidestilada, cloruro de potasio, cloruro de sodio, dexametasona, diazepan, difenhidramina, furosemida, metoclopramida, ranitidina y solución fisiológica.

En materia de los procesos de producción y gestión, el Laboratorio tiene en vigor, desde la década del noventa, el Programa de Aseguramiento de la Calidad (PAC) para la captación de materia prima y para la elaboración y control de calidad de los productos con el objetivo de cumplir las buenas prácticas de manufactura (GMP) e implementar un sistema de mejora continua regido por las normas ISO 9000.

La construcción del medicamento como bien social
Para el Laboratorio de Hemoderivados de la UNC, significar el medicamento como bien social implica un conjunto de prácticas y estrategias articuladas para lograr poder de fijación de precios en el mercado.

En primer lugar, dada la complejidad del desarrollo y producción de hemoderivados, no existen muchos proveedores internacionales de este tipo de productos. Es por esto que, en primer lugar, esta UPM busca consolidarse como productor referente para toda la región de América Latina. Este objetivo se vincula con un problema específico de este tipo de producción: la escasez del insumo básico, el plasma humano, de calidad y en cantidad.

Así, garantizar presencia regional cumple un doble objetivo: por un lado, proveer de hemoderivados a la región y competir en mercados abiertos con otros productores internacionales; a la vez, abastecerse de la materia prima suficiente que le permita producir las cantidades necesarias de hemoderivados para garantizar su poder en términos de cantidades ofertadas al mercado.

Por otro lado, y aprovechando su participación relativa en el mercado, este laboratorio garantiza un precio al menos 5% menor que el precio más bajo de mercado para productos similares. Con esta estrategia, no sólo consigue nuevos "clientes", sino que genera una presión a la baja sobre la totalidad de los productos de la competencia privada.

Esta misma racionalidad ha sido aplicada a sus otras dos divisiones de productos. En primer lugar, hasta que UNC Biotecnia no entró en operación, la única forma de adquirir tejido óseo vivo era en el mercado negro. Por lo que esta producción vino a suplir una demanda que de otra forma no quedaría cubierta.

En términos de la joven división de UNC Fármacos, el objetivo del laboratorio es poder ejercer en el mediano y largo plazo el mismo poder sobre la determinación de precios que tiene en su división de hemoderivados.

Las estrategias de funcionamiento y la generación de alianzas socio-técnicas
La alianza socio-técnica que permitió el crecimiento y la consolidación del funcionamiento de este laboratorio gira principalmente en torno a la "agencia de sangre".

En la Argentina (según la ley 22.990), como en la gran mayoría de los países de la región, la compra-venta de la sangre está prohibida dado el carácter estratégico de ese recurso. Ahora bien, como ya se señaló, la sangre (o mejor dicho, el plasma humano) es el insumo primordial para la fabricación de hemoderivados. Pero, entonces, ¿cómo adquirir sangre si no se puede comprar o vender?

La respuesta es la construcción de una red o, en los términos de este trabajo, una alianza socio-técnica. Esta alianza va a alinear la sangre con el trueque y, a su vez, al laboratorio con los bancos de sangre públicos del país.

Adicionalmente, la "agencia de sangre" tiene una segunda derivación: la extrema complejidad tecnocognitiva que involucra la transformación de plasma humano en productos hemoderivados. Así pues, la alianza socio-técnica también se ve reforzada por los recursos humanos altamente calificados que la UNC pudo ofrecer en los orígenes (y en la actualidad) del laboratorio.

Como resultado esta alianza socio-técnica, en parte autogenerada y en parte dirigida desde el propio laboratorio, la UPM pudo estabilizar su funcionamiento y crecer. La estrategia de crecimiento, entonces, recae en dos pilares. Por un lado, ampliar la alianza socio-técnica en términos de proveedores de plasma (como Uruguay y Chile) a cambio de la provisión de productos hemoderivados finales; por otro, introducir en la alianza una resignificación del concepto de eficiencia: obtener mayor cantidad de productos finales con la misma cantidad de insumos.

La propia dinámica desplegada por esta alianza socio-técnica permitió que el laboratorio se consolidara como el referente principal de productos hemoderivados en América Latina.

El rol del laboratorio y su alianza en materia de políticas públicas de salud
A diferencia de los dos casos analizados anteriormente, Hemoderivados UNC no pertenece estrictamente a la estructura gubernamental-burocrática que lleva a cabo políticas públicas de salud.

Aun así, respetando su identidad fundacional, este laboratorio, que pertenece a una universidad nacional de la cual ya no recibe fondos, ha logrado constituirse en una herramienta de primera magnitud en términos de la política pública de salud:

1. En primer lugar, provee un conjunto de especialidades medicinales que de otra forma deberían ser importadas, lo que en definitiva restaría autonomía sobre la política interna de salud.

2. En segunda instancia, articula en su interior actividades de I+D e incorpora recursos humanos altamente calificados provistos por la UNC. Ambas prácticas deben ser mantenidas en forma constante para poder competir en el mercado abierto.
3. Aprovechando las características propias de su producción, su peso relativo de mercado y su no ánimo de lucro, el laboratorio lleva adelante una estrategia deliberada para generar procesos de reducción de precios de mercado; con esto mejora la capacidad de acceso y disponibilidad de medicamentos hemoderivados.

De la PPM desarticulada a la generación de un sistema tecnológico social para el desarrollo inclusivo

Retomando los objetivos del presente trabajo, se ha buscado demostrar que el sendero que recorren las distintas configuraciones institucionales, las líneas de producción de especialidades medicinales llevadas adelante y la estrategia política de las UPM se explica por complejas trayectorias socio-técnicas, configuración de las relaciones problema-solución en términos de los medicamentos como bien social y las alianzas socio-técnicas que se generan.

El análisis basado en estos conceptos permite poner de relieve el carácter construido y relativo, no sólo de un conjunto de cuestiones que deben ser resueltas, sino también sobre la propia materialidad de los objetos.

Se debe recalcar que no es lo mismo que un bien (en este caso, los medicamentos) sea considerado como "de mercado" o como "social". La propia identificación simbólica del objeto modifica tanto la construcción conceptual del problema como las prácticas asociadas a su resolución.

El trabajo permite llegar a un conjunto de reflexiones en tres niveles: i) como insumos conceptuales para pensar los procesos político-tecnológico-productivos; ii) como formas concretas de acción política; y iii) como tecnologías para la inclusión social.

Como insumos conceptuales:
• La política pública no es solo el ejercicio de una voluntad vertical y centralizada, sino más bien, el resultado de la alineación y coordinación de un conjunto heterogéneo de elementos que se

vinculan vertical y horizontalmente y que permiten que esa política se consolide o sea efímera.

- El funcionamiento de una unidad productora de medicamentos como solución a problemas sociales vinculados al acceso de la población a los medicamentos se construye analíticamente como una derivación de las disputas, presiones, negociaciones y convergencias que conforman el sistema de actores-productos-producción-normativas y estrategias.
- Las normas y regulaciones operan en diferentes niveles, es decir, afectan el funcionamiento de diferentes tecnologías a partir de posibilitar el surgimiento y la acción de nuevos actores.
- La forma en que se constituyen las dinámicas problema-solución constituye las condiciones de posibilidad para el funcionamiento/ no funcionamiento de una tecnología organizacional como una UPM, pero también viabiliza formas alternativas de construcción de políticas públicas orientadas a la igualación de derechos.

Como formas concretas de acción política:
- La política pública no sólo es generada por los órganos de gobierno y legislativos, y por el propio accionar de las UPM como actor, sino también de la agencia que ejercen los materiales:
  - los actores relevantes deben propender a participar, mediante la activación de recursos de poder, en la conformación inicial de las relaciones problema-solución;
  - en este sentido, es menester considerar como parte de la acción política que los materiales (en este caso, los medicamentos) tienen agencia y operan sobre la viabilidad de ciertas estrategias (y otras no) y que permiten que una tecnología organizacional funcione o no; por lo tanto, la elección de qué producir debería contemplar cómo se vincula lo que se produce en redes de actores y actantes más amplias y cómo esto permite que cierta forma de producir (en este caso, la producción pública) se estabilice y perdure en el tiempo.
- En los casos estudiados, no existió una única forma de intervención del Estado en la implementación de políticas públicas relativas a la producción de medicamentos. Al contrario, distintas formas de intervención del Estado se vinculan con distintas formas de significar el medicamento como bien social o como bien de mercado.

Así pues, la acción política debe también estar orientada hacia un proceso de enrolamiento de actores (intereses) dentro de una misma forma de construcción del problema (y, por ende, de la solución), en la que el objetivo primordial es la modificación de la atribución de sentidos sobre los objetos: la producción pública, los medicamentos, el sistema de salud, etc.

Como tecnologías para la inclusión social, partiendo del supuesto de que las tecnologías, todas las tecnologías, constituyen sistemas complejos de resolución de problemas, hemos mostrado en este trabajo que la producción pública de medicamentos depende de la forma en que se configura el problema de la provisión de medicamentos y, por extensión, del carácter social de este tipo de bienes.

Se ha mostrado que la producción pública de medicamentos es positiva en términos de inclusión y desarrollo social en por lo menos cuatro sentidos:

- escinde al medicamento de la lógica mercantil imperante al volver prioritario garantizar el acceso por sobre la búsqueda de utilidades;
- es altamente flexible a las demandas cambiantes de la política de salud, sometida a lógicas económicas que la implican;
- cubre patologías no atendidas por la industria privada mediante el desarrollo de nuevos productos utilizando la matriz tecnocognitiva existente;
- tiene capacidad de producir a demanda específica según, por ejemplo, las necesidades locales o los mapas epidemiológicos regionales.

En definitiva, la producción pública de medicamentos, en cuanto tecnología para la inclusión y el desarrollo social y productivo, puede asegurar la provisión a toda la población de medicamentos; amplía la provisión de medicamentos especiales (huérfanos) a sectores de la población con patologías raras o específicas y permite, además, otorgar al Estado autonomía e independencia en la producción de recursos estratégicos.

La elaboración de especialidades medicinales en laboratorios estatales a partir de principios activos e insumos disponibles en el mercado nacional y extranjero constituye una propuesta alternativa a las políticas de salud racionalizadas sobre la lógica de la compra directa. No sólo significa encarar un proceso socioproductivo que garantice la provisión de medicamentos aun en condiciones económicas adversas, lo cual provee de autonomía a la política pública de salud, sino que además permite generar un proceso por el cual el medicamento se construya material y simbólicamente como un bien social y un derecho.

Referencias bibliográficas

BDO Becker y Asociados, 2008, "Laboratorios e industria farmacéutica", en *Reporte Sectorial*, a. 1, vol. 2.

CEP (Centro de Estudios para la Producción, Ministerio de Industria, Comercio y Minería), 1999, "El mercado de medicamentos en la argentina", en *Estudios de la economía real*.

INDEC, 2011, "La industria farmacéutica en la Argentina", serie de Información de prensa, Ministerio de Economía, Secretaría de Política Económica, República Argentina.

SPE (Secretaría de Política Económica, Subsecretaría de Programación Económica, Dirección Nacional de Programación Económica Regional, Ministerio de Economía y Finanzas Públicas), 2011, "Complejo Farmacéutico", serie *Producción regional por complejos productivos*. Disponible en www.mecon.gov.ar/peconomica/docs/Complejo_Farmaceutico.pdf.

Otra bibliografía sugerida

Alonso, V., 2010, "La normativa sanitaria en medicamentos", en Maceira, D. y otros, *Evaluando una estrategia de intervención estatal. La producción pública de medicamentos*, Comisión Nacional Salud Investiga, Buenos Aires: Ministerio de Salud de la Nación.

Apella, I., 2006, "Acceso a medicamentos y producción pública: el caso argentino", en *Nuevos Documentos Cedes*, n° 26, Buenos Aires: CEDES.

Becerra, L. y Santos, G., 2011, "Learning and Insights from Management Technologies for Social Inclusion: A

Socio-technical Analysis of the Drug Production Unit of the Psychiatric Rehabilitation Sheltered Workshops of City of Buenos Aires", en 9th GLOBELICS International Conference, noviembre.

Bijker, W., 1995, *Of Bicycles, Bakelites and Bulbs. Toward a Theory of Sociotechnical Change*, Cambridge: MIT.

Callon, M., 1992, "The Dynamics of Tecno-economic Networks", en Coombs, R., Saviotti, P. y Walsh, V., *Technological Changes and Company Strategies: Economical and Sociological Perspectives*, Londres: Harcourt Brace Jovanovich.

Cátedra Libre de Salud y Derechos Humanos, Facultad de Medicina, Universidad de Buenos Aires, 2005, *Política actual de medicamentos en nuestro país. Un análisis del Programa Remediar.* Disponible en www.fmed.uba.ar/depto/ddhh/multisectorial/medicamentos.doc.

Comisión de Presupuesto, Hacienda, Administración Financiera y Política Tributaria del Consejo Deliberante de la Ciudad Autónoma de Buenos Aires, 2010, *Reanudación de la Reunión con el Ministerio de Salud de la Ciudad Autónoma de Buenos Aires*, 10 de noviembre, versión taquigráfica.

Consejo Federal de Salud (COFESA), 1991, *Acuerdo Federal sobre Políticas de Salud*, XIII, Paraná.

Dagnino, R. (org.), 2010, *Tecnologia social: ferramenta para construir outra sociedade*, Campinas S.P.: Instituto de Geociencias de UNICAMP.

Dagnino, R., Brandão, F. y Novaes, H., 2004, Sobre o marco analítico-conceitual da tecnologia social, en De Paulo, A. (ed.), *Tecnologia social: uma estratégia para o desenvolvimiento*, Río de Janeiro: Fundação Banco do Brasil.

De Paulo, A. (ed.), 2004, *Tecnologia social: uma estrategia para o desenvolvimento*, Río de Janeiro, Fundaçao Banco do Brasil.

Elzen, B., Enserink, B. y Smit, W., 1996, "Socio-Technical Networks: How a Technology Studies Approach May Help to Solve Problems Related to Technical Change", en *Social Studies of Science*, vol. 26, n° 1, pp. 95-141.

Elzinga, A. y Jamison, A., 1996, "El cambio de las agendas políticas en ciencia y tecnología", en *Zona Abierta*, 75-76.

Filmus, D., 1996, *Estado, sociedad y educación en la Argentina de fin de siglo: proceso y desafíos*, Buenos Aires: Troquel.

Freeman, C., 1987, *Technology and Economic Performance: Lessons from Japan*, Londres: Pinter.

Fressoli, M., 2011, *Alterando la naturaleza. Hacia una sociología de la clonación en América Latina*, tesis doctoral.

González García, G. y otros, 1999, "El mercado de medicamentos en la Argentina", en *Estudios de la Economía Real (3)*, Buenos Aires: Centro de Estudios para la Producción, Secretaría de Industria, Comercio y Minería, Presidencia de la Nación.

Ham, C. y Hill, M., 1993, *The Policy Process in the Modern Capitalist State*, Harvester Wheatsheaf: Hemel Hempstead, 2ª ed.

Hughes, T. P., 1983, *Networks of Power. Electrification in Western Society, 1880-1930*, Cambridge: The John Hopkins University Press.

——, 1986, "The Seamless Web: Technology, Science, etcetera, etcétera", en *Social Studies of Science*, vol. 16, pp. 281-292.

——, 1987, "The Evolution of Large Technological Systems", en Bijker, W., Hughes, T. P. y Pinch, P. (eds.), *The Social Construction of Technological Systems: New Directions in the Sociology and History of Technology*. Cambridge: MIT.

Isturiz, M., 2011, "La producción estatal de medicamentos en Argentina", en *Voces en el Fénix*, a. 2, n° 7.

Jecquier, N., 1976, "Introductory Part I", en Jecquier, N. (ed.), *Appropriate Technology: Problems and Promises*, París-Washington: OCDE.

Juarez, P., en proceso, *Tecnología para el desarrollo. Análisis socio-técnico de una política científica y tecnológica para la agricultura familiar en el Instituto Nacional de Tecnología Agropecuaria (período 2004-2009)*, Tesis de Maestría, Universidad de Buenos Aires.

Juarez, P. y Serafim, M., 2010, "Tecnologías para la inclusión social y políticas públicas en América Latina: la problemática alimentaria", en *Ciencia y Tecnología para la Inclusión Social ESOCITE 2010*.

Maclaine Pont, P. y Thomas, H., 2009, "¿Cómo fue que el viñedo adquirió importancia? Significados de las vides, calidades de las uvas, y cambio socio-técnico en la producción vinícola de Mendoza", en *Apuntes de Investigación*, CECYP, 15, pp. 77-96.

Pinch, T., 2007, "La tecnología como institución: ¿Qué nos pueden ensenar los estudios sociales de la tecnología?" Ponencia presentada en la Santa Barbara Cultural Turn Conference.

Pinch, T. y Bijker, W., 1990, "The Social Construction of Facts and Artifacts: Or How the Sociology of Science and the Sociology of Technology Might Benefit Each Other", en Bijker, W., *The Social Construction of Technological Sistems*, Cambridge: MIT.

Repetto, F. y otros, 2001, "Descentralización de la salud pública en los noventa: una reforma a mitad de camino", Documento de trabajo N° 55, Centro de Estudios para el Desarrollo Institucional. Fundación Gobierno y Sociedad.

Talleres Protegidos: http://talleresprotegidos.com.ar.

Thomas, H., 1999, *Dinamicas de inovação na Argentina (1970-1995), Abertura commercial, crise sistémica e rearticulação*, tesis doctoral, Universidade Estadual de Campinas.

———, 2008, "Estructuras cerradas vs. procesos dinámicos: trayectorias y estilos de innovación y cambio tecnológico", en Thomas, H. y Buch, A. (coords.), Fressoli, M. y Lalouf, A. (colabs.), *Actos, actores y artefactos. Sociología de la tecnología*, Bernal: UNQ.

Thomas, H. y Buch, A. (ed.), 2008, *Actos, actores y artefactos. Sociología de la tecnología*. Bernal: UNQ-Prometeo.

Thomas, H. y Fressoli, M., 2007, "Repensar las tecnologías sociales: de las tecnologías apropiadas a la adecuación socio-técnica", Congreso Latinoamericano y Caribeño de Ciencias Sociales, 50° Aniversario de FLACSO, Quito, 29 de octubre.

———, M., 2009, "En búsqueda de una metodología para investigar tecnologías sociales", en Dagnino, R. (org.), *Tecnología social: rerramenta para construir outra sociedade*, Campinas: Kaco.

Thomas, H. y Gianella, C., 2006, "Trayectorias de aprendizaje y dinámicas de resolución de problemas en instituciones latinoamericanas de generación y transferencia de conocimientos científicos y tecnológicos. Análisis de una experiencia de desarrollo de un polo tecnológico (PTC-Argentina)", en *Espacios*, vol. 27, n° 2.

Tobar, F., 2004, "Políticas para promoción del acceso a medicamentos: el caso del Programa Remediar en Argentina", Nota técnica de discusión de salud, BID. Disponible en http://www.revista-medicos.com.ar/opinion/RemediarAM2[1].pdf.

ARIEL VERCELLI

7 | Hacia un derecho pleno de copia. Reconsiderando los derechos humanos a copiar y a disponer de la cultura común[1]

El derecho de autor y derecho de copia en la era digital

El desarrollo de las tecnologías digitales (informáticas, *software)*[2] y la expansión de Internet (redes electrónicas distribuidas y de pares)[3] favorecieron profundos cambios en las formas de creación, producción, distribución, comercialización y regulación del valor intelectual. La moderna dicotomía jurídico-política entre lo público y lo privado comienza hoy a mostrarse insuficiente para analizar una nueva fase del capitalismo global. Un nuevo, denso y complejo entramado de relaciones jurídico-políticas (Vercelli, 2009) y socio-técnicas (Thomas, 2008; Bijker, 1995) se presenta al analizar qué son, a quiénes pertenecen y cómo se gestionan los bienes comunes.[4]

[1] La obra intelectual es "derecho de autor y derecho de copia © 2015", Ariel Vercelli: obra liberada-copyleft. Se desarrolló gracias al apoyo del Consejo Nacional de Investigaciones Científicas y Técnicas (Conicet), el Instituto de Estudios Sociales de la Ciencia y la Tecnología de la Universidad Nacional de Quilmes y Bienes Comunes Asociación Civil.

[2] En las décadas del cincuenta y el sesenta, los desarrollos en electrónica y digitalización permitieron que, a diferencia de las analógicas, ciertas tecnologías comenzaran a utilizar codificaciones binarias (números, símbolos) discretas (limitadas a valores fijos) y discontinuas (sólo limitadas a algunos estados o biestables). La electrónica digital permitió codificar la información en dos únicos estados o codificaciones binarias (verdadero/falso, positivo/negativo o 0/1).

[3] Internet se expandió a nivel mundial gracias a ser una red distribuida, de pares, abierta y basada en el argumento "end to end" (e2e, de extremo a extremo). Es decir, por ser un tipo de red en la que el valor se produce desde sus extremos, desde los usuarios-finales. Esta arquitectura política favoreció su desarrollo (Lessig, 2001).

[4] Las tecnologías digitales y las redes electrónicas distribuidas han revivido las discusiones sobre qué son los bienes comunes y cuál es la herencia común de los seres humanos. Algo similar ocurre con las inteligencias artificiales, las robóticas, las biotecnologías o las nanotecnologías. El cambio socio-técnico está favoreciendo cambios radicales sobre la interpretación y la gestión de los derechos intelectuales. Se observa

Las tecnologías digitales, las redes electrónicas distribuidas y la expansión de la telefonía móvil contribuyeron a producir un aumento –radical e inédito– en las capacidades de producir valor intelectual por parte de los usuarios finales-ciudadanos: entre otras, desde el –hoy– anacrónico y mezquino "acceso a la cultura" hasta las posibilidades de crear, copiar, producir, reproducir, compartir, liberar, comunicar al público, comercializar o disponer de todo tipo de bienes y obras intelectuales a escala global. Hace años que los bienes y obras intelectuales se producen y circulan directamente en formatos digitales: los usuarios finales pueden copiar (transportar) bienes y obras intelectuales hacia diferentes soportes materiales a un costo ínfimo y sin pérdidas de calidad.

En poco más de tres décadas, Internet se transformó en una gigantesca red de millones de soportes (discos rígidos de computadoras personales, teléfonos móviles, servidores, etc.) de bienes y obras intelectuales distribuidos e interconectados a nivel global. Por su especial arquitectura política, Internet se desarrolló más como un medio de producción (colaborativo, distribuido y entre pares) de todo tipo de valor intelectual que como un canal centralizado de distribución y comercialización en manos de las corporaciones comerciales de las industrias culturales. Por ello, con mayor o menor originalidad, todos los usuarios finales de las redes electrónicas pasaron también a ser autores-creadores de bienes y obras intelectuales.

Estos cambios tecnológicos favorecieron, a su vez, profundos y radicales cambios en los derechos intelectuales a escala global: entre otros, se vieron afectados el derecho de autor, las patentes de invención, las marcas o los conocimientos tradicionales. La regulación autoral es, sin dudas, uno de los derechos intelectuales que más se han resignificado. En pocos años se está redefiniendo no sólo aquello que se puede y no se puede hacer con los bienes y obras intelectuales, sino también qué ocurre con la gestión de las culturas, sus industrias y la distribución de las riquezas intelectuales comunes. De ser considerada una disciplina jurídica menor, secundaria, sólo para artistas, hoy se erige como una pieza clave en la regulación de las sociedades a escala global.

---

claramente cómo las regulaciones y las tecnologías se articulan, se coconstruyen a lo largo del tiempo e, incluso, se orientan al control social (Vercelli, 2009).

El derecho de autor y derecho de copia, una regulación incluyente

Es bueno afirmarlo con claridad, el derecho de autor ya no es lo que solía ser. Aquello que hasta hace pocos años recibía el nombre de "derecho de autor" (en la tradición jurídico-política continental) ahora comienza a ser resignificado y ampliado hacia un "derecho de autor y derecho de copia". Pero ¿qué es, de dónde proviene y cómo se define este derecho de copia? ¿Alcanza sólo al derecho de autor o también se vincula a otros derechos intelectuales? El "derecho de copia" (también "derecho a copiar") es una parte constitutiva de todos los derechos intelectuales: complementa estos derechos y permite una mejor definición y análisis de los intereses que están en juego en las regulaciones sobre obras intelectuales, bienes intelectuales (ideas), informaciones y datos. Por ello, es también un complemento de la regulación autoral.

En términos analíticos, socio-técnicos, el derecho de copia representa un *hacking* legal,[5] es decir, un agregado ortopédico que mejora la interpretación y da cobertura a todos los intereses involucrados en la regulación de los bienes y obras intelectuales. El derecho de copia se construyó para devolver simetría a los análisis de la regulación autoral y así visibilizar los intereses difusos del público en general, de los usuarios finales, de la ciudadanía, del pueblo (Vercelli, 2009). Por ello, más allá del "derecho de autor" (o *copyright* angloamericano) a secas, es preferible analizar y reconsiderar la regulación de una forma amplia como "derecho de autor y derecho de copia" (en la traducción al inglés, *copyright and right to copy*). Entonces, el "derecho de autor y derecho de copia" puede definirse como una de las disciplinas de los derechos intelectuales que tutela las dinámicas de creación, distribución y reproducción del valor intelectual: delimita qué es lo que se puede y lo que no se puede hacer con los bienes y obras intelectuales.

Específicamente, el "derecho de autor y derecho de copia" regula las relaciones interpersonales (sociales) que se establecen entre los

---

[5] Siguiendo a Stallman (2002), por *hacking* se entiende una actividad exploratoria, de producción de conocimiento, de soluciones elegantes, astutas e inteligentes para resolver una situación problemática. Por lo general, se utiliza este concepto relacionado con los sistemas informáticos y redes electrónicas. En este caso el concepto de *hack* se extiende a los sistemas jurídico-políticos que regulan los derechos intelectuales.

autores-creadores,[6] los bienes intelectuales,[7] las obras intelectuales (y sus formas de expresión en soportes),[8] las instituciones comunitarias y estatales de gestión,[9] las empresas y corporaciones de las industrias culturales[10] y el público en general (usuarios finales, personas, ciudadanos, pueblo). Éstos podrían definirse como los elementos relacionales constitutivos de la regulación, los que definen su arquitectura. El sexto y último de los elementos descriptos permite observar que, a diferencia de las interpretaciones sesgadas, reduccionistas e industrialistas, la regulación alcanza a tutelar qué es lo que pueden o no pueden hacer los usuarios finales con los bienes y obras intelectuales. Es decir, de una forma afirmativa-positiva, la regulación atiende los derechos del público en general, de aquellos que reciben, interpelan, copian, imitan, derivan y usan los bienes y obras intelectuales para producir y reproducir otras obras intelectuales.

[6] Los autores-creadores son las personas físicas que crean obras intelectuales, son sus titulares originarios. Éstos tienen derechos personales (morales) sobre sus obras y derechos patrimoniales (económicos) para explotarlas económicamente. Los derechos personales de autor son una extensión de la libertad de conciencia y de la libertad de expresión. Los derechos patrimoniales de autor son una extensión de las libertades de asociación, empresa y comercio.

[7] Los autores no crean en el vacío cultural, de la nada. Están insertos en un tiempo y un espacio, están imbuidos de una cultura que los caracteriza. Los "bienes intelectuales" son las ideas, los sentimientos, las capacidades para expresarse, la ideología, el posicionamiento político, entre otros. Es decir, son los nutrientes básicos para la creatividad. Éstos pueden estar almacenados, registrados o codificados de diversas formas. Estos bienes tienen un carácter común, circulan libremente, son compartidos, están incorporados en las personas y viven distribuidos en sus comunidades.

[8] El derecho de autor y derecho de copia no protege las ideas u otros bienes intelectuales en general, sino sus formas de expresión. El objeto de la regulación no son los bienes intelectuales, sino las "obras intelectuales" que se crean con estos bienes y a través de ellos. Así, las obras son aquellas expresiones particulares de estos bienes intelectuales que realizan los autores. Una obra intelectual siempre es expresada, fijada o exteriorizada en un soporte material.

[9] La arquitectura de esta regulación también alcanza la participación de instituciones comunitarias y estatales vinculadas a la gestión de estos derechos. Estas instituciones median entre los autores y el público usuario en general. En el siglo xx se fundaron "gestoras colectivas" en todo el mundo para administrar, controlar, negociar licencias, recaudar y distribuir entre sus asociados los derechos patrimoniales de autor sobre las obras intelectuales.

[10] El derecho de autor y derecho de copia también alcanza a regular las acciones de empresas y corporaciones comerciales vinculadas a las diferentes industrias culturales. Estas empresas son titulares derivados de los derechos. Las diferentes formas de obtener beneficios y modelos de negocio industriales se van construyendo simultáneamente con las regulaciones y tecnologías disponibles en un momento histórico determinado.

Una vez que los autores se expresan, divulgan sus obras y desarrollan emprendimientos sobre ellas, la regulación también define los derechos y libertades de sus receptores. La regulación media entre los derechos exclusivos (personales y patrimoniales) de los autores-creadores y de los titulares derivados de las obras intelectuales y los derechos de copia y las libertades de expresión y asociación de la población (otros autores-creadores). A diferencia del derecho de propiedad sobre cosas materiales, el derecho de autor y derecho de copia se caracteriza por ser una regulación de carácter incluyente. No admite una exclusión perfecta de los usuarios finales (público, terceros) en relación con los bienes y obras intelectuales. Los derechos patrimoniales de autor y de sus titulares derivados, si bien se consideran exclusivos, no son ni absolutos ni excluyentes.

El derecho de autor y derecho de copia se caracteriza también por ser circular: así como no existen obras sin autores (creadores, artistas), tampoco existen autores sin un público con el cual dialogar. Entre el público que recibe los bienes y obras intelectuales, entre los usuarios finales de las redes electrónicas, se encuentran los potenciales autores-creadores de las nuevas obras. Las obras intelectuales siempre superan la condición de su creación, se independizan de su creador, logran autonomía y, a través del público, se transforman en parte de la cultura común. La regulación es un claro dispositivo de reproducción. Es circular y garantiza la producción y reproducción de las culturas. El derecho de copia nace de este carácter incluyente de la regulación y se relaciona directamente con las capacidades de producción y reproducción de las culturas.

Institutos jurídico-políticos
que construyen el derecho de copia

Este carácter incluyente y circular del derecho de autor y derecho de copia es común a todos los derechos intelectuales. Estas características pueden observarse a través de varios institutos expresados a nivel internacional. Puntualmente, en el caso de la regulación autoral, estos institutos jurídico-políticos permiten analizar y construir el derecho de copia:

Las limitaciones y excepciones a los derechos patrimoniales de autores y titulares derivados

La regulación no admite una exclusión perfecta de los terceros en relación con una obra intelectual y, mucho menos, sobre los bienes intelectuales que ésta expresa. Los derechos patrimoniales de los autores se consideran "exclusivos", pero no son ni absolutos ni excluyentes: a nivel internacional se definen excepciones y limitaciones al derecho patrimonial de autor que permiten a cualquier persona utilizar las obras intelectuales siempre y cuando estos usos sean casos especiales, no atenten contra la explotación normal de las obras y no causen un perjuicio injustificado a los intereses del autor o sus titulares derivados[11] ("regla de los tres pasos"). Es decir, los usuarios finales tienen permitidos o reconocidos usos honrados, justos y libres sobre las obras intelectuales, que están expresados en las leyes nacionales y tratados internacionales.

El dominio público o común

A diferencia del régimen de la propiedad, todos los derechos intelectuales son limitados en el tiempo (el derecho de autor y derecho de copia, las patentes, las marcas, los diseños industriales). El derecho de autor y derecho de copia establece que el derecho patrimonial de los autores sobre una obra intelectual no es perpetuo ni temporalmente ilimitado. Cumplido el plazo de protección que establece cada legislación autoral (por lo general, entre 70 y 80 años luego de la muerte del autor [*post mortem auctoris*]), las obras intelectuales vuelven al dominio público o común y pueden ser reproducidas, comunicadas al público o derivadas por cualquier persona (física o jurídica) sin el pago de ningún tipo de regalía o gravamen.[12] El dominio público o común es un estadio de libre utilización de las obras intelectuales en su parte patrimonial.

[11] Conforme al art. 9.2 del Convenio de Berna (1886), al art.13 del Anexo 1 del ADPIC de la OMC (1994), al art. 10 del TODA (1996) y al art. 16 del TOIEF (OMPI, 1996). Estos tres requisitos para evaluar las limitaciones al derecho patrimonial de autor se denominan "regla de los tres pasos" (Lipszyc, 1993; Antequera Parilli, 2007).

[12] En la República Argentina existe la desafortunada y odiosa figura del Dominio Público oneroso o pagante. Este instituto elimina en la práctica la riqueza del domino público o común y ofende el derecho de autor y derecho de copia exigiendo el pago de un gravamen a favor del Estado nacional a través del Fondo Nacional de las Artes.

Abundancia, simultaneidad e irrelevancia de la posesión

El instituto jurídico del "hecho de la posesión", fundamental para la regulación de la propiedad sobre bienes de calidad material, no tiene ninguna relevancia para los derechos intelectuales: tampoco afecta la regulación de las obras intelectuales y de los bienes intelectuales expresados en estas obras. Los bienes intelectuales no tienden a ser bienes escasos, a concentrarse, ni a generar competencia o rivalidad entre sus usuarios. Pueden ser utilizados y disponibilizados en simultáneo por infinita cantidad de personas. Más que relaciones económicas de escasez, los bienes intelectuales se ven alcanzados y generan relaciones de abundancia.[13] Ambas relaciones económicas se encuentran en permanente tensión frente al uso, goce, aprovechamiento y disponibilidad de los bienes intelectuales.[14]

Las regulaciones indirectas sobre democratización de las culturas

El derecho de copia se fundamenta también en otros derechos que –muchas veces– no tienen una regulación específica que los unifique y sistematice. Entre otros, el derecho a la identidad cultural de las

[13] Las sociedades capitalistas a nivel global heredaron del pensamiento económico moderno un tipo de economía basada en relaciones de producción y gestión de bienes escasos. A partir de la digitalización, varios de estos presupuestos y principios entraron en franca contradicción. En la actualidad, es posible diferenciar –al menos– dos economías. Por un lado, las economías "clásicas" relacionadas con la escasez y la regulación de los bienes materiales. Todavía hoy los bienes materiales se caracterizan por ser limitados, finitos, agotables, consumibles, depredables, bienes que compiten unos con otros y están basados en una economía de la escasez. Estos bienes están regulados por el régimen de la propiedad. Por el otro, comienzan a perfilarse nuevas economías, algo más híbridas, relacionadas con la abundancia y la regulación de los bienes intelectuales. Allí los bienes intelectuales se presentan como ilimitados, infinitos, inagotables, no consumibles, no depredables, bienes que no entran en contradicción entre sí y que están basados en una economía de la abundancia. Estos bienes están regulados a través de los derechos intelectuales.

[14] Entre estas dos economías emerge todo tipo de artificios y artefactos orientados a solidificar relaciones de escasez sobre bienes abundantes. En esta etapa del capitalismo global se observa una tendencia a apropiar, privatizar e indisponer bienes intelectuales a través del control de los soportes o servidores (Vercelli, 2009). La corporación Google es uno de los mejores ejemplos para observar la relación entre dos (o más) economías que se articulan y oponen a la vez. Google Inc. es una empresa que, aunque la mayoría de sus servicios son "gratuitos", se ha transformado en la principal empresa capitalista de servicios y publicidad del mundo. Aunque sus servicios se corresponden con una economía de la abundancia, una parte central de su modelo de negocio se basa en el control privado, exclusivo y excluyente que ejerce a través del control privado de sus servidores (Vercelli y Thomas, 2014).

personas, el derecho a la diversidad cultural y la libre disponibilidad de la cultura.[15] Otras veces, este derecho ha estado regulado de forma indirecta a través de las legislaciones que regulaban el patrimonio cultural y de los centros de depósito de obras intelectuales como, por ejemplo, las bibliotecas, museos, archivos generales y demás centros culturales. Derechos difusos y casos puntuales también fundamentan el derecho de copia y la democratización de la cultura.

Las interpretaciones positivas y la reserva selectiva de derechos
Una parte central del derecho de copia nace de las interpretaciones afirmativas-positivas que –desde la década del ochenta– se hacen del derecho de autor y del *copyright* angloamericano (Stallman, 2002; Lessig, 2006). Puntualmente, se nutre de quienes –interpretando positivamente la regulación– comparten los bienes y obras intelectuales con el prójimo (vecino, par, el otro). Es decir, de aquellos que se reservan selectiva y estratégicamente los derechos sobre sus obras intelectuales y hacen uso de las licencias abiertas o libres (como el *copyleft*), o bien dedican sus obras al dominio público o común de la humanidad. El sistema de licencias abiertas o libres de *Creative Commons* contribuyó también al fortalecimiento de estas capacidades en manos de los usuarios finales de Internet y a generar importantes cambios en las formas en que los usuarios-productores de valor intelectual pudieron expresar y ejercer sus derechos sobre las obras intelectuales de forma directa. Estas interpretaciones afirmativas-positivas, sus licencias provenientes del ámbito privado y las tecnologías que se diseñaron para el ejercicio de los derechos de los creadores permiten hoy repensar las expresiones legales públicas.[16]

---

[15] Así está reconocido en la Declaración Universal de Derechos Humanos, adoptada y proclamada por la Resolución de la Asamblea General de las Naciones Unidas del 10 de diciembre de 1948. Específicamente, están reconocidos en su artículo 27 inciso primero: "Toda persona tiene derecho a tomar parte libremente en la vida cultural de la comunidad, a gozar de las artes y a participar en el progreso científico y en los beneficios que de él resulten" (ONU, 1948).

[16] Estas interpretaciones afirmativas-positivas de la regulación y las tecnologías digitales de gestión provenientes del ámbito privado posibilitaron la redefinición técnico-jurídica del carácter común (libre o abierto) sobre una obra intelectual (Vercelli, 2009). El carácter común libre de las obras intelectuales es especialmente importante. El concepto de *copyleft* es una interpretación legal del *copyright* que surgió de la cultura *hacker*, de la historia de Internet y de su arquitectura política. Desde la década del ochenta, el concepto de *copyleft* ha subvertido todo el entramado legal y ha significado

La copia es ubicua, pervasiva, vital, ¡un regalo de los dioses!

En la era digital, la copia es ubicua, pervasiva, penetrante, redundante, silenciosa, común a las prácticas cotidianas. Se ha vuelto una parte sustancial de la cultura contemporánea. Pero ¿fue igual en otros momentos históricos? ¿Cuán profundas son las prácticas sociales vinculadas a las capacidades de copia? ¿Es posible considerar la acción de copiar como algo básico, elemental y constitutivo de la existencia humana? Las capacidades de copia caracterizan a la humanidad. Hace mucho tiempo que los seres humanos copian absolutamente todo. Antes de que existieran autores, leyes, industrias culturales, tipos móviles o tecnologías digitales, las copias ya atravesaban todas las prácticas humanas (Schwartz, 1998; Boon, 2010).

Entre muchas prácticas humanas, algunas demasiado humanas, es posible observar que las capacidades de reproducción biológica o del aprendizaje están íntimamente relacionadas y se sustentan en las capacidades de copiar y adecuar el mundo a cada paso, suspiro o pensamiento. Es decir, copiar es algo muy positivo, vital. Los artistas copian, los científicos copian, los políticos copian, los profesores copian, los alumnos o aprendices copian, los periodistas copian, los deportistas copian, los programadores copian, los abogados copian, los diseñadores copian, los médicos copian, los cocineros copian. Hace mucho tiempo que, consciente o inconscientemente, la acción de copiar y las copias resultantes atraviesan las prácticas humanas.

Más aún, la inspiración es copia, la composición y la empatía también. La movilización mental o espiritual es copia. Orar es copiar. La

____

positivamente la relación entre los autores y los usuarios de las obras intelectuales. Ha intentado convertir a los usuarios finales de estas obras en el centro de las regulaciones por los bienes intelectuales, los ha transformado en el centro del debate por la interpretación jurídica por los derechos de autor y por los derechos de copia sin olvidar a los autores y creadores. Por sus características, las licencias libres *copyleft* son mucho más que simples licencias que se aplican a una determinada obra. Por ejemplo, la licencia GPL estableció las bases para la apertura, intelectualización, liberación y comunización de lo que podría considerarse una "técnica cultural". La GPL tiene su mayor fortaleza en la protección de un arte, de una técnica, en su capacidad de cubrir una actividad humana antiquísima de producir obras intelectuales para regular las actividades tecnológicas (es decir, la producción de software de una forma libre). La GPL protege obras, piezas de código digital, pero también alcanza a regular la capacidad de intelectualizar perfectamente los bienes expresados en las obras.

repetición es copia.[17] El experimento y el método científico también lo son. Espejar, duplicar (doblar, desdoblar, la dualidad), imitar, burlar, derivar, innovar también implican copiar. ¿Qué más? Mucho más. Existe un listado abundante de verbos y sustantivos vinculados a la copia. Crear, imaginar, reflejar, mimar, criticar, producir, interpretar, regular,[18] redundar, memorizar,[19] recordar, simular, seriar, igualar, publicar, citar, contagiar o proliferar también son formas de la copia. Escribir, transcribir, taquigrafiar, imprimir, pantografiar, xerografiar, mimeografiar, fotocopiar, daguerrotipear, fotografiar, revelar, animar o filmar también implican copia. Escanear, calcar o usar papel carbónico es copiar. En realidad, todas las formas de comunicación humana bien pueden definirse como procesos de copia.

El prefijo "re", utilizado para (re)forzar la idea de que algo ocurre nuevamente, también indica un proceso de copia: entre otros, repetir (repetido del párrafo anterior), reproducir, recrear, recuperar, retomar, recordar, retratar (ceras, pinturas), retener, reaplicar, replicar, resignificar, recurrir, representar, reformular, reprografiar, recopilar, recombinar o rehacer.

El listado continúa: traducir o transducir, transformar, transmitir, telegrafiar, faxear, comunicar, moldear, escalar, miniaturizar, agigantar, deformar, distorsionar, proyectar, sintetizar, emular, formular, incorporar, sumar, multiplicar, falsificar, ctrl+c-ctrl+v, apropiar y también plagiar es copiar. El eco es copia. Ídem es copia. La tautología es copia. El pop, lo retro y la moda, aunque *vintage*, es copia (Bunz, 2007). ¡La *bijouterie* es copia! Los mandalas son copias, los fractales también. Camuflar es copiar. La lista resultante sorprende, abisma, encumbra, (re)ubica.

Muchos de los acontecimientos que hoy representan aquello que llamamos "la realidad" se sustentan en la posibilidad de repetición o reproducción. Para Schwartz (1998), la cultura de la copia se caracteriza por

---

[17] La repetición es copia (Kierkegaard, 1997). El ser es copia, la eternidad también. ¡El eterno retorno aún más! (Nietzsche, 1992). Las reminiscencias son copia (Platón, 2009). Reencarnar es copiar, ¿la teletransportación también se sustentará en la copia?

[18] La costumbre es copia, también lo son el derecho, la tradición, la ética y, por excelencia, la dogmática.

[19] La mnemotecnia de Simónides es copia. La hipnopedia de Aldous Huxley (*Un mundo feliz*, México, Editores Mexicanos Unidos, 1985) también lo es. En la Grecia antigua (siglos XII y VIII a. C.), a través de *mnemosyne*, diosa de la memoria, la memoria estaba vinculada a la oralidad, la repetición ritual, la visita al origen del ser (mundo pasado, de los muertos) y, sobre todo, a la poética (Vernant, 1973).

requerir que estos acontecimientos sucedan –al menos– dos veces para ser considerados como algo que realmente sucedió. El *déjà vu* es copia. Algo similar ocurre con las capacidades intelectuales de (re)presentación, sustitución,[20] (re)emplazo, sublimación, condensación, desplazamiento o (re)combinación, en las que proliferan los sentidos: posibles, imposibles, absurdos, ficcionales o artificiosos.[21] Lo mismo se aplica para analogías, sinonimias, anfibologías (dobles sentidos),[22] metáforas, metonimias, sinécdoques, antonomasias. El *alter ego* (otro ego) es la figura en la que uno mismo se puede observar desdoblado, en la que un yo mismo se presenta desdoblado, multiplicado. El humor es una parte central de este juego de sustituciones hilarantes. La acción de copiar y las copias resultantes son una parte central de estos dispositivos de repetición en los que lo viejo y lo nuevo se (re)combinan incesantemente.

¿Hay más? Sí, claro, millones de años de vida sobre el planeta tierra. Es posible encontrar patrones de copia en la reproducción biológica y en procesos que son pilares en la replicación de la vida humana. El ciclo de la vida y, específicamente, la reproducción celular se sustentan en la copia. La mitosis[23] y la meiosis[24] son dos procesos claves para

---

[20] Los *colossos* de la antigua Grecia eran figuras de piedra o madera representativas que se colocaban en las tumbas o en espacios alejados de las ciudades y representaban a las personas que no habían retornado y se las suponía muertas. También eran la representación de los fantasmas, la aparición onírica, la *psyqué*, los desdoblamientos entre el mundo humano y el mundo de los dioses. "El colossos no es una imagen; es un 'doble', como el mismo muerto es un doble del vivo" (Vernant, 1973: 304).

[21] La ficción borgeana expresa que Pierre Menard, autor del *Quijote*, "No quería componer otro *Quijote* –lo cual es fácil– sino 'el' *Quijote*. Inútil agregar que no encaró nunca una transcripción mecánica del original; no se proponía copiarlo. Su admirable ambición era producir unas páginas que coincidieran –palabra por palabra y línea por línea– con las de Miguel de Cervantes" (Jorge Luis Borges, "Pierre Menard, autor del Quijote", en *Ficciones*, Madrid: Emecé, 1996, p. 446).

[22] La anfibología, el doble o múltiple sentido en la homonimia (mismas palabras que significan algo distinto), permite observar que una ambigüedad en las lenguas (ambigüedades léxicas) transporta una significación (sentido atribuido) de un espacio-tiempo hacia otro.

[23] La mitosis es un proceso de reproducción asexual y de multiplicación de las células eucariotas (organismos multicelulares). Es un dispositivo por el cual se generan células idénticas a la célula antecesora: es decir, de una célula "madre" resultan dos juegos idénticos de cromosomas (46 cromosomas) en cada nueva célula, denominada "hija". Este proceso se relaciona con el crecimiento de los organismos y el recambio de células muertas. La mitosis no deja espacio para la diversidad o recombinación del ADN (todas las células resultantes son idénticas a su antecesora).

[24] La meiosis es un proceso de reproducción sexual y de multiplicación de las células eucariotas (organismos multicelulares). Es un dispositivo por el cual se generan células sexuales (gametos o esporas): es decir, los gametos son el esperma y los óvulos

entender la reproducción (asexual y sexual) en los seres vivos. Ambas son formas de reproducción, replicación, multiplicación y proliferación de la información genética (ADN).[25] Estos dispositivos biológicos de copia conforman una red infinita que nos conecta –no conectó, nos conectará– con la vida del planeta tierra (animales, vegetales, bacterias, virus, fuerzas físicas, reacciones químicas o meros átomos). Los gemelos (monocigóticos, pero también los dicigóticos) son copias. Clonar es, evidentemente, copiar.[26]

El concepto de copia proviene del latín *côpia/ae* y su significado remite históricamente, más allá de la replicabilidad o reproductibilidad técnica,[27] a algo que es abundante, rico, vital, diverso, múltiple, numeroso, multitudinario.[28] Algunos conceptos todavía relacionan directamente copia, abundancia y riquezas: por ejemplo, el adjetivo 'copioso' (abundante, numeroso, cuantioso) o el verbo 'acopiar' (juntar, reunir en cantidad granos, provisiones o reservas). Esta misma relación se observa en el origen mitológico tanto de la diosa romana

---

(células sexuales) en la mayoría de los organismos (tanto animales como plantas). En la meiosis, una célula que contiene dos copias de cada cromosoma (uno por cada aportante de cromosomas, 23 cada uno) produce cuatro células y cada una contiene una copia de cada cromosoma. El resultado es una mezcla única de ADN materno y paterno. La meiosis se diferencia de la mitosis en aspectos importantes. La meiosis permite que la descendencia sea genéticamente diferente a cualquiera de los antecesores. Al ser un dispositivo de reproducción sexual, la meiosis introduce la diversidad genética dentro de las poblaciones. Ambos se sustentan en la copia.

[25] El ácido desoxirribonucleico (ADN), también llamado molécula de la vida, es una molécula helicoidal (en forma de una escalera en caracol) que contiene la información e instrucciones para la reproducción de la vida. La doble hélice está conformada por nucleótidos (grupo fosfato, azúcar desoxirribosa y base nitrogenada). Las bases nitrogenadas son conocidas por las siglas A, T, G, C: adenina, timina, guanina y citosina. Las moléculas de ADN se reproducen, se multiplican, se copian, durante la fase S de la reproducción celular. En el caso de la mitosis, se obtienen dos copias idénticas del ADN en cada una de las células replicadas. En el caso de la meiosis, se obtienen cuatro copias. Estos procesos de copia son claves para mantener la identidad y diversidad hereditaria de los seres vivos. En la reproducción celular, el ADN busca copiarse a sí mismo.

[26] Los replicantes somos copias (Philip Dick, *¿Sueñan los androides con ovejas eléctricas?*, Barcelona, Edhasa, 1992).

[27] Antes de la imprenta de tipos móviles, los libros eran preservados, reproducidos, traducidos, derivados y, muchas veces, hasta "iluminados" por los copistas, es decir, por personas físicas (en otros momentos históricos escribas o amanuenses) que se dedicaban manualmente a reproducir textos y libros (Horkheimer y Adorno, 1998).

[28] El mismo origen puede observarse también en otras lenguas: "copy" (inglés), "cópia" (portugués), "kopie" (alemán), "copie" (francés).

Copia (diosa de la abundancia, riqueza y prosperidad)[29] como del cuerno de la abundancia o cornucopia (cuerno lleno de frutos, flores, bienes y riquezas).[30] La copia es, ni más ni menos, ¡una práctica divina! (Boon, 2010).

Entonces, ¿todo es una copia de algo? Sí, es muy claro. Todo lo que existe es copia de algo que, virtuosa o vilmente, lo antecede. ¿Y el original? ¡El original jamás existió!

La acción de copiar y las copias resultantes: ¡el tiempo!

La acción de copiar y las copias resultantes de estas acciones forman parte de un proceso de transducción[31] de lo que se supone "único / original / autor(idad)"[32] (en realidad, otras copias apropiadas, secuestradas) en aquello que es "múltiple / abundante / diverso / infinito".[33] Las acciones de copia y las copias resultantes pueden entenderse como procesos de transducción que buscan controlar el tiempo: pretenden conjurarlo, intentan vencerlo, superarlo, adecuarlo, volverlo reversible, sobrevivir al tiempo, en el tiempo, a lo largo del tiempo. Es posible imaginar el infinito o la eternidad como una capacidad ilimitada de copia, de (re)producción.

Por ello, la acción de copiar siempre es transformadora. A pesar de lograr, incluso, copias idénticas, siempre hay algo nuevo, auténtico y oculto en cada copia: lo viejo-antiguo (la herencia) y lo nuevo-actual se articulan a través de las acciones de copia y de los efectos que producen las copias resultantes. La acción de copia, el copiar, es el momento de la duplicación o multiplicación de aquello que se suponía era "uno". Sin embargo, la acción de copia produce copias que –aunque

---

[29] La diosa Copia tiene su origen en Opis (diosa de la tierra, la fertilidad y de las cosechas abundantes). Tiempo después también fue conocida como la diosa Fortuna o Cibeles.

[30] Según los relatos mitológicos, el cuerno de la abundancia pertenecía a la cabra con la que la nodriza Amaltea amamantó a Zeus (Grecia) o Júpiter (Roma).

[31] Instante, portal, transfiguración. Eterno retorno. Inductivismo. Momento de lo particular hacia lo general.

[32] Aquello que es unidad, unicidad, autenticidad, autoridad, exclusividad, conservación, inaccesible, frágil, artesanal. La idea de autor/a indica también la existencia de una "función de autor/a" (Foucault, 2010). La función de autor/a es también una función de "autor(idad)". La originalidad es apropiación de las raíces.

[33] Multiplicidad, colectivo, colaborativo, incluyente, anónimos murmullos (Foucault, 2010), que se comparte, disponible, robusto, redundante, popular, distribuido.

parecidas, similares o idénticas– siempre producen efectos diferentes o diversos más allá de sus momentos iniciales. Es un proceso que resulta en dobles o múltiples y que, a su vez, puede orientarse hacia lo diverso, contrario, distinto, diferente, derivado.

La copia se relaciona con las capacidades de producción y reproducción. Cuando algo se copia se reproduce: es decir, se vuelve a producir. La copia es, sin más rodeos, un claro y vital ejercicio identitario. Las acciones de copia y las copias resultantes actúan silenciosamente produciendo –en simultáneo– tanto la reproducción de la vida biológica y cultural de la humanidad como sutiles procesos de cambios, combinaciones, variaciones y adaptaciones. Copiar es parte de las acciones vitales de selección, multiplicación, proliferación, comunización. De allí que estos procesos estén atravesados por permanentes tensiones, luchas y negociaciones jurídico-políticas.

Hacia un derecho de copia como derecho pleno

En este punto es bueno reconocer que la copia se presenta como algo complejo, simultáneo y multiforme: es, está presente en, representa muchos procesos a la vez. Ahora bien, siendo tan importante, profunda, pervasiva y vital, ¿por qué la copia está siendo significada en los últimos siglos como algo negativo? Si es posible suponer que las sociedades que más copian son las sociedades que más riqueza producen, ¿por qué la acción de copiar es estigmatizada? ¿Por qué se criminaliza y persigue a la población y a pequeñas empresas que copian y no se persigue a las grandes corporaciones que se enriquecen escandalosamente gracias a estas mismas capacidades? ¿Acaso no son piratas aquellos que acumulan, apropian, cercan, restringen y privatizan en sus servidores la herencia intelectual de la humanidad? La criminalización de la copia parece haberse vuelto selectiva: algunos tienen habilitado y pueden copiar y otros son perseguidos por ello.

Mientras los derechos intelectuales sigan llamándose "propiedad intelectual", la copia siempre se construirá, con astucia capitalista, como una merma o degradación de un supuesto e imaginario "original". El capitalismo ha construido regulaciones que entienden selectivamente la copia como algo criminal, como un error, una imperfección,

una falla, algo deleznable.[34] Sin embargo, lejos de ser criminal, la copia
es vital y necesaria para la subsistencia y la justa distribución de las
riquezas intelectuales de la humanidad. Las nuevas capacidades tecnológicas para copiar y los derechos de copia emergentes se van coconstru-
yendo a lo largo del tiempo. El derecho de copia (a copiar) emerge,
entonces, del carácter incluyente que todavía tiene el derecho de autor
y derecho de copia a nivel mundial. Emerge del carácter incluyente
que todavía tienen los derechos intelectuales. El derecho de copia es
un derecho a generar y gestionar la riqueza común(itaria). El derecho
a copiar bienes y obras intelectuales es parte de una regulación sobre
la gestión de la abundancia o riqueza común.

En la era digital, el derecho de copia sobre bienes y obras intelectuales permite discutir críticamente y repensar cómo se produce, se
gestiona el valor intelectual y, sobre todo, cómo se distribuyen las
riquezas intelectuales comunes. Ahora, ¿el derecho de copia está en
tensión con el derecho de los autores? No, ambos son derechos fundamentales y es necesario afianzarlos sin renunciamientos, mermas
o concesiones. En estos momentos, el derecho de copia se encuentra
en tensión con las interpretaciones y las tecnologías de control que
codifican los intereses de los titulares derivados industriales. El derecho de copia puede pensarse y desarrollarse más allá de los intereses
concentrados de las industrias culturales. Es decir, más allá de los
vetustos modelos de negocios asentados en la artificiosa escasez de
los bienes intelectuales, en el control de los soportes materiales y,
sobre todo, en el canto de las sirenas del "acceso a la cultura" en el
siglo XX.

El "acceso a la cultura" (más aún el propagandístico "acceso
abierto") es anacrónico, viejo, inconducente, pobre, mezquino y
está vinculado a las economías de la escasez. El "derecho a disponer de los bienes intelectuales comunes" y el "derecho de copia",
en cambio, se relacionan con las economías de la abundancia y con
la distribución justa y equitativa de las riquezas intelectuales de la
humanidad. Los derechos intelectuales pueden interpretarse y pasar
a funcionar "positivamente" (no restrictivamente) como generadores
de valor, abundancia y disponibilidades. Es importante que, más allá

---

[34] En las sociedades capitalistas, las copias equivocadas, las malas transcripciones o
transducciones, plantean serios problemas de identidad, seguridad e integración.

de querer ampliar y negociar nuevas excepciones y limitaciones, el derecho de copia pueda ser garantizado jurídico-políticamente como un derecho humano pleno. Cuando derechos que son fundamentales para la vida democrática están regulados indirectamente, de forma difusa, sólo a través de limitaciones y excepciones, entonces es claro que algo está funcionando mal. El derecho de copia merece ser tratado como un principio y una garantía fundamental de toda sociedad democrática.

A través de las tecnologías digitales e Internet, la humanidad adquirió capacidades nuevas y muy valiosas para copiar, producir, reproducir, multiplicar y compartir las diferentes formas de valor intelectual. Las capacidades distribuidas de copia pueden favorecer nuevas y creativas formas incluyentes de innovación: aquello que todavía llamamos "innovación" no sólo implica procesos de concentración, privatización y exclusión. La innovación también puede (re)pensarse como procesos de distribución, inclusión y comunización (público comunitario). Puede (re)pensarse sobre la base de economías políticas que entiendan la abundancia, las capacidades distribuidas de copia y la disponibilidad de los bienes comunes que conforman la herencia humana. Es necesario mejorar la distribución de las riquezas. Necesitamos más y mejores democracias.

Referencias bibliográficas

Antequera Parilli, R., 2007, *Estudios de derecho de autor y derechos afines*, Madrid: Reus.

Bijker, W., 1995, *Of Bicycles, Bakelites, and Bulbs: Toward a Theory of Sociotechnical Change*, Cambridge, MA: MIT Press.

Boon, M., 2010, *In Praise of Copying*, Cambridge, MA: Harvard University Press.

Bunz, M., 2007, *La utopía de la copia: el pop como irritación*, Buenos Aires: Interzona.

Convenio de Berna, 1886, Convenio de Berna para la Protección de las Obras Literarias y Artísticas. Disponible en http://www.wipo.int/treaties/es/ip/berne/trtdocs_wo001.html.

Foucault, M., 2010, *¿Qué es un autor?*, Buenos Aires: Ediciones Literales-El Cuenco de Plata.

Horkheimer, M. y Adorno, T., 1998, *Dialéctica del iluminismo*, Madrid: Trotta.

Kierkegaard, S., 1997, *La repetición: un ensayo de psicología experimental (Constantin Constantius)*, trad. K. A. Hjelmström, Buenos Aires: JVE Psique.

Lessig, L., 2001, *The Future of the Ideas: The Fate of the Commons in a Connected World*, Nueva York: Random House.

———, 2006, *Code: Version 2.0*, Nueva York: Basic Books.

Lipszyc, D., 1993, *El derecho de autor y los derechos conexos*, Buenos Aires: Unesco-CERLALC-Zavalía.

Nietzsche, F., 1992, *Así habló Zarathustra*, Barcelona: Planeta-Agostini.

OMC (Organización Mundial de Comercio), 1994, Acuerdo sobre los Aspectos de los Derechos de Propiedad Intelectual Relacionados con el Comercio [AADPIC], Anexo 1C. Disponible en http://www.wto.org/spanish/docs_s/legal_s/27-trips.pdf.

OMPI (Organización Mundial de la Propiedad Intelectual), 1996, Tratado de la OMPI sobre los Derechos de Autor. Disponible en http://www.wipo.int/treaties/es/ip/wct/index.html.

ONU (Organización de las Naciones Unidas), 1948, Declaración Universal de los Derechos Humanos. Disponible en http://www.un.org/spanish/aboutun/hrights.htm.

Platón, 2009, *La República*, Buenos Aires: Libertador.

Stallman, R. M., 2002, *Free Software, Free Society: Selected Essays of Richard M. Stallman*, Boston: GNU Press.

Schwartz, H., 1998, *La cultura de la copia: parecidos sorprendentes, facsímiles insólitos*, Madrid: Cátedra.

Thomas, H. (2008). "Estructuras cerradas vs. procesos dinámicos: trayectorias y estilos de innovación y cambio tecnológico", en Thomas, H. y Buch, A. (eds), *Actos, actores y artefactos. Sociología de la tecnología*, pp. 217-262. Bernal: UNQ.

Vercelli, A., 2009, "Repensando los bienes intelectuales comunes: análisis socio-técnico sobre el proceso de co-construcción entre las regulaciones de derecho de autor y derecho de copia y las tecnologías digitales para su gestión". Disponible en http://www.arielvercelli.org/rlbic.pdf

Vercelli, A. y Thomas, H., 2014, "Google Books y la privatización de las inteligencias comunitarias: análisis de las tensiones entre acceder y/o disponer de la herencia literaria de la humanidad", en *Redes*, vol. 20, n° 39. Disponible en http://iec.unq.edu.ar/index.php/es/publicaciones/revista-redes/

Vernant, J., 1973, *Mito y pensamiento en la Grecia antigua*, Barcelona: Ariel.

8 | Consideraciones sobre la tecnología social*

Según la definición más frecuente en Brasil, que es donde el concepto fue generado, se entiende que la tecnología social (TS) incluye productos, técnicas y/o metodologías reaplicables, desarrollados en interacción con la comunidad y que representan soluciones efectivas de transformación social. Tal definición refleja la correlación de fuerzas existente en el conjunto ideológicamente heterogéneo de actores involucrados con la TS, que alberga desde aquellos que la entienden como un elemento de las propuestas de responsabilidad social empresarial hasta aquellos que trabajan en pro de la construcción de una sociedad socialista.

Esta heterogeneidad tal vez explique por qué la TS está tan ampliamente difundida en Brasil a pesar de que no se asiente en un concepto adecuado para abordar su objetivo. Es decir, el desarrollo de tecnologías alternativas a la tecnología convencional (TC) –que es producida por y para la empresa privada– que sean adecuadas a los principios de lo que en Brasil se denomina economía solidaria (ES).

Aunque la definición apunte hacia un objetivo de inclusión social y por eso dialogue con movimientos sociales como el de los emprendimientos solidarios (ES) y con las políticas públicas que buscan promoverla, tiene una fragilidad analítico-conceptual flagrante que no permite la concepción de un elemento esencial para su sustentabilidad (que, claramente, no se resume a la dimensión económica). O sea, un conjunto de indicaciones de carácter socio-técnico alternativo al actualmente hegemónico, capaz de orientar las acciones de fomento, planificación, capacitación y desarrollo de TS de los implicados en dichos emprendimientos: gestores de las políticas sociales y de ciencia y tecnología (CyT), profesores y alumnos activos en las incubadoras de cooperativas, técnicos de institutos de investigación, trabajadores, etc.

Otro inconveniente más frecuente de la definición es que abarca procedimientos que tienen poca o ninguna conexión con el ambiente

* Este capítulo ha sido traducido del portugués por integrantes de IESCT-UNQ.

productivo (o con el proceso de trabajo). Esto es lo que efectivamente establece las relaciones económico-sociales que causan la exclusión y que tiene que ser transformado por medio de la TS.

Esta discrepancia acerca de la ampliación del concepto de tecnología es especialmente intrincada: tal vez los movimientos sociales atribuyan la denominación "tecnologías" a las metodologías alternativas propuestas por ellos a fin de granjear el merecido apoyo y respetabilidad que merecen.

Finalmente, se destaca que esta definición no está a la altura de la manera radical con que la TS viene siendo tratada en los foros en los que se la discute, en los lugares en los que viene siendo adoptada como agenda de investigación y extensión, y en los espacios gubernamentales en los que comienza a ser vista como un medio para promover la inclusión social (aunque, por razones abordadas más adelante, no sea consignada en la producción de los autores que tratan la ES).

La TS surge en Brasil, que es donde la idea de una tecnología alternativa a la convencional gana esta designación, en el año 2001.

Se trata de actores preocupados por la creciente exclusión social, precarización e informalización del trabajo, etc., animados por la percepción –perturbadora, aunque difusa– de que era necesaria una tecnología que se correspondiese con sus propósitos.

La crítica a la TC encuentra en Gandhi a uno de sus pioneros. Pasa por la propuesta de la tecnología intermedia de Schumacher (1973) y alcanza su auge con el movimiento de la tecnología apropiada (TA) en los Estados Unidos. Las acciones a las que este movimiento dio lugar fueron criticadas, debido a su poca eficacia, desde los años setenta y colaboraron con el fortalecimiento del movimiento de la TS.

Algunas ya habían sido explicitadas en los círculos en los que el tema llegó a entrar en la agenda política y a preocupar a los analistas de la política de CyT (Dickson, 1980; Emmanuel, 1982; Stewart, 1987). Y también en los que se focalizaban en América Latina (Herrera, 1981; Sachs, 1976) y Brasil (Dagnino, 1978), donde el tema permaneció casi invisible para esa política y fue prácticamente ignorado por su actor dominante, la comunidad de investigación.

Entre las ideas criticadas estaba la de que la TA (denominación genérica para más de veinte designaciones que surgieron entonces) podría ser producida por investigadores, "ofrecida" por medio de bancos de datos y "demandada" por los pobres del campo y de la ciudad.

Se atacaba también la noción de que, para desarrollar la TA, bastaba utilizar el conocimiento "almacenado" en la universidad tratando de adaptarlo (o simplificarlo) para que su aplicación evitase los impactos negativos que la TC causaba. Entre estos efectos, estaría la demanda de mano de obra "calificada", el alto costo de capital por puesto de trabajo generado, el desempleo, la marginalización, el uso intensivo de insumos sintéticos, la degradación ambiental, etc.

Se hacían otras críticas, como la de que sería una ingenuidad suponer que una tecnología alternativa pudiese lograr alterar prácticas culturales y estructuras de poder indeseables. O la de que la TA podría convertirse en algo significativo sin que pasase del ambiente políticamente correcto de los científicos bien intencionados de los países avanzados hacia el espacio de la *policy* y de la *politics* de la CyT de los países periféricos. Esta crítica revela la conciencia de que si la TA no fuese "demandada" por un actor con fuerza política, permanecería como una curiosidad o mérito tecnológico. Coherentemente con el contexto sociopolítico latinoamericano de entonces, este actor es el Estado.

La reflexión que continuó a ese momento de crítica al movimiento de la TA se desdobló en dos vertientes. La primera mantenía la idea de concebir, partiendo de las características de la TC, por exclusión o negación, aquellas que debería tener la TS. Sin embargo, al adoptar la perspectiva de los estudios sociales de la ciencia y tecnología (ESCT), fue capaz de discutir los obstáculos de la TS y las acciones que debían ser llevadas a cabo para conseguir su neutralización. Por entender la CyT como construcciones sociales "negociadas", esta vertiente sugería la concientización de los actores involucrados en la producción y la utilización del conocimiento tecnocientífico.

Además, al percibir la necesidad de que la TA fuese "demandada" por actores con fuerza política, sus defensores señalaban como aliados, en el campo productivo, a las cooperativas y fábricas recuperadas; en lo político, a los gestores de las políticas sociales y de la CyT y, en lo cognitivo, a los profesores, alumnos y técnicos de institutos de investigación, en especial aquellos que militaban en las incubadoras universitarias de las cooperativas. Destacaban la existencia, para éstos y otros actores y preocupaciones, de un espacio agregativo, los ES, entendidos como un motor crucial de la TS.

Los ES eran concebidos así por ser, más que "demandantes" de TS, participantes, en el terreno mismo de la producción material, de su generación. Además, los ES significaban una alternativa radical dado que actuaban en ese terreno esencial para el cuestionamiento estructural de la forma de producción capitalista.

Si se apoyaban en la TS, los ES podrían dar lugar a una revitalización de las formas asociativas y autogestionarias que la clase trabajadora históricamente ha privilegiado para organizar la producción material y resistir el avance del capital. En función de esas consideraciones, esta vertiente considera los ES como una vanguardia del movimiento social brasileño.

La segunda vertiente proponía un marco analítico-conceptual para abordar la TS a partir de ideas que habían surgido y se diseminaron en el campo de los ESCT después del auge del movimiento de la TA. Se destacaban otras contribuciones teóricas que, aunque fueron generadas independientemente entre sí y sin conexión con el movimiento de la TA, permitían avanzar en la dirección de lo que se deseaba construir. Es decir, de aquel conjunto de indicaciones de carácter socio-técnico –ya mencionado– para el desarrollo de la TS. Estas indicaciones permitían:

1. recuperar la noción, hoy oscurecida por la teoría de la innovación y por el neoliberalismo, de que la TC tiene por objetivo aumentar la plusvalía apropiada por el empresario, y sólo después de esto y si lo encuentra conveniente, avivar la competencia intercapitalista que podría elevar la competitividad del país y evitar el desempleo;
2. explicitar la relevancia de la propiedad privada de los medios de producción en la determinación de las características de la TC (Braverman, 1987; Noble, 1979; Winner, 1986);
3. mostrar cómo la ciencia (Bloor, 1998; Knorr-Cetina, 1981) y la tecnología (Pinch y Bijker, 1990) son construcciones sociales negociadas entre actores y no un resultado de la búsqueda de la verdad y la eficiencia;
4. aportar, para la reflexión sobre las alternativas a la TC, la idea de tecnociencia (Latour, 1992; Núñez, 2000);
5. negar, por medio de la crítica a la percepción del marxismo ortodoxo sobre la neutralidad de la ciencia y el determinismo tecnológico (Marcuse, 1982), la posibilidad de que la tecnología capitalista contribuya con la construcción de un proyecto político alternativo;
6. politizar la idea de la construcción social de la tecnología mediante la incorporación de la teoría crítica y, negando su componente

determinista, argumentar que actores sociales contrahegemónicos podrían alterar las características de la TC (Feenberg, 2002);

7. incorporar un contenido de clase al proceso de rediseño *(redesigning)* de la TC, que debería ocurrir mediante la contaminación de los ambientes en los que la CyT se produce con valores e intereses distintos a los del capital (Lacey, 1999; Oliveira, 2005);

8. señalizar los obstáculos derivados del modelo cognitivo y de la dinámica de funcionamiento de la política de CyT y de la enseñanza superior para el avance del movimiento de TS y para su desarrollo (Varsavsky, 1969; Vessuri, 2003; Dagnino, 2007);

9. introducir el diagnóstico acerca de los obstáculos que la dependencia cultural y la "condición periférica" latinoamericana planteaban a la generación autóctona de tecnología (Herrera, 1975; Sabato, 1975);

10. advertir sobre el modo en que el desconocimiento de los factores evidenciados por las contribuciones mencionadas tendía a mantener las oportunidades en las sombras, los desafíos y las relaciones sociales y cognitivas, que los actores involucrados con la TS necesitaban "desnaturalizar" (Dagnino, 2008);

11. señalar la necesidad de que la diseminación de aquellas contribuciones fuese asumida como una de las acciones de la Red de Tecnologías Sociales (RTS) ya que es una condición para la convergencia de las políticas sociales y de la CyT (Dagnino y otros, 2004);

12. indicar que los ES serían sustentables sólo en la medida en que funcionasen en redes de producción y consumo (cadenas productivas) crecientemente independientes del mercado; y

13. finalmente, sugerir, mediante la propuesta de la adecuación sociotécnica (Dagnino, 2002), un camino posible para transitar de un ambiente hegemonizado por la "cultura" de la TC hacia otro que viabilizase la construcción de la TS.

La propagación de esas dos vertientes, en especial de la segunda, representó una inflexión en el largo proceso de desarrollo de las ideas asociadas a la TS; sin embargo, no generó, como se discutirá enseguida, una tendencia capaz de influir en la construcción de "otra economía". Perduran obstáculos que se interponen al movimiento de la TS.

Uno de esos escollos es la aún escasa comprensión, por parte de los actores involucrados con el Estado o con la construcción de "otra economía", del papel que puede asumir la TS en ese proceso. En un primer nivel más concreto e inmediato, la TS es un elemento que puede hacer viables las "sustentabilidades" de los ES. En un segundo nivel, se presenta como un elemento articulador de formas de producción y organización de la sociedad, alternativas a aquellas engendradas por el capital. En un tercer nivel, más abarcador y a largo plazo, la TS opera como el núcleo del sustrato cognitivo que deberá tomar el lugar de la tecnociencia, que hoy en día amalgama y galvaniza la infraestructura económico-productiva y la superestructura político-ideológica del capitalismo, en el escenario de "otra economía" en construcción.

Para ser breve, será tratado sólo el hecho de que ni siquiera fue alcanzado el primer nivel. Esto puede ser evaluado por la casi completa ausencia del tema en la producción bibliográfica de los autores del campo de la ES. Estos últimos interrumpen su preocupación por la órbita de la producción en el nivel de las cuestiones relativas a la gestión de los emprendimientos y a la organización del proceso de trabajo sin percibir la inadecuación del conjunto de aspectos de la TC (inclusive su dimensión de *hardware*) como un obstáculo para la sustentabilidad de los ES.

Esta perspectiva parece ser el resultado de una no asimilación de la crítica contemporánea a la visión neutra y determinista del marxismo ortodoxo (Dagnino y Novaes, 2007).

Orientar eficazmente la promoción de la TS, en el plano de las políticas públicas y en el plano cognitivo, supone alterar la estrategia que ha sido adoptada hasta ahora. Se trata de la estrategia que parte de las implicaciones sociales, económicas, políticas y ambientales negativas de la TC y que busca, por exclusión o negación, el desarrollo de la TS, es decir, una tecnología que no determine tales implicaciones. Esto pone a los involucrados en la frágil situación de intentar desarrollar algo que no es aquello que no queremos. Se ha buscado, en este sentido, y sin abandonar la construcción de una utopía que caracteriza el movimiento de la TS, adoptar una estrategia inversa formulando un abordaje que es, al mismo tiempo, genérico, dado que permite entender cualquier tecnología, y específico, en la medida en que está alineado con los principios de la TS. Esta estrategia no se dirige a explicar la dinámica de la innovación (o tecnología) de producto, sino la de proceso, que es la que interesa más al campo de la TS.

Parte de la consideración del proceso de trabajo en el que se implican los individuos en el ambiente de producción para derivar analíticamente las características que éste tiene que asumir a fin de volverse funcional a un contexto socioeconómico específico y al acuerdo social que engendra.

Después de explicar el abordaje y mostrar que da cuenta de las características de la TC a partir del contexto socioeconómico capitalista, se expone un procedimiento inverso al propuesto por la trayectoria seguida hasta ahora y se indican las características que debería tener la TS para volverse funcional a la "nueva economía".

El cuadro y el diagrama presentados a continuación ilustran, partiendo del ambiente productivo, su primer y más importante elemento: el control. Entendido como la habilidad relativa al uso de un conocimiento intangible o incorporado a artefactos tecnológicos, es una característica inherente a cualquier proceso de trabajo.

El segundo, también perteneciente al ambiente productivo, es el de la cooperación (acto de actuar en conjunto con otros apuntando hacia un beneficio percibido como mutuo), verificado en procesos de trabajo grupales. El tercero, relativo al contrato social engendrado por un contexto socioeconómico dado, es el de la coerción (acto de forzar a alguien a una acción o elección, directamente o por medio de mecanismos ideológicos). El cuarto, perteneciente a este contexto, es la forma de propiedad de los medios de producción o del trabajo muerto (la que, en los procesos de trabajo grupales puede ser colectiva o privada; resulta, en este caso, en la venta de fuerza de trabajo o trabajo vivo).

El abordaje conduce a un concepto genérico de tecnología que, aunque heterodoxo y casi herético, permite entenderla de modo más coherente en relación con la idea de TS. La tecnología es el resultado de la acción de un actor social sobre un proceso de trabajo que controla y que, en función de las características del contexto socioeconómico, del acuerdo social y del ambiente productivo, es capaz de provocar una alteración de este proceso, en el sentido de reducir el tiempo necesario para la fabricación de un producto dado y hacer que la producción resultante sea dividida de acuerdo con su interés.

En la primera línea del cuadro están los tres espacios de cuyas peculiaridades resultarían los tipos de tecnología. En la segunda, los cuatro elementos adscriptos a esos espacios. En la primera columna se encuentran los actores típicos (uno individual y tres grupales) de las cuatro situaciones que se abordan. El cuadro resume cómo es posible, en cada una de las cuatro situaciones, derivar las características de la tecnología.

Ator que controla o processo de trabalho	contexto socioeconômico	contrato social		ambiente da Produção
	Forma de propriedade ⇨	*Coerção* ⇨	*Controle* ⇨	*Cooperação*
produtor direto	-	-	individual	-
coletivo de produtores	coletiva	associativismo	autogestão	voluntária participativa
senhor de escravos	privada	física, pelos proprietários dos meios de produção	coercitivo direto	forçada
comprador de força de trabalho	privada	ideológica, pelo Estado	imposto assimétrico	taylorismo, toyotismo

El diagrama presenta otra visualización del abordaje, ahora particularizada en la tecnología capitalista y evidencia que la propiedad privada de los medios de producción no es responsable directa por las características de la TC. Se trata de un elemento exógeno al ambiente productivo que viabiliza el establecimiento de tipos específicos de coerción y control.

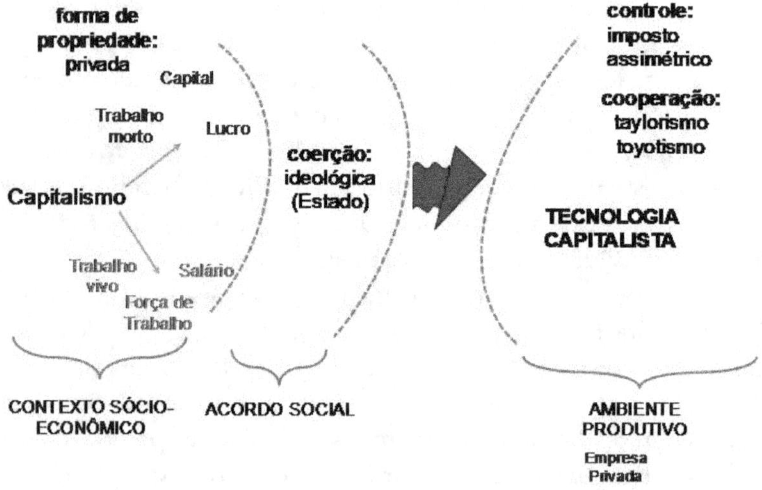

Estos, por su parte, suponen una forma de cooperación que preside la concepción y utilización de la TC. Tecnología que –y ésta es la cuestión central que importa resaltar desde el principio– puede guardar estos tipos de control y cooperación aun cuando deje de existir aquel elemento exógeno.

De acuerdo con estas consideraciones, la TC es el resultado de una acción del capitalista sobre un proceso de trabajo que, en función de un contexto socioeconómico que engendra la propiedad privada de los medios de producción, y de un acuerdo social que legitima una coerción ideológica por medio del Estado –la cual proporciona en el ambiente productivo una cooperación de tipo taylorista o toyotista y un control impuesto y asimétrico–, es capaz de alterar este proceso en el sentido de reducir el tiempo necesario para la fabricación de un producto dado y de hacer que una parte de la producción resultante pueda ser apropiada por él.

Por otro lado, la tecnología social es el resultado de la acción de un colectivo de productores sobre un proceso de trabajo que, en función de un contexto socioeconómico que engendra la propiedad colectiva de los medios de producción, y de un acuerdo social que legitima el asociativismo –lo cual proporciona en el ambiente productivo un control autogestionario y una cooperación de tipo voluntario y participativo–, es capaz de alterar este proceso en el sentido de reducir el tiempo necesario para la fabricación de un producto dado y hacer que la producción resultante sea dividida de la forma establecida por el colectivo.

La comparación de estos dos conceptos derivados del abordaje desarrollado evidencia lo que éste tiene de original y promisorio. Es decir, la idea de que el control es un atributo inherente a cualquier forma de producir, formulación coherente con la observación de que no basta, para construir formas solidarias de producción, la abolición de la propiedad privada de los medios de producción.

El (tipo de) control que el acuerdo que esta relación social (la propiedad privada) impone queda impregnado en la forma de producir (tecnología) capitalista y funciona como un obstáculo para el cambio social. La consideración de este control tiene una centralidad desproporcionada en relación con la poca importancia que ha merecido hasta ahora.

Referencias bibliográficas

Bloor, D., 1998, *Conocimiento e imaginario social*, Barcelona: Gedisa.

Braverman, H., 1987, *Trabalho e capital monopolista*, Río de Janeiro: Guanabara.

Dagnino, R., 2002, "Autogestão, adequação sócio-técnica e economia solidária". Disponible en www.itcp.unicamp.br.

———, 1978, "Tecnologia apropriada: uma alternativa?". Dissertação (Mestrado), UNB, Brasilia.

———, 2007, *Ciência e tecnologia no Brasil: o processo decisório e a comunidade de pesquisa*, Campinas: Editora da Unicamp.

———, 2008, *Neutralidade da ciência e determinismo tecnológico*, Campinas: Editora da Unicamp.

Dagnino, R., Brandão, F. y Novaes, H., 2004, "Sobre o marco analítico conceitual da tecnologia social", en Lassance Jr., A. y otros, *Tecnologia social. Uma estratégia para o desenvolvimento*, Río de Janeiro: Fundação Banco do Brasil.

Dagnino, R. y Novaes, H., 2007, "As forças produtivas e a transição ao socialismo: contrastando as concepções de Paul Singer e István Mészáros", en *Revista Organizações & Democracia*, vol. 8, pp. 60-80.

Dickson, D., 1980, *Tecnología alternativa y políticas del cambio tecnológico*, Madrid: Blume.

Emmanuel, A., 1982, *Appropriate or Underdeveloped Technology?* París: IRMI John Wiley & Sons.

Feenberg, A., 2002, *Transforming Technology*, Oxford: Oxford University Press.

Herrera, A., 1981, "The Generation of Technologies in Rural Areas", en *World Development*, vol. 9, pp. 21-35.

———, 1975, "Los determinantes sociales de la política científica en América Latina. Política científica explícita y política científica implícita", en Sabato, J. (ed.), *El pensamiento latinoamericano en la problemática ciencia-tecnología-desarrollo-dependencia*, Buenos Aires: Paidós.

Knorr-Cetina, K., 1981, *The Manufacture of Knowledge: An Essay on the Constructivist and Contextual Nature of Science*, Nueva York: Pergamon Press.

Lacey, H., 1999, *Is Science Value-free?: Values and Scientific Understanding*, Londres: Routledge.

Latour, B., 1992, "Where are the Missing Masses? The Sociology of a Few Mundane Artifacts", en Bijker, W. y Law, J. (orgs.), *Shaping Technology/Building Society*, Cambridge, Mass: MIT.

Marcuse, H., 1982, *O homem unidimensional. Ideologia da sociedade industrial*, Río de Janeiro: Zahar.

Noble, D., 1979, "Social Choice in Machine Design", en Zimbalist, A. (org.), *Case Studies on the Labor Process*, Nueva York: Monthly Review Press.

Núñez, J., 2000, *La ciencia y la tecnología como procesos sociales. Lo que la educación científica no debería olvidar*. Disponible en http://www.oei.es/salactsi/nunez00.htm#a.

Oliveira, M. B. de, 2005, "Ciência: força produtiva ou mercadoria?", en *Revista Crítica Marxista*, n° 21, pp. 77-96.

Pinch, T. y Bijker, W., 1990, "The Social Construction of Facts and Artifacts: Or how the Sociology of Science and the Sociology of Technology might benefit each other", en Bijker, W. y otros (eds.), *The Social Construction of Technological Systems*, Cambridge: MIT.

Sabato, J. (ed.), 1975, *El pensamiento latinoamericano en la problemática ciencia-tecnología-desarrollo-dependencia*, Buenos Aires: Paidós.

Sachs, I., 1976, *The Discovery of the Third World*, Cambridge, Mss.: MIT.

Stewart, F. (ed.), 1987, *Macro-Policies for Appropriate Technology in Developing Countries*, Londres: Westview Press.

Varsavsky, O., 1969, *Ciencia, política y cientificismo*, Buenos Aires: Centro Editor de América Latina.

Vessuri, H., 2003, "Science, Politics, and Democratic Participation in Policy-making: A Latin American View", en *Technology in Society*, 25, pp. 263-273.

Winner, L., 1986, *The Whale and the Reactor: A Search for Limits in an Age of High Technology*, University of Chicago Press.

Otra bibliografía sugerida

Lassance Jr., A. y otros, 2004, *Tecnologia social. Uma estratégia para o desenvolvimento*, Río de Janeiro: Fundação Banco do Brasil.

Rede de Tecnologia Social. http://rts.ibict.br/

Schumacher, E. F., 1973, *Small is Beautiful: A Study of Economics as if People Mattered*, Londres: Blond & Briggs.